MACRON

DU MÊME AUTEUR
CHEZ LE MÊME ÉDITEUR

PS : la bataille des ego, L'Archipel, 2010.

FRANÇOIS-XAVIER BOURMAUD

MACRON, L'INVITÉ SURPRISE

l'Archipel

Un livre présenté par Liliane Delwasse

Notre catalogue est consultable à l'adresse suivante :
www.editionsarchipel.com

Éditions de l'Archipel
34, rue des Bourdonnais
75001 Paris.

ISBN 978-2-8098-2191-8

À Anne-Hélène et Clara

« Le président Beaufort : Je vous reproche simplement de vous être fait élire sur une liste de gauche et de ne soutenir à l'Assemblée que des projets d'inspiration patronale.

Le député Jussieu : Il y a des patrons de gauche ! Je tiens à vous l'apprendre.

Le président Beaufort : Oui. Et il y a aussi des poissons volants mais qui ne constituent pas la majorité du genre. »

Jean Gabin, Louis Arbessier,
Le Président (1961), film d'Henri Verneuil,
écrit par Michel Audiard

INTRODUCTION

Il a surgi un soir d'été 2014, à la surprise générale, à commencer par la sienne. En pleine tempête politique, alors qu'il vient de se séparer des représentants de l'aile gauche du PS au sein de son gouvernement, Arnaud Montebourg et Benoît Hamon, le président de la République décide de nommer à Bercy son ancien conseiller économique et secrétaire général adjoint de l'Élysée, Emmanuel Macron. Totalement inconnu du grand public, il devient à trente-six ans ministre de l'Économie, de l'Industrie et du Numérique. Un coup de poker de François Hollande. Ancien banquier d'affaires, énarque, jamais élu… l'homme présente tous les défauts aux yeux des socialistes et de la gauche du PS, qui en font très vite un symbole, celui des renoncements du chef de l'État à ses engagements de campagne de 2012, lorsqu'il désignait la finance comme son ennemi dans son discours du Bourget. Pourtant, en moins d'un an, Emmanuel Macron va devenir l'un des hommes politiques les plus populaires du pays. Au point de décider, fin novembre 2016, de se déclarer candidat à l'élection présidentielle de 2017. Au début de la campagne, la place de troisième homme lui semble promise. Parfois, les sondages le donnent même gagnant. Du jamais vu sous la Ve République. Personne ne s'y attendait, surtout pas lui. Et sans doute encore moins les poids lourds de la rue de Solférino qui, à sa nomination, n'avaient voulu voir en lui qu'un jeune « techno » brillant. Sûrement pas un premier ministrable en puissance, encore moins un potentiel présidentiable.

Prononcer le nom d'Emmanuel Macron est un exercice amusant. Surtout devant un socialiste. La réaction est toujours la même : il soupirera, lèvera les yeux au ciel et affichera une mine lasse : « Quoi encore avec Macron ? » Depuis sa nomination, le jeune prodige de la gauche moderne a réussi à agacer tous ses camarades par ses prises de position à rebours des dogmes socialistes, par ses déclarations polémiques qui enflamment chaque fois le PS, par sa propension à ringardiser la classe politique en se contentant simplement d'être lui-même. Provocation ? Stratégie délibérée ? Amateurisme ? Au début, si chacun s'interroge encore sur ses ambitions, personne ne les imagine petites. Pour lui, ce sera au moins Matignon, au mieux l'Élysée. Sauf s'il en décide autrement. Emmanuel Macron laisse tout dire, ne dément jamais et fait savoir qu'il peut quitter la politique à tout moment. Insaisissable. Est-il seulement de gauche ? Ils sont peu nombreux au PS à le croire. Un ambitieux aux idées de droite égaré parmi eux, oui. Ce ne serait pas le premier. François Mitterrand en son temps avait également débuté sa carrière à l'opposé du camp où il l'a terminée. Lui assure qu'il ne s'est pas trompé de bord.

Ce jour de décembre 2015, entre deux rendez-vous sur son agenda surbooké, Emmanuel Macron prend un peu de temps pour se confier dans son bureau de Bercy. « Moi, ma gauche, elle est ouverte, ambitieuse, elle recrée des opportunités d'égalité pour tous. Je ne crois pas à la gauche égalitariste qui place au-dessus de tout sa volonté de niveler », explique-t-il. C'est le discours qu'il tient depuis sa nomination. Mais il a du mal à convaincre son camp. Pour une bonne partie des socialistes, qu'Emmanuel Macron soit de gauche, cela reste encore à prouver. Même François Hollande s'en amuse, brocardant parfois son « ministre de droite ». Une droite envieuse d'ailleurs, qui attend encore de voir se lever dans ses rangs une personnalité aussi forte. Emmanuel Macron porte le renouvellement de son camp. Comme d'autres avant lui, il incarne la promesse de réformes radicales pour redresser le pays. C'est son ambition. Celle de mettre fin à quarante ans de hausse quasi ininterrompue du chômage, de redresser des comptes publics exsangues, de remettre en marche l'économie française, à pleine puissance. Cela suppose de l'audace, à commencer par celle d'aller piocher dans le camp d'en face des idées que la gauche n'a jamais accepté d'aborder. C'est parce qu'il s'y emploie qu'Emmanuel Macron est rejeté par les siens. Pas tous, pourtant.

Aux yeux d'une partie des socialistes, les réformateurs, il est celui qui incarne le mieux les chances de sauver la gauche. François Hollande voyait même en lui un atout pour sa campagne de réélection en 2017. Face à une gauche qui rechigne à s'engager derrière sa politique désormais ouvertement sociale-libérale, Emmanuel Macron séduit au centre et à droite. Certes, il n'est pas le premier à se positionner sur ce créneau de la gauche « responsable ». Manuel Valls y a bâti son succès, comme d'autres avant lui, Jacques Delors ou Michel Rocard notamment. Mais, par rapport à eux, Emmanuel Macron bénéficie d'un avantage de poids : il n'est pas issu du sérail politique. Dans une France qui doute de plus en plus des compétences de ses représentants, c'est une force. Et il en joue. Pour aller jusqu'où ? Lorsqu'il arrive à Bercy, lui-même ne semble pas trop le savoir encore. Pour l'instant, il attend que l'opportunité se présente en s'efforçant de garder toutes les portes ouvertes. Cela ne correspond pas au comportement traditionnel des hommes politiques dont les préoccupations électorales interfèrent souvent avec l'action. Mais, justement, cela intrigue les électeurs qui projettent en lui le fantasme bien français de l'homme providentiel capable de sauver le pays. Il balaie l'idée en plaisantant : « Je ne me mets pas dans la tête de ceux qui me regardent, je n'en suis pas encore arrivé à ce stade psychiatrique… » Mais il voit l'attente placée en lui. Il lit les sondages, la presse, écoute ses amis, observe la curiosité du grand public pour sa vie privée, qu'il essaie tant bien que mal de préserver des regards inquisiteurs de la presse people. Il voit bien l'espoir qu'il soulève et les jalousies qu'il commence à susciter jusque chez ses collègues du gouvernement. Manuel Valls l'infantilise et le rabroue à tours de bras, les compagnons historiques de François Hollande ne ratent pas une occasion de lui tomber dessus. C'est à peine si les frondeurs du PS ne seraient pas plus aimables avec lui que les socialistes censés le soutenir.

Pour ne rien gâcher, Emmanuel Macron jouit d'une empathie hors du commun. L'homme est extrêmement sympathique et il ne faut souvent guère plus qu'une poignée de main et une discussion pour se retrouver au rang de ses amis. Il en a beaucoup, partout. Dans les cercles du pouvoir, la haute administration, la finance, les chefs d'entreprise. Cette chaleur humaine lui a même permis de nouer de bonnes relations avec ses adversaires politiques et ses détracteurs. Emmanuel Macron fascine et aime cela. C'est aussi un séducteur. La première qualité d'un homme politique... Veut-il seulement faire carrière dans ce monde dont il dénonce avec la régularité d'un métronome les aspects dépassés ? Lui jure qu'il ne sera que de passage dans cet univers, qu'à soixante ans il sera dans une autre vie. C'est qu'Emmanuel Macron va vite. À trente-sept ans, il a déjà la carrière d'un homme du double de son âge. En un peu moins de deux ans, il a déjà presque tout vécu dans ce ministère surexposé qu'est Bercy. Les affres du débat parlementaire avec la défense de sa loi, la surexposition médiatique qu'il s'efforce de gérer au cordeau, les attaques pas toujours très loyales qu'il tente de contrer comme il peut, les coups bas et les intrigues ordinaires de la vie politique. Rien ne le destinait à se retrouver là. Lui-même reconnaît d'ailleurs la part de hasard dans son parcours. Ballotté durant ses études au gré de ses intérêts successifs, de la philosophie à Sciences-Po pour débouler sur l'Ena et l'inspection des finances, Emmanuel Macron s'est laissé porter. Avec une boussole cependant : l'intérêt général et l'action publique. Cela l'a mené jusqu'à Bercy, par hasard encore tant l'enchaînement des événements qui ont mené à sa nomination était imprévisible. Ce tournant dans sa carrière lui a dégagé un autre horizon, celui de l'Élysée. Ses admirateurs le disent promis à la présidence de la République. Pour y accéder, encore faut-il le vouloir. Cependant, le virus de la politique est en train de s'emparer de lui. Il lui a été inoculé un soir d'août 2014 par François Hollande.

Première partie

BIENVENUE CHEZ LES SOCIALISTES

1

SIMPLE COMME UN COUP DE FIL

« Peut-être certains ont-ils rêvé enfant de devenir ministre de l'Économie, mais je dois être honnête, ça n'était pas du tout mon cas. J'étais plus fasciné par les écrivains et les grands militaires que par les hommes politiques. »

Entretien avec Emmanuel Macron,
11 décembre 2015

Emmanuel Macron ne le sait pas encore, mais dans une minute, quand son téléphone portable va sonner, sa vie va changer. En moins de temps qu'il n'en faut pour le dire, il va se retrouver propulsé au cœur de l'une des tempêtes politiques les plus fortes du quinquennat de François Hollande. Balancé sur tous les fronts à la fois. À la tête du redressement économique du pays. À la bataille contre les frondeurs de l'aile gauche du Parti socialiste qui contestent les choix du chef de l'État depuis le jour de son élection. Livré en pâture aux ministres du gouvernement qui n'aiment rien moins que voir un nouveau talent s'installer dans le paysage politique. Brandi comme une provocation à l'égard d'une droite qui ne sait pas comment traiter ce jeune homme brillant qu'elle aimerait afficher dans ses rangs. Propulsé à trente-six ans ministre de l'Économie, l'une des fonctions les plus prestigieuses de la Ve République, comme un bras d'honneur adressé à la gauche de la gauche et à bon nombre de socialistes. Au bout de son téléphone, ce sont aussi la gloire, la popularité et même l'accomplissement de son propre destin qui l'attendent. Mais non, pour l'heure, Emmanuel Macron ne se doute de rien. Il est en vacances, il fait du vélo.

À peine deux mois qu'il a quitté ses fonctions de secrétaire général adjoint de l'Élysée. Le temps d'un court séjour en Californie puis dans sa maison du Touquet sur la Côte d'Opale où, avec son épouse, il profite enfin de sa famille. Le temps d'organiser la suite, aussi. L'enseignement, l'entrepreneuriat, le conseil, l'écriture d'un livre… tout est possible. Et tout est en place. D'ici quelques jours, il va entamer une série de cours sur le thème du « réformisme en Europe », une fois par semaine, à la London School of Economics et à la Hertie School of Governance de Berlin. Il a aussi monté une start-up d'enseignement sur Internet. Le projet vise à créer un système d'évaluation mondial des connaissances des élèves, un peu à la manière du diplôme TOEFL qui permet de mesurer le niveau d'anglais des étudiants partout dans le monde. Le nom de la boîte est même déjà choisi, son logo aussi, il n'y a plus qu'à se lancer. Parallèlement, Emmanuel Macron envisage de créer une société de conseil. Tous ces projets, il les a exposés à ses amis et connaissances. Dans sa tête, il est déjà parti. Comme tant d'autres avant lui, Emmanuel Macron aurait pu émigrer vers un poste prestigieux et bien rémunéré du privé ou retourner dans son corps d'origine à l'inspection des finances. Il a préféré prendre un nouveau départ, s'éloigner un temps du projet de carrière politique qu'il avait envisagé un moment.

S'il compte y revenir, ce ne sera pas tout de suite. Sa chance est passée il y a six mois lorsque, à la faveur du remaniement gouvernemental d'avril 2014, quand Manuel Valls a remplacé Jean-Marc Ayrault à Matignon, Emmanuel Macron a vu lui échapper le secrétariat d'État au Budget. Il en rêvait, François Hollande moins. Comment nommer à un tel poste un énarque de trente-six ans, jamais élu, jamais confronté à la réalité du terrain militant, jamais exposé au Parlement, jamais rodé à la dialectique socialiste ? Non décidément, pour François Hollande, impossible de confier un tel poste à Emmanuel Macron. On offre aux jeunes des portefeuilles prestigieux qui les propulsent aux avant-postes du combat politique et allez savoir où ils finissent. François Hollande refuse donc la proposition de Manuel Valls mais se garde bien d'en dire un mot à Emmanuel Macron, qu'il continue de croiser tous les jours à l'Élysée. Comme si de rien n'était. À la François Hollande. Le président de la République en a usé plus d'un comme cela. Emmanuel Macron n'y échappe pas. Sa chance passée, il se résout à quitter l'Élysée, heureux de pouvoir « retrouver une forme de liberté », de « pouvoir enfin dire les choses », de « prendre lui-même des décisions », comme il le confie alors. Il a le sentiment du devoir accompli, aussi. Le cap du quinquennat de François Hollande est fixé, il n'y a pas lieu « de refaire une stratégie économique tous les six mois. Maintenant, on entre dans une phase d'exécution », assure-t-il. Mais ce n'est pas tout.

Dans la foulée du remaniement, un nouveau secrétaire général est arrivé à l'Élysée en la personne de Jean-Pierre Jouyet. Inspecteur des finances lui aussi, il connaît bien Emmanuel Macron et a tissé avec lui des liens d'amitié très forts. C'est en quelque sorte son poulain, celui sur qui il mise pour l'avenir. Mais, pour Emmanuel Macron, c'est moins simple. Jusqu'alors, il avait la haute main sur tous les dossiers économiques de l'Élysée. Le précédent secrétaire général, Pierre-René Lemas, n'était pas trop versé sur le sujet, ce n'était pas vraiment son domaine. Ancien préfet, il s'occupait plutôt des questions administratives. Si bien qu'Emmanuel Macron bénéficiait d'un monopole sur les dossiers économiques au sein du Palais en tant que secrétaire général adjoint. Même si c'est un ami, l'arrivée de Jean-Pierre Jouyet change tout pour lui. De numéro un, il se retrouve naturellement en deuxième ligne. Naguère secrétaire d'État aux Affaires européennes de Nicolas Sarkozy, Jean-Pierre Jouyet est bien plus légitime qu'Emmanuel Macron pour traiter les questions économiques. Cela ajouté au refus de François Hollande de le faire entrer au gouvernement achève de le convaincre de passer à autre chose, d'ouvrir une nouvelle séquence de sa vie. Et puis, à quoi bon attendre ? La nouvelle équipe gouvernementale est en place, elle doit conduire le chef de l'État jusqu'à la fin de son quinquennat en 2017, avec deux flotteurs censés stabiliser l'exécutif sur la mer agitée de la majorité : à Manuel Valls l'aile droite, les discours martiaux, sécuritaires et l'orientation sociale-démocrate ; à Arnaud Montebourg et Benoît Hamon l'aile gauche, les critiques contre l'austérité et les plaidoyers pour la relance européenne. Pas de place pour

Emmanuel Macron dans cet équipage. Une occasion manquée et déjà l'heure du bilan.

Il vient de passer deux ans au côté de François Hollande à l'Élysée, quatre si l'on ajoute la campagne présidentielle durant laquelle il a conseillé le candidat socialiste, chiffré son programme, établi des prévisions. Il est celui qui a largement inspiré la politique économique du président de la République qu'il a rallié dès 2010. Le coming out social-démocrate du chef de l'État, c'est lui. La priorité donnée aux entreprises pour lutter contre le chômage, c'est lui aussi. Les hausses d'impôts, la réduction des déficits, la baisse des dépenses publiques, c'est encore lui. Les baisses d'impôts pour les entreprises, via le « crédit d'impôt pour la compétitivité et l'emploi », que chacun appellera bientôt par son abréviation, CICE, c'est toujours lui. De quoi se faire beaucoup d'ennemis en très peu de temps et une réputation indélébile : deux ans passés au secrétariat général de l'Élysée ont fait d'Emmanuel Macron « l'hémisphère droit du président ». C'est un libéral chez les socialistes, un intrus dont chacun, à la gauche du PS, s'est employé à combattre les idées, à dénoncer la politique. Et le passé aussi. Car, outre ses idées somme toute assez pragmatiques en matière d'économie, Emmanuel Macron souffre d'une tare congénitale pour tout homme vraiment de gauche qui se respecte : il a été banquier d'affaires. Chez Rothschild, en plus. Il est donc infréquentable. Pour une partie des socialistes, il incarne le renoncement de la gauche à ses valeurs et à ses idéaux. Il précipite la France dans le chaos libéral. Un ennemi de classe à l'ancienne, les ouvriers contre les bourgeois. Au Parti socialiste, où certains semblent parfois avoir encore un peu de mal à admettre que le Mur de Berlin est tombé et que le modèle capitaliste a triomphé à peu près partout dans le monde, on n'aime rien tant que rejouer les combats du siècle passé. Cela rappelle aux plus anciens leurs souvenirs de jeunesse et entretient l'illusion que, sur les quarante dernières années, ils ne se sont pas trompés sur tout. Pour cette catégorie de socialistes, Emmanuel Macron représente le punching-ball idéal.

Lui ne les a jamais vraiment compris. Jamais vraiment combattus non plus, puisque, à son poste de secrétaire général adjoint de l'Élysée, il n'était pas en première ligne. Tout juste fustige-t-il en privé la « gauche Cetelem », qui vit à crédit et « ne pense qu'à étendre ses droits à l'infini ». Ces critiques, il ne pouvait bien sûr pas les formuler dans son costume de secrétaire général adjoint de la présidence de la République. Mais, maintenant qu'il a quitté l'Élysée, il se sent plus libre, comme dégagé de toutes ces contraintes qui pesaient sur lui au sommet de l'État. Les rapports de force avec la majorité, les critiques permanentes des frondeurs, les coups de menton des poids lourds socialistes, tout ça, c'est fini. Depuis sa résidence du Touquet, il prête à peine attention aux prémices du drame politique qui se noue à sept cents kilomètres de là, à Frangy-en-Bresse, où Arnaud Montebourg et Benoît Hamon s'apprêtent, sans s'en douter une seconde, à changer le cours de sa vie. Pour le moment, Emmanuel Macron se détache. Et il parle. Il vient d'accorder une interview au magazine *Le Point* pour dire sa vérité. C'est le directeur de la rédaction, son ami Étienne Gernelle, qui a recueilli ses confidences. Il lui avait tout d'abord proposé de rédiger une tribune mais Emmanuel Macron n'avait pas le temps, tout occupé qu'il était à préparer sa nouvelle vie. Alors va pour une interview cash. En cette rentrée 2014, le magazine a décidé de se demander en une « Qui peut sauver la France ? ». Il lui manque un point de vue social-libéral, ce sera donc Emmanuel Macron qui a désormais toute latitude pour parler. Réforme du marché du travail, assouplissement des 35 heures, économies budgétaires... Il fracasse un à un presque tous les dogmes de la gauche. Le problème, c'est qu'entre le moment où il achève de répondre aux questions du journal et le moment où ledit journal arrive dans les kiosques, Emmanuel Macron va se retrouver ministre de l'Économie. Il ne le sait pas encore et déroule en totale liberté ses idées économiques. « Il n'était pas mécontent de dire ce qu'il pensait vraiment et de l'exprimer publiquement », se souvient Étienne Gernelle. Dans ce texte, transpire déjà ce qui ne va pas tarder à devenir le « macronisme » : un plaidoyer pour repenser le socialisme à contre-courant de ses orientations ordinaires. Déverrouiller l'acquis social historique que représentent pour la gauche les 35 heures ? « Il s'agit de sortir de ce piège où l'accumulation des droits donnés aux travailleurs se transforme en autant de handicaps pour ceux qui n'ont pas d'emploi », explique Emmanuel Macron, tout en reconnaissant que ce point de vue « est difficile à porter, spécialement quand on est de gauche ». Selon lui, « là où être socialiste consistait à étendre toujours les droits formels des travailleurs, la réalité nous invite à réfléchir aux droits réels de tous, y compris et surtout de ceux qui n'ont pas d'emploi ». Face à une gauche arc-boutée sur la défense des droits acquis et la conquête de nouvelles prérogatives pour les salariés, cela ne va pas être facile à défendre. D'autant moins qu'Emmanuel Macron n'a pas, mais alors vraiment pas, le profil approprié.

D'abord, il est riche. Pas à milliards, certes, mais quand même. Son passage dans la banque d'affaires lui a assuré un confortable matelas pour voir venir l'avenir. Entre septembre 2010 et mai 2012, il a gagné 2 millions d'euros brut en tant qu'associé-gérant chez Rothschild. De quoi rénover entièrement sa maison du Touquet et s'acheter un appartement à Paris dans le XVe arrondissement. Pas assez pour atteindre le seuil de 1,3 million d'euros de patrimoine au-delà duquel il serait imposé sur la fortune, mais suffisamment pour devenir suspect aux yeux des socialistes. N'était-ce pas le premier d'entre eux, François Hollande en l'occurrence, qui s'était vanté de ne pas aimer les riches ? Emmanuel Macron l'est et ne s'en cache pas. Il est aussi séduisant, charmeur, séducteur. Il est surtout drôle, vif et horriblement ambitieux. La politique, il y viendra c'est sûr, François Hollande en est même persuadé. « Emmanuel, on le retrouvera ! », avait lancé le chef de l'État à la fin de son discours lors du pot de départ de son secrétaire général adjoint. Signe de la place qu'il avait réussi à se tailler au sein de l'équipe présidentielle, le buffet était dressé sous la verrière du jardin d'hiver. Une marque d'estime de la part de François Hollande mais qui n'avait pas empêché Emmanuel Macron de faire entendre sa différence. Devant l'assemblée réunie ce jour-là pour lui rendre hommage, il s'était autorisé à saluer le travail effectué à l'Élysée avec Aquilino Morelle. Une impertinence et un acte de loyauté. L'ancien conseiller communication de François Hollande avait été chassé du Palais sans ménagement après des mises en cause dans la presse sur ses liens avec l'industrie pharmaceutique et pour avoir fait venir un cireur de chaussures à l'Élysée. Le scandale médiatique avait eu raison de ce proche d'Arnaud Montebourg avant que la justice ne le blanchisse. Emmanuel Macron ne l'avait jamais lâché et continuait à échanger régulièrement des textos avec lui. Ce pot de départ, c'était il y a à peine deux mois, à la mi-juillet 2014. « Je vais prendre un peu de distance, réfléchir, enseigner peut-être. Mais, dès que vous aurez besoin de moi, je serai là », avait lancé Emmanuel Macron au président de la République. Cela tombe bien, son téléphone portable sonne et c'est justement François Hollande qui l'appelle. Le président de la République a besoin de lui.

2

BAL TRAGIQUE À FRANGY

> *« J'ai reçu ce coup de fil du président de la République le mardi 26 août 2014 à 15 heures. Il m'a appelé pour me proposer de prendre le même portefeuille qu'Arnaud Montebourg, dont la sortie du gouvernement était connue depuis le lundi matin. J'avais pour ma part quitté l'Élysée, j'étais parti vers d'autres horizons. Depuis mon départ, je m'étais donc abstenu de tout commentaire, intervention ou interaction avec la politique. »*
>
> Entretien avec Emmanuel Macron,
> 11 décembre 2015

Le drame politique qui va sceller le destin d'Emmanuel Macron se joue à Frangy-en-Bresse. C'est là, dans cette petite commune un peu perdue au cœur de la Saône-et-Loire, sur ses terres électorales, qu'Arnaud Montebourg organise tous les ans à la fin du mois d'août sa traditionnelle Fête de la rose. Un rendez-vous militant qui lui permet de se faire entendre, une semaine avant la rentrée officielle des socialistes à l'université d'été de La Rochelle. Lorsque l'on brigue ou que l'on exerce de grandes responsabilités politiques, il est primordial de pouvoir disposer d'une tribune. En une quinzaine d'années, Arnaud Montebourg a fait de ce meeting un rendez-vous incontournable de l'actualité socialiste. Il y convie tous les ans la personnalité politique du moment. Cette année, c'est Benoît Hamon, le ministre de l'Éducation, en retrait de ses responsabilités à la tête de l'aile gauche du PS depuis qu'il est entré au gouvernement au début du quinquennat de François Hollande. Il s'était alors vu confier le portefeuille de l'Économie solidaire avant de passer à l'Éducation nationale à la faveur du remaniement d'avril 2014. Ses troupes lui en veulent de plus en plus de se compromettre avec la ligne sociale-démocrate assumée du chef de l'État. Lui tente tant bien que mal de maintenir ce grand écart inconfortable. Ministre tenu à la solidarité gouvernementale d'un côté, leader de l'aile gauche du PS et opposant de l'autre. Un pied dedans, un pied dehors, à un moment, il va bien falloir choisir. Pour l'heure, Benoît Hamon espère toujours réussir à peser de l'intérieur. Ça ne va pas durer.

À Frangy, en ce dimanche ensoleillé de la fin août, l'ambiance est chaleureuse, détendue. Comme toujours, les militants sont ravis de croiser des hommes politiques qu'ils ne voient d'ordinaire qu'à la télévision. La journée commence par un déjeuner sous des tentes où, au contact de ses électeurs, Arnaud Montebourg finit immanquablement par se lancer dans un ban bourguignon avec l'ensemble de la tablée. Il surjoue toujours un peu, en fait une tonne, donne parfois l'impression de mimer la proximité avec les militants. « Nous, on fait sauter les bouchons ! », lance-t-il, hilare, une bouteille de bourgogne blanc à la main. C'est la « Cuvée du redressement », qu'il a fait spécialement préparer pour l'occasion, 8 euros la bouteille, 40 euros les six, « pas mal et pas cher » selon lui. Il trinque avec Benoît Hamon à la santé de François Hollande. « On va lui en envoyer une bonne bouteille, de la Cuvée du redressement, au président de la République. » Il fanfaronne un peu, comme toujours, un peu plus que d'habitude même, sans doute un peu trop. Sa façon de parler en gardant la bouche grande ouverte, son ton sentencieux et ses airs d'acteur shakespearien sont plus marqués que d'ordinaire. À son côté, Benoît Hamon promène le regard noir du type qui prépare un mauvais coup et le sourire malicieux de celui qui s'en amuse déjà. Ce jour-là à Frangy, les deux font la paire, ça sent le dérapage. Il fait chaud, les costumes-cravate sont restés au placard, les chemises sont déboutonnées, les manches retroussées sur les coudes. On est décontracté mais cela n'empêche pas les deux hommes d'adresser aux socialistes « réformateurs » les mêmes amabilités fielleuses qu'en temps normal. Cette année, la cible de la vindicte d'Arnaud Montebourg, c'est Emmanuel Macron. Enfin, pas directement. Depuis qu'il a quitté l'Élysée il y a deux mois, le secrétaire général adjoint et inspirateur de la ligne économique de François Hollande ne représente plus une menace. En revanche, ses idées sont en première ligne. La réduction des déficits, les aides aux entreprises, le contrôle de la dépense publique, voilà tout ce que contestent Arnaud Montebourg et Benoît Hamon. Voilà tout ce qu'a inspiré Emmanuel Macron.

Et cette année, alors qu'ils observaient une relative cure de silence, Arnaud Montebourg et Benoît Hamon ont décidé de parler, notamment pour contester la politique économique du gouvernement auquel ils appartiennent. Trop longtemps qu'ils en dénoncent l'orientation à demi-mots, qu'ils demandent un changement de cap convaincant. Ils s'apprêtent à le dire sur un ton plus vindicatif que d'habitude. Une semaine déjà qu'ils font monter la pression. La veille de sa Fête de la rose, Arnaud Montebourg a accordé un long entretien au quotidien *Le Monde* pour fustiger « la réduction à marche forcée des déficits ». « Une aberration économique et une absurdité financière », selon lui. Le jour même de la Fête de la rose, Benoît Hamon a livré au *Parisien* l'explication de texte : « Arnaud et moi ne sommes pas loin des frondeurs. » Depuis le début du quinquennat, ce groupe d'une quarantaine de députés socialistes ne cesse de contester la politique de François Hollande, de demander une réorientation de la ligne du gouvernement. Sans grand succès jusqu'alors. Du moins dans l'hémicycle où les frondeurs ont refusé de joindre leurs voix à celles de la majorité, préférant s'abstenir plutôt que de voter la confiance à Manuel Valls ou d'approuver son pacte de responsabilité. Jusqu'à Présent, tous les textes du Premier ministre sont passés sans encombre. Si bien que l'exécutif est persuadé que la fronde ne représente aucun risque pour l'Élysée ou Matignon. Mais, sur le terrain, les militants commencent à s'exaspérer des choix du président de la République. À l'occasion des élections municipales de mars 2014, ils ont boudé les urnes, provoqué une lourde défaite pour le PS à laquelle l'exécutif a répondu par un remaniement gouvernemental. Manuel Valls a remplacé Jean-Marc Ayrault à Matignon. Pour s'y installer, il a bénéficié du soutien d'Arnaud Montebourg et de Benoît

Hamon en échange d'un engagement à peser pour infléchir la ligne politique de François Hollande. Ils attendent toujours et s'impatientent.

À Frangy, les militants sont « raccord » avec les deux poids lourds de l'aile gauche du PS. Sur la pelouse du terrain de football où les deux hommes doivent tenir leurs discours, une petite fille joue. Dans son dos, une pancarte accrochée par ses parents : « Parents socialistes, enfants frondeurs. » Les militants sont à l'unisson. Arnaud Montebourg et Benoît Hamon se sentent confortés dans l'offensive qu'ils s'apprêtent à lancer. Ils s'approchent de l'estrade devant la foule. Le show et les discours commencent. Un pilonnage en règle du président de la République et de son Premier ministre.

À Paris, depuis l'Élysée, François Hollande n'en perd pas une miette. Il a demandé aux huissiers d'installer un écran de télévision dans son bureau, comme chaque fois qu'il veut suivre un événement d'importance en direct. Le meeting de Frangy en est un. Son potentiel dévastateur inquiète d'autant plus le chef de l'État qu'il aborde la rentrée de septembre 2014 dans les pires conditions. Le chômage n'en finit plus de battre des records, l'activité économique ne redémarre pas, sa popularité est au plus bas, sa majorité se décompose, Bruxelles accroît chaque jour un peu plus la pression sur la France pour qu'elle se réforme, les relations avec l'Allemagne se tendent. François Hollande n'a plus aucune marge de manœuvre, tous ses choix sont contestés. Il ne manquerait plus que son gouvernement explose, ce qui est en train de se produire en direct sous ses yeux. À la télévision, les chaînes d'information en continu égrènent avec gourmandise l'enchaînement de provocations de la fête de Frangy. Deux ministres ouvertement frondeurs, un camouflet. La Cuvée du redressement, une humiliation. Une mise en cause de sa politique, une ligne jaune. Le tout sur le ton de la franche rigolade et de la bonne camaraderie. François Hollande est furieux. Vraiment. Et cela ne lui arrive pas si souvent. Il va falloir réagir vite et fort. Depuis samedi déjà, il est en contact permanent avec son Premier ministre à propos de la Fête de la rose. Mais, au fur et à mesure que la journée se déroule, les deux hommes n'en croient pas leurs écrans.

Plutôt sanguin, Manuel Valls est surpris par la colère froide du président de la République, par son ton glacial, déterminé, vengeur même. Les deux hommes avaient vu le coup venir mais ils ne pensaient pas que l'offensive des deux ministres se ferait avec une telle désinvolture. « Une ligne jaune a été franchie », fait savoir l'entourage de Manuel Valls. En clair, cela veut dire que François Hollande et son Premier ministre ne vont pas en rester là. D'ailleurs, lorsqu'ils prennent connaissance du commentaire des services de Matignon en redescendant de leur estrade de Frangy, Arnaud Montebourg et Benoît Hamon comprennent tout de suite qu'ils ont poussé un peu loin les bouchons de la Cuvée du redressement. La ligne jaune évoquée par Manuel Valls ? « Il est fou de le dire ! », s'alarme Benoît Hamon. Trop tard. À l'Élysée, la décision est imminente, il ne reste plus qu'à trancher entre deux scénarios : sanction individuelle contre Arnaud Montebourg ou remaniement général. C'est le second qui sera retenu, après une courte nuit de sommeil, dès le lundi matin, avant le départ du chef de l'État pour l'île de Sein en Bretagne, où il doit célébrer les soixante-dix ans de la Libération. Reste la question du casting, toujours compliquée, *a fortiori* dans le cas d'un remaniement aussi brutal et imprévu que celui qui se prépare. Le secrétaire général de l'Élysée, Jean-Pierre Jouyet, sonde discrètement Emmanuel Macron au téléphone. Dans l'esprit de Manuel Valls, c'est Louis Gallois qui tient la corde pour le ministère de l'Économie. Si Emmanuel Macron apparaît comme le père du CICE, c'est en réalité l'ancien patron de la SNCF et d'Airbus qui en est le concepteur. C'est lui qui avait remis un rapport à l'Élysée dans lequel il préconisait de soumettre le pays à un « choc de compétitivité » en allégeant les charges des entreprises de 70 milliards d'euros. En fin de compte, le gouvernement s'est contenté d'en faire 40. Pourquoi pas ce patron reconnu à la tête de Bercy ? François Hollande ne s'est jamais montré très chaud partisan de nommer des personnalités de la société civile à des postes politiques. Mais là, il y a urgence. Et Louis Gallois fait l'affaire. Le problème, c'est qu'il est injoignable et que le temps presse. Dans cette crise qui menace à nouveau son quinquennat, François Hollande veut garder la main. Sauf à prendre le risque de s'affaiblir encore un peu plus, l'acte de rébellion des deux ministres frondeurs ne peut pas rester impuni. À la révolte, François Hollande veut répondre par un acte d'autorité sans précédent.

Les ministres frondeurs sont expulsés du gouvernement. Arnaud Montebourg sans ménagement. Benoît Hamon avec plus de regrets de la part de François Hollande et Manuel Valls. Virer un ministre de l'Éducation au bout de quatre mois, et sans même qu'il ait pu effectuer une seule rentrée scolaire, c'est du jamais vu. Ce n'est pas le pire. L'Élysée et Matignon insistent pour le retenir, ne serait-ce que pour maintenir l'illusion d'un gouvernement équilibré où figurent toutes les sensibilités du PS. Seulement voilà, sauf à abandonner son rôle de leader de l'aile gauche du PS, Benoît Hamon ne peut pas rester ministre dans ces conditions. Si François Hollande vire Arnaud Montebourg, il doit partir avec. Il le comprend et finit par s'y résoudre à contrecœur. Pendant ce temps, Jean-Pierre Jouyet continue à s'affairer pour plaider la cause d'Emmanuel Macron. Sa nomination serait sans doute perçue comme une provocation par la gauche du PS mais, en un sens, l'ancien banquier d'affaires représente l'aboutissement logique du socialisme à la française. Chaque fois qu'elle s'est retrouvée au pouvoir, la gauche de gouvernement a camouflé ses divergences de fond avec la gauche d'opposition en lui lâchant du lest à coups de mesures sociales financées par l'endettement public. Le summum de cette logique fut atteint par Lionel Jospin en 2000, lorsque son gouvernement engrangea, grâce à un rebond inattendu de la croissance, un excédent budgétaire de 50 milliards de francs à l'époque (7,6 milliards d'euros). Plutôt que d'affecter cette « cagnotte fiscale » au désendettement, le Premier ministre redistribua le tout sous forme de baisses d'impôts et de crédits aux services publics. Quinze ans plus tard, cette logique est dans l'impasse. Le montant effarant de la dette publique ne laisse plus aucune marge de manœuvre pour redistribuer quoi que ce soit. Il faut économiser, réduire la dépense, redonner des marges aux entreprises. En quelque sorte, il s'agit d'appliquer une bonne partie de ce que peut défendre la droite. Emmanuel Macron est taillé pour le job. De son passage dans la banque d'affaires, il a acquis une solide expérience en économie. Il se revendique de gauche pourtant. Cela ne va pas être le plus facile à démontrer. D'autant qu'avec lui à Bercy, c'est aussi une génération qui passe la main, celle de l'aile gauche du PS en général, de Benoît Hamon et Arnaud Montebourg en particulier. François Hollande veut installer au pouvoir le socialisme de gouvernement, cela se fera sans les deux ministres frondeurs qui entament leur traversée du désert. Au soir de la fête de Frangy, ils sortent du jeu. Place aux nouveaux visages de la gauche. Place à Emmanuel Macron.

3

BANCO SUR LE BANQUIER

« Mon arrivée à Bercy est d'abord le fruit des circonstances. D'abord, je crois que le président de la République me fait confiance, il me connaît, il sait que je connais ces sujets. Ensuite, je participe d'une clarification. »

Entretien avec Emmanuel Macron,
11 décembre 2015

La vie politique est cruelle, qui oblige toujours à des choix difficiles, parfois ironiques. Regardez François Hollande par exemple. Il est là, prêt à appeler Emmanuel Macron, son téléphone portable entre les mains, installé dans ce bureau de l'Élysée dont il a tant rêvé. Quand a-t-il gagné le droit de s'y installer ? L'élection présidentielle de 2012, bien sûr, avec l'onction du suffrage universel. Une formalité. En réalité, tout s'est joué bien en amont, en deux temps. Au Bourget d'abord. Dix mille militants survoltés, tous les socialistes au premier rang, du plus obscur secrétaire national du parti aux plus prestigieux des éléphants, toute la presse, française et internationale, les cornes de brume, les chants de campagne… le meeting parfait. Et lui, seul sur la gigantesque scène à électriser la foule ivre de haine contre Nicolas Sarkozy, assoiffée de victoire électorale. Depuis le temps qu'il arpente les estrades, il sait manœuvrer les publics. Au Bourget, ce jour de janvier 2012, il va le faire chavirer en une réplique. C'est son moment, il ne peut pas le rater. Alors il prend un peu son temps avant sa tirade, puis il se lance : « Dans cette bataille qui s'engage, je vais vous dire qui est mon adversaire, mon véritable adversaire », léger silence, suspense. « Il n'a pas de nom, pas de visage, pas de parti. » Courte pause. « Il ne présentera jamais sa candidature. Il ne sera donc pas élu. » Respiration. « Et pourtant, il gouverne. » Tension dramatique. « Cet adversaire… », public à bout de souffle, « … c'est le monde de la finance ». Hystérie dans la salle, applaudissements à tout rompre, match remporté.

Deux ans et demi plus tard, voici donc François Hollande prêt à nommer ministre de l'Économie le banquier de chez Rothschild, le « Mozart de la finance », « la crème de la crème sociale-libérale », « le financier technocrate », celui-là même dont il avait refusé la nomination au secrétariat d'État au Budget il y a quatre mois au motif qu'il n'avait jamais été élu, pour lui demander, l'implorer presque, d'accepter sa requête. Ironie d'autant plus cruelle que celui qui fait aujourd'hui figure de dernier recours du président n'avait pas été le dernier à s'en prendre au deuxième acte emblématique du candidat François Hollande, après son attaque en règle contre la finance au Bourget : sa décision de proposer une taxe à 75 % au-delà d'un million d'euros de revenus par an. Pendant la campagne, l'annonce avait achevé de convaincre une partie de l'électorat de la gauche de la gauche que, décidément, avec François Hollande, la France avait plus qu'une carte à jouer dans la lutte mondiale contre le grand capital et la finance dérégulée. Conseiller économique du président à l'époque, Emmanuel Macron n'avait pas été informé de cette taxe par le candidat. Apprenant avec stupéfaction la décision, il avait alors eu ce mot fameux : « Mais c'est Cuba sans le soleil ! »

François Hollande n'ignore rien des positions économiques d'Emmanuel Macron, de son image désastreuse de banquier d'affaires, des difficultés qu'il y aura à expliquer qu'il est vraiment de gauche, que sa nomination à Bercy s'inscrit bien dans le droit-fil de sa campagne électorale de 2012. Bref, qu'Emmanuel Macron est un homme de gauche, un vrai, en un mot, un socialiste. Seulement voilà, il n'y a que lui. Ce dont s'efforce de le convaincre Jean-Pierre Jouyet, le secrétaire général de l'Élysée. « Si l'on veut quelqu'un qui connaisse bien l'économie, adhère à la politique de l'offre, ait la confiance des entreprises et incarne une nouvelle génération, je ne vois que Macron », lui expose-t-il, d'autant plus convaincu qu'Emmanuel Macron est son poulain. Mais la décision est compliquée. Elle doit être prise dans l'urgence d'une crise gouvernementale qui menace le chef de l'État lui-même. À droite, on commence déjà à parler de dissolution de l'Assemblée nationale, et même, pour les plus enthousiastes ou les moins au fait du fonctionnement des institutions, de démission du président de la République. Comme pour souligner la situation de François Hollande, les chaînes d'information en continu diffusent en boucle les images de son déplacement de la veille à l'île de Sein en Bretagne pour célébrer le soixante-dixième anniversaire de la Libération.

Pendant qu'à Paris le remaniement s'organise en catastrophe, lui discourt sous une pluie battante, exposé à de glaciales rafales de vent. On distingue à peine ses yeux derrière ses lunettes embuées sur les verres desquelles ruissellent de grosses gouttes d'eau. L'image va s'imposer comme le symbole de cette rentrée cataclysmique pour le chef de l'État. Ce lundi matin en Bretagne, c'est un déluge qui s'abat sur lui. Fait suffisamment rare pour être signalé, le quotidien de droite *Le Figaro* et celui de gauche *Libération* ont choisi le même titre de une : « Crise de régime. » C'est bien de cela qu'il s'agit. À peine plus de deux ans après son élection, le quinquennat de François Hollande est à bout de souffle. Jusqu'à présent, il a tout raté. Il ne lui reste plus qu'une seule issue, la fuite en avant et la tempête politique. Délesté de ses flotteurs de gauche, le président de la République se résout à s'engager encore plus avant sur une ligne politique sociale-démocrate. Plus de chichis, plus de fioritures, plus d'ambiguïté. Il va accentuer sa politique favorable aux entreprises, à la réduction des dépenses publiques et au contrôle de l'endettement. Emmanuel Macron en sera le symbole. « J'assume », lâche François Hollande devant ses conseillers avant de l'appeler pour lui proposer le job. Certes, Emmanuel Macron n'a jamais été élu, mais il a des relais au sein du CAC 40 et l'oreille des grands patrons. À l'heure de l'inflexion sociale-démocrate, c'est toujours utile. À l'autre bout du fil, Emmanuel Macron minaude un peu. Il demande un délai de réflexion à François Hollande, le temps d'en parler avec sa famille, d'annuler aussi les engagements qu'il avait pris pour sa nouvelle vie, il doit tout abandonner.

Signe de l'improvisation de ce remaniement, Emmanuel Macron est toujours dans sa maison du Touquet lorsqu'il apprend sa promotion à la télévision. Avec un petit sourire satisfait, Jean-Pierre Jouyet annonce la nomination de son protégé au poste de ministre de l'Économie, de l'Industrie et du Numérique depuis le perron de l'Élysée. C'est lui qui l'avait présenté à François Hollande, en 2005, avec ces mots : « C'est un garçon plein d'élégance qui conjugue vivacité intellectuelle et sens politique. En plus, c'est un très bon joueur de foot. » L'autre seule passion connue du président après la politique. Si l'on ajoute leur goût commun pour l'humour, ces deux-là ont vraiment tout pour s'entendre. D'autant qu'ils partagent tous deux un attachement presque irraisonné à leur liberté. Cela ne saute pas aux yeux immédiatement mais François Hollande et Emmanuel Macron se sont reconnu ce point commun. C'est donc finalement sans encombre que Jean-Pierre Jouyet a réussi à convaincre François Hollande de propulser Emmanuel Macron à Bercy.

Dans les cercles du pouvoir, il n'est pas le seul à se réjouir, loin de là. Jacques Attali aussi se montre satisfait. Avec Jean-Pierre Jouyet, il est l'autre « découvreur » d'Emmanuel Macron. Du temps de Nicolas Sarkozy, l'ancien conseiller de François Mitterrand avait fait de lui le rapporteur de sa commission dédiée à élaborer des propositions pour sortir la France de sa torpeur. Emmanuel Macron y avait alors brillé tout en profitant de ce cénacle pour élargir son carnet d'adresses. Quelques minutes après sa nomination, ce dernier reçoit aussi un texto d'Alain Minc. « La politique est la seule héritière du surréalisme », lui écrit cet ancien major de l'inspection des finances, conseiller des puissants depuis toujours et sorte de super DRH de la République. « Le vendredi qui précédait sa nomination, deux jours avant qu'Arnaud Montebourg prenne sa cuite à Frangy, nous discutions ensemble. Il me parlait de ses projets, de ses postes d'enseignant à l'étranger. Je l'avais même présenté à un ami pour la petite société de conseil qu'il était en train de monter. Il était dans un tout autre projet que celui de se lancer en politique », raconte Alain Minc. Difficile toutefois de refuser, lorsqu'on vous propose de devenir ministre de l'Économie, surtout à trente-six ans. À l'instar de Louis Gallois, il faudrait avoir une vie professionnelle au service de l'intérêt général déjà bien remplie derrière soi. Un peu d'aplomb, aussi. Ou alors des doutes sur la volonté réelle de François Hollande à réformer le pays. Ce dont Emmanuel Macron s'est immédiatement enquis auprès du chef de l'État lorsque celui-ci l'a appelé, au Touquet. « Je pourrai faire des réformes ? » Ce n'est qu'une fois rassuré sur ce point qu'il a accepté la mission.

Reste juste à régler les détails pratiques de cette nomination surprise. Comment rentrer à Paris alors que le dernier train pour la capitale est déjà parti depuis longtemps ? Une voiture avec chauffeur est mise à sa disposition pour le reconduire à son appartement. Il faut maintenant lui trouver un costume décent. Dans sa maison de vacances, il n'a que des vêtements décontractés. Pas dignes en tout cas de l'image que doit renvoyer un jeune ministre de l'Économie nommé en pleine crise de régime. Il n'a pas de chaussures adéquates non plus, ce dont il s'inquiète auprès de Jean-Pierre Jouyet, comme le montrera plus tard un film d'Yves Jeuland tourné dans les coulisses de l'Élysée à ce moment-là. Lorsqu'il arrive à Paris, les journalistes font déjà le pied de grue devant son domicile. Pas question d'alimenter le sentiment d'improvisation qui règne autour de ce remaniement en offrant à la presse les images du nouveau ministre de l'Économie débarquant en polo et en short. Pour éviter cela, le ministre de l'Intérieur Bernard Cazeneuve lui offre l'asile en catastrophe. Ce soir-là, tout se décide dans l'urgence et la fébrilité d'une crise politique inattendue.

À y regarder de plus près, cette nomination surprise présente aussi des avantages pour le chef de l'État, même si, dans la fureur du moment, ils ne sautent pas aux yeux. D'abord, cela clarifie définitivement sa ligne politique. Si la majorité risque encore de vivre des soubresauts, au sommet au moins le cap est affirmé. Et puis, surtout, François Hollande se dégage enfin des influences des courants du Parti socialiste. Après son élection, il avait composé son gouvernement au trébuchet du poids et des influences de chacun, telles qu'elles étaient apparues durant la primaire d'abord, pendant la campagne ensuite. Bien sûr, François Hollande ne s'est pas définitivement débarrassé de ses encombrants alliés de la gauche du PS. Pour avoir lui-même survécu à un congrès de Reims en 2008 qui l'avait laissé pour mort sur le bord de la route, il sait qu'Arnaud Montebourg et Benoît Hamon pourront revenir. Néanmoins, pour l'heure, ils sont neutralisés. Si sa politique produit des résultats, il n'en entendra plus parler. C'est la fameuse « inversion de la courbe du chômage » que François Hollande a annoncée, fin 2013, et qui se fait toujours désespérément attendre. En tentant de retourner la crise de régime à son avantage, il essaie aussi de mettre en place une nouvelle génération. Il y a Emmanuel Macron bien sûr, le plus visible. Mais, derrière lui, c'est une flopée de jeunes ministres qu'il fait monter en puissance, telles Najat Vallaud-Belkacem à l'Éducation ou Fleur Pellerin à la Culture. Sans doute y aura-t-il des pertes en route, mais ceux qui se débrouillent bien seront mûrs pour 2017, lorsqu'il s'agira de mettre en avant de nouveaux visages. Histoire de donner corps à son engagement de la campagne présidentielle de 2012, qu'il avait centrée sur le thème de la jeunesse. Pour François Hollande, après tout, cette crise n'est pas si malvenue que ça. À condition que son jeune ministre de l'Économie réussisse. Le pari n'est pas si risqué. Dans sa vie, Emmanuel Macron n'a jusqu'à présent connu que le succès.

4

LE TALENTUEUX MONSIEUR MACRON

« Dans le système français, c'est "passe ton bac d'abord", après, tu feras Polytechnique ou l'Ena, si tu as la chance d'avoir une famille qui sait que ça existe… Le système est fait pour des gens comme moi, qui ont réussi dans des concours académiques, peuvent devenir managers de groupe, construire leur propre rente. C'est trop souvent le système de l'entre-soi, des retraites-chapeaux, de la cooptation dans les conseils d'administration et d'une noblesse d'entreprise et d'État qui tourne entre elles (…). Ce temps-là est fini. »

Emmanuel Macron,
9 mars 2016, dans *L'Express*

Ils sont en survêtement, une centaine de garçons et filles, leur maillot de bain dans leur sac de sport, transis par le froid de novembre, à se demander ce qu'ils font là, dans ce stade du Val-de-Marne. Les écrits de l'Ena sont passés, les oraux aussi, ce sont les dernières épreuves : athlétisme et natation. Une formalité incongrue pour tout le monde – personne n'a jamais été recalé de l'Ena pour avoir raté un cent mètres. Mais il faut bien en passer par là. De petits groupes se forment, des affinités se créent. Emmanuel Macron est là, l'un de ses meilleurs amis aussi, Marc Ferracci, avec qui il a préparé l'examen. Ils sont rejoints par un autre garçon, l'un des plus jeunes à avoir passé le concours et qui ne connaît personne : Gaspard Gantzer. Pour l'heure, ils ne sont encore que de simples étudiants, un peu hors normes tout de même puisqu'ils s'apprêtent à partir à l'assaut des postes les plus prestigieux de la haute fonction publique. Aucun ne se doute de ce qui les attend ; dans un peu plus de dix ans, Gaspard Gantzer deviendra conseiller en communication du président de la République et Emmanuel Macron ministre de l'Économie. Marc Ferracci, lui, ratera le concours et deviendra professeur d'économie à l'université de Panthéon-Assas et à Sciences-Po. Pour l'heure, il s'agit de courir et de nager. Une formalité, en réalité, dont ils s'acquittent tous honorablement. L'essentiel s'est joué avant, Emmanuel Macron et Gaspard Gantzer ont brillé aux épreuves écrites et se retrouvent admis à l'Ena dans la promotion Léopold-Sédar-Senghor. « On a surtout beaucoup ri, c'était très agréable et nous nous sommes revus assez vite », se souvient Gaspard Gantzer. À peine amis, déjà éloignés. La scolarité à l'Ena commence par une année de stage à l'étranger.

Emmanuel Macron et Gaspard Gantzer choisissent de partir en ambassade en Afrique. Le premier au Nigeria, le second au Mali. Des pays très différents mais assez proches géographiquement, ce qui les amènera à échanger régulièrement. Mais c'est en réalité en janvier 2003, après leur stage en préfecture dans l'Oise et en Isère, qu'ils se retrouvent tous à Strasbourg pour la fin de leur scolarité. Le groupe d'amis s'élargit. Autour d'Emmanuel Macron et de

Gaspard Gantzer, il y a notamment Mathias Vicherat, futur directeur de cabinet d'Anne Hidalgo, Aurélien Lechevallier, futur conseiller diplomatique de la maire de Paris et Sébastien Jallet, futur directeur de cabinet lui aussi, mais de Myriam El Khomri, au secrétariat d'État à la Ville. La charge de travail est intense et, pour se détendre, ils ont pris l'habitude de se retrouver tous les soirs dans un café de Strasbourg. Trois semaines après leur arrivée, ils sont donc tous là à discuter autour d'un verre. Il ne manque qu'Emmanuel Macron, qui finit par arriver avec deux heures de retard. « Excusez-moi, je faisais du théâtre », explique-t-il à ses camarades un peu surpris de le voir s'être déjà inscrit à des cours. « Tu as trouvé un professeur ? », lui demandent-ils. « Non, non. C'est moi qui donne le cours », leur répond-il. C'est un peu cela Emmanuel Macron, toujours pleinement impliqué dans ce qu'il fait, en l'occurrence sa scolarité à l'Ena, mais jamais non plus totalement obnubilé, avec une vie à côté. « Il y a ce côté très attachant chez lui : c'est quelqu'un qui s'intéresse à beaucoup de choses et à des choses très différentes. On a toujours l'impression que les journées durent plus longtemps pour lui que pour nous », raconte Gaspard Gantzer. Et puis l'homme est brillant. Quel que soit le sujet sur lequel il se penche, il finit toujours par le maîtriser dans ses moindres détails. À l'Ena, c'est un atout de poids. À tel point qu'Emmanuel Macron obtiendra la note maximale de dix sur dix à ses stages, avec une annotation du jury qui en laisse encore pantois ses camarades de promotion : « Homme charismatique. » Formulée par des hauts cadres de l'administration, des ambassadeurs ou des préfets âgés de trente ans de plus que lui, la sentence est prémonitoire. Elle a aussi valeur d'avertissement : attention, cet homme va vous séduire, c'est irrésistible. « Il sait convaincre son interlocuteur, raconte Gaspard Gantzer. Il n'est pas tordu ou compliqué. C'est quelqu'un qui vous donne plutôt l'envie d'être son ami. » Et avec cela, il est attentif. À Marc Ferracci qui n'a pas réussi le concours de l'Ena, il offre un recueil de poèmes, *Les Feuillets d'Hypnos* de René Char. En dédicace et pour consoler son ami, il a recopié un extrait du texte sur la page de garde de l'ouvrage : « Ne t'attarde pas à l'ornière des résultats. »

Cet aspect d'Emmanuel Macron, attentif et séducteur, a d'ailleurs marqué presque tous ceux qui, à un moment ou à un autre, l'ont croisé au cours de leur scolarité. Bien avant l'Ena déjà, en khâgne au lycée Henri-IV à Paris, ses camarades se souviennent d'un jeune homme certes sociable mais aussi insaisissable, présent sans être là. « Il cultivait une part de mystère, une vie parallèle dont on ne savait rien, se souvient l'un d'entre eux, Yannick Papaix, dans un article du *Parisien Magazine.* Il était beaucoup plus adulte que nous, sans doute parce qu'il était déjà en couple avec son ancienne professeure de français. » Il sait se faire apprécier pourtant. Et déjà de tout le monde, de ses camarades mais aussi de ses professeurs avec qui il dîne parfois. Jeunes, adultes, Emmanuel Macron passe d'un monde à l'autre avec agilité. Considère les uns comme les autres à égale valeur, se sent à l'aise partout et séduit tout le monde. « Avec sa tête de mouton ébouriffé, il avait un côté romantique, probablement romanesque aussi, qui n'est pas sans lien avec la sensibilité de son intelligence. C'est un homme qui maîtrise ses émotions mais qui ne les a pas tuées. Il a une vraie préoccupation de l'humain », raconte son ancien professeur d'anglais de khâgne à Henri-IV, Christian Monjou. Lycéen, Emmanuel Macron continue à pratiquer le théâtre. En parallèle, il s'est inscrit à la classe libre du cours Florent et passe même des castings dont un pour un film avec Jean-Pierre Marielle. Mais il n'est pas pris. Il continue toutefois à se perfectionner à l'oral, ce qui ne lui est pas inutile lorsqu'il s'agit de passer au tableau sans rien connaître du sujet. C'est son côté baratineur, un peu gouailleur, jamais déstabilisé. Il s'en sort toujours par une pirouette, un beau discours, un numéro de charme qui ne laisse personne indifférent même si, dans le fond, il ne répond pas à la question. S'il n'est pas bon en mathématique, son truc, sa vraie passion, c'est la littérature. À ses camarades de classe, il laisse entendre qu'il écrit un livre. Son échec pour entrer à Normale sup n'en sera que plus douloureux. Un premier revers dans une scolarité sans accroc et presque une blessure intime. Il faut trouver autre chose, ce sera Sciences-Po. Il en sortira diplômé en 2001. Simultanément, il s'inscrira à Paris-Nanterre. C'est là qu'il va faire une rencontre déterminante, en la personne de son professeur de philosophie, Paul Ricœur. Emmanuel Macron s'intéresse déjà beaucoup au sujet. En autodidacte, il a lu Kant, Aristote, Descartes. Après son échec à Normal Sup, il a enchaîné avec un DEA sur Hegel et assisté pendant près de quatre ans aux cours d'Étienne Balibar, sous la direction duquel il rédige un mémoire sur Machiavel. Comme chaque fois qu'il se penche sur un sujet, Emmanuel Macron se jette à corps perdu dans la philosophie. Il n'en a pas une approche éthérée et s'efforce de comprendre le monde qui l'entoure en s'appuyant sur les concepts philosophiques. À cette époque, au début des années 2000, Emmanuel Macron travaille aussi avec la revue *Esprit*, dont il est membre du comité éditorial.

Avec Paul Ricœur, il va tout redécouvrir. Emmanuel Macron ne connaît pas le philosophe, il ne l'a jamais lu et n'est donc pas intimidé par la statue du Commandeur. Au terme d'un entretien de plusieurs heures, Paul Ricœur lui tend un manuscrit d'une cinquantaine de pages : le texte de sa première conférence pour *La Mémoire, l'Histoire, l'Oubli*, son œuvre majeure. « Je lui ai rendu le texte avec des annotations. J'étais complètement incompétent mais il a fait comme si de rien n'était : il m'a répondu. C'est comme cela que les choses se sont engagées, raconte Emmanuel Macron dans un entretien à l'hebdomadaire *Le 1*. Il m'a rééduqué. Avec lui, je suis reparti de zéro. » Il a surtout compris aussi que malgré tout l'intérêt qu'il porte à la philosophie, il ne pourra pas, comme Paul Ricœur, passer sa vie à travailler sur ce seul sujet. La perspective de passer le restant de ses jours assis dans un fauteuil à réfléchir ou à écrire le terrifie. Lui a besoin d'action, de découvrir d'autres centres d'intérêt et de multiplier les expériences. « Il a ce côté touche-à-tout, cette capacité à se situer dans des cercles qui ont des intersections : la haute administration, les milieux intellectuels, académiques, politiques, économiques..., raconte Marc Ferracci. Ça lui a toujours plu. Il aime montrer qu'il a plusieurs cordes à son arc. D'abord parce que cela surprend ses interlocuteurs, ensuite parce qu'il a horreur de se laisser enfermer dans des cases. » De fait, dès lors qu'on essaie de lui apposer une étiquette, Emmanuel Macron fait tout pour la retirer. Sorti major de l'Ena en 2004, il rejoint l'inspection des finances. Mais, alors que les membres de ce corps retournent traditionnellement donner des cours d'économie dans les hautes écoles de la République, lui choisit d'enseigner la culture générale à Sciences-Po. Selon la définition du sociologue Michel Crozier, Emmanuel Macron serait un « marginal sécant », une personnalité à cheval sur plusieurs milieux différents, pouvant passer de l'un à l'autre, adoptant un jour les intérêts des uns, le lendemain ceux des autres, épousant tour à tour les logiques de chacun, quitte à adopter des postures contradictoires. C'est dans cette logique qu'il a fait toute sa scolarité, c'est dans cette logique qu'il va dérouler sa carrière. Emmanuel Macron, c'est un écrivain chez les philosophes, un acteur de théâtre à l'Ena, un inspecteur des finances professeur de culture générale. Bientôt il sera un philosophe chez les banquiers, un banquier chez les socialistes, un socialiste chez les chefs d'entreprise. Jamais là où on l'attend. Mais s'il est un point commun entre tous ces mondes, c'est l'ambition, celle chaque fois d'atteindre le sommet. Pour l'instant, elle est à l'état brut. Une idée inaboutie, encore assez floue mais que certains commencent à percevoir derrière l'intelligence fulgurante du jeune homme. Président de la République ? Pourquoi pas ? Lui en plaisante toujours. Comme lors de sa rencontre avec Alain Minc à l'issue de sa scolarité à l'Ena.

Pour les majors de promo qui ont intégré l'inspection des finances, il y a une tradition qui veut que chacun effectue la tournée des anciens. Une façon d'entrer de plain-pied dans cette caste puissante et redoutée des inspecteurs des finances. Un premier pas dans le cercle du pouvoir. C'est d'ailleurs Michel Rocard, lui-même ancien inspecteur, qui avait recommandé à Emmanuel Macron d'intégrer ce corps. Les deux hommes se connaissaient depuis peu, ils s'étaient rencontrés en 2002 par l'intermédiaire de Henry Hermand, un ami de l'ancien Premier ministre. « D'abord, tu es fait pour ça. Ensuite, tu auras accès à un réseau puissant qui n'a aucun équivalent », avait alors expliqué Michel Rocard à Emmanuel Macron. Le voici donc à l'heure du choix. En vertu d'une spécialisation non écrite, les jeunes diplômés majors de l'Ena vont plutôt voir Jean-Pierre Jouyet s'ils se destinent au service de l'État, Henri de Castries s'ils sont plutôt attirés par le monde de l'entreprise, Alain Minc pour les parcours plus tortueux. Emmanuel Macron voit les trois. Il se fait repérer immédiatement. « Il ne faut pas dix minutes pour comprendre qu'il a la grande dimension, qu'il est très au-dessus des autres, assure Alain Minc. Je dirais que c'est une sorte de Giscard sympathique. Il a l'agilité, la vitesse, le charme intellectuel d'un Giscard. Mais c'est un littéraire, c'est une évidence, avec en plus cette extrême capacité d'empathie. »

Au cours de cet entretien, Emmanuel Macron explique qu'il est attiré par la politique, il plaisante sur le fait qu'il veut devenir président. C'est une boutade mais bon, l'idée est là. Pour l'heure, elle est surtout présente dans le regard que les interlocuteurs d'Emmanuel Macron portent sur lui. Ce sera le cas un peu plus tard de Jacques Attali, l'ancien conseiller de François Mitterrand, qui verra lui aussi se dessiner dans ce jeune talent à l'état brut la promesse d'un destin élyséen. « Il a l'étoffe d'un président de la République. Je l'ai dit dès que je l'ai vu. Parce qu'il a ce mélange très français de l'intellectuel et de la compétence, de la hauteur de vue et de la volonté, de l'entêtement, aussi », expliquera plus tard Jacques Attali. Mais il est encore très tôt. Tout reste à construire pour Emmanuel Macron, à commencer par sa carrière. C'est donc à sa sortie de l'Ena qu'Alain Minc lui recommande de faire un passage par la banque d'affaires. « Pour faire de la politique aujourd'hui, il faut être riche ou ascète, lui explique-t-il. Donc, commence par fabriquer de l'épargne, deviens banquier d'affaires. D'abord, tu seras libre de faire un peu de politique, en tout cas de conseiller des hommes politiques pendant cette période. Mais, surtout, tu gagneras bien ta vie pendant plusieurs années, et tu y gagneras ta liberté. » C'est ce dernier argument qui va finir par emporter la décision d'Emmanuel Macron en septembre 2008, après quatre ans à l'inspection des finances, il se met en disponibilité de la fonction publique et rejoint la banque d'affaires. « Quand il est parti chez Rothschild, c'était d'abord pour s'assurer une liberté financière qui lui permette, dans la seconde partie de sa vie, de ne pas être dépendant d'un courant ou d'une écurie, raconte Marc Ferracci. Il ne voulait pas avoir à quémander une investiture, ce genre de chose. C'est quelque chose qu'il martelait, ce n'était pas un secret. » La politique, il va y arriver ensuite, directement par la grande porte, celle de l'Élysée.

5

L'AUTRE ÉCOLE DU VICE

« On ne me reproche pas ce que je fais, on me reproche ce que je suis, et ça, au nom de la gauche (...). Alors qui je suis ? J'ai fait quatre ans de ma vie dans la banque, j'ai été pendant près de huit ans fonctionnaire, ça n'intéresse personne, j'ai fait des études de philosophie avant de faire ça... Bon ! Donc, vouloir me réduire à un banquier, parce que c'est bien pour attaquer, parce que c'est bien pour salir, je trouve ça minable. »

Emmanuel Macron,
16 octobre 2014, sur France Inter

Son nom n'apparaît pas encore. À peine celui de son employeur est-il signalé. Dans les articles de presse qui relatent l'un des plus gros deals financiers de l'année 2012, c'est seulement au détour d'une phrase que la banque apparaît. « Nestlé, conseillé par Rothschild, a remporté les enchères face à son challenger Danone. » Une transaction à 9 milliards d'euros. Une bataille homérique entre les deux géants mondiaux de l'agro-alimentaire pour racheter à l'américain Pfizer sa branche spécialisée dans la nutrition infantile. L'apogée de la carrière de banquier d'affaires d'Emmanuel Macron. Son ticket d'entrée pour la politique, surtout. Avec ce deal, celui qui travaille pour Rothschild depuis près de quatre ans maintenant vient d'acquérir son indépendance financière. De quoi devenir « suffisamment riche pour se mettre à l'abri du besoin jusqu'à la fin de ses jours », comme l'écrira le quotidien *Libération.* La déclaration de patrimoine qu'il publiera à sa nomination à Bercy en témoigne. De 2008 à 2012, son passage dans la banque d'affaires lui aura rapporté près de 3 millions d'euros de revenu brut. De quoi voir venir. D'autant qu'Emmanuel Macron était déjà propriétaire d'un appartement parisien de quatre-vingt-trois mètres carrés avec terrasse, acquis en 2007 pour une valeur de 900 000 euros, et détenteur de plusieurs comptes d'épargne et d'assurance vie pour une valeur de 200 000 euros. Il est également propriétaire d'un coupé-cabriolet Volkswagen Eos acheté en 2005 et estimé à 6 000 euros. En face, il déclare aussi pour plus d'un million d'euros de dettes sous forme de prêts à rembourser. Grâce à son passage dans la banque d'affaires, Emmanuel Macron est devenu un homme riche. Sa fortune faite, il n'a de comptes à rendre à personne. Il va pouvoir tracer son chemin seul. Plus que de l'argent, Emmanuel Macron vient donc de gagner ce qui compte le plus à ses yeux, sa liberté, qu'il paie d'un surnom qui lui collera à la peau, « le Mozart de la finance ». Et qui souligne aussi la connaissance intime du fonctionnement du capitalisme qu'Emmanuel Macron a acquise durant sa vie de banquier. « J'assume d'être comme je suis. Ce que j'ai fait pendant quatre ans dans le secteur privé m'est très utile aujourd'hui au ministère de l'Économie, répondra-t-il plus tard à ceux qui l'attaqueront pour ses années passées chez Rothschild. Ce n'est pas une mauvaise chose que d'avoir un peu fréquenté la vie des entreprises pour s'occuper d'elles. » Pour l'heure, Emmanuel Macron ne voit pas aussi loin. Difficile d'imaginer que, six ans après son entrée dans la banque d'affaires, il va se retrouver à Bercy.

Il est recruté chez Rothschild en septembre 2008, tout juste dix jours avant la chute de la banque américaine Lehman Brothers. La spectaculaire faillite de cette icône de la finance va plonger le monde dans l'une des plus graves crises financières de son histoire. C'est pourtant avec ce décor en toile de fond qu'Emmanuel Macron va s'épanouir dans la banque d'affaires. Pour le recommander auprès de ses dirigeants, les appels ont afflué de toutes parts. Alain Minc, Jacques Attali, le patron du groupe pharmaceutique Sanofi-Aventis Serge Weinberg, l'avocat Jean-Michel Darois… Avec autant de bonnes fées penchées sur son berceau, difficile de rater son entrée. Emmanuel Macron enchaîne les entretiens avec le patron, David de Rothschild, et le banquier star de l'établissement, François Henrot, avec qui il va par la suite se lier d'amitié. À trente ans, il est directement recruté en tant que « gérant ». Deux ans plus tard, il est promu « associé-gérant », ascension fulgurante à un statut qui ne s'obtient généralement qu'après de longues années passées dans la banque. Seulement voilà, « avec ce mélange rarissime, surtout à un si jeune âge, de rapidité intellectuelle, de puissance de travail, de sûreté dans le jugement et de charme, il aurait été, s'il était resté dans le métier, l'un des meilleurs en France, sans doute même d'Europe », confie François Henrot au site Rue89. Pourtant, avant de devenir banquier d'affaires, Emmanuel Macron ne connaissait rien au métier. Ou pas grand-chose. Un vrai débutant. Au point de se voir refourguer au début les dossiers clients les plus compliqués de la banque, ceux des entreprises déjà en affaires avec les banques concurrentes, et les collaborateurs les moins appréciés de l'établissement. Mais la technique financière, les chausse-trappes juridiques et les méandres de la fiscalité, ça s'apprend. Et justement, Emmanuel Macron apprend vite. Il a suffisamment de bagou pour faire oublier sa méconnaissance du milieu et a l'art de donner le change. Dans ce milieu opaque et fermé, où règne la culture du secret, où les rivalités sont exacerbées, il se fait remarquer par son humeur égale et généralement bonne. Et déjà, il casse les codes. Le métier de banquier d'affaires est très individualiste ? Lui met en valeur ses équipes, crée autour de lui un climat de confiance et d'émulation. Ça en agace certains, ça en séduit d'autres, plus nombreux. La méthode Emmanuel Macron commence à apparaître.

Si la technique du métier de banquier s'apprend, ce qui ne s'improvise pas en revanche, c'est le talent. Celui sur lequel les dirigeants de Rothschild ont misé en recrutant le jeune inspecteur des finances. C'est une tradition dans cette banque que de faire appel à des profils hors normes. Le métier de banquier d'affaires suppose des qualités spécifiques, de l'entregent, de la psychologie, de l'intuition, du flair… « Pour Macron, la décision a été unanime, immédiate, évidente », assure François Henrot à Rue89. Pour Rothschild, le recrutement de ce jeune inspecteur des finances est assez banal. La maison s'est toujours intéressée de près aux énarques à haut potentiel. Un réservoir dans lequel la banque puise régulièrement. Après tout, l'accès aux réseaux du pouvoir est un autre aspect de la vie des affaires. Ils sont ainsi nombreux dans la haute fonction publique à avoir effectué un passage chez Rothschild. Le plus emblématique d'entre eux est une personne à laquelle Emmanuel Macron fait d'ailleurs souvent référence : Georges Pompidou. Lorsque celui-ci est nommé Premier ministre par le général de Gaulle en 1962, *Le Canard enchaîné* titre « Pompidou, de l'écurie Rothschild, gagne le grand prix de Matignon ». Il sera ensuite élu président de la République en 1969. La première fois qu'il se confrontait au suffrage universel.

Les années passent, les ministres se succèdent, la puissance de Rothschild demeure. Celle de propulser ses collaborateurs aux plus prestigieuses fonctions de la Ve République. En cela, Emmanuel Macron s'inscrit aussi dans une lignée de hauts fonctionnaires ayant fait un passage dans la banque avant de retourner au service de l'État ou à la tête de grandes entreprises. Le plus récent est François Pérol. Ancien directeur de cabinet de Nicolas Sarkozy à Bercy, il avait fait un passage par Rothschild en tant qu'associé-gérant, lui aussi. En 2007, celui qui était alors le candidat de l'UMP pour l'élection présidentielle l'avait rappelé dans son équipe de campagne. Après la victoire de Nicolas Sarkozy face à Ségolène Royal, il avait été nommé secrétaire général adjoint de l'Élysée. Chez Rothschild, on est friand de ces profils qui contribuent à entretenir la légende mais aussi l'influence de la banque dans les cercles du pouvoir. « Il n'y a pas de calcul ou de stratégie, assure toutefois un haut dirigeant de la banque dans *Le Figaro*. On ne recrute pas telle personnalité en se disant qu'il va avoir un rôle politique mais, c'est vrai, on cherche toujours les meilleurs. C'est ainsi, il y a une grande perméabilité entre la haute fonction publique et les entreprises. C'est dans l'ADN français. »

Lorsqu'il arrive dans la banque, Emmanuel Macron part de zéro. Il doit tout créer de lui-même, démarcher les clients, les convaincre, les accompagner. S'il ne prend pas son téléphone, rien ne se passe. Alors il s'implique, commence à faire fonctionner son réseau d'inspecteur des finances et décroche des missions. Toutes n'aboutissent pas, comme le dossier du financement de Presstalis. D'autres se déroulent mieux, comme la reprise de Siemens par Atos. Mais si Emmanuel Macron se donne à corps perdu dans son activité de banquier, le philosophe de formation commence à s'y ennuyer aussi. « Le métier de banquier d'affaires n'est pas très intellectuel, confie-t-il dans le livre *Rothschild, une banque au pouvoir*. Le mimétisme du milieu sert de guide. » Dans le *Wall Street Journal*, il ira même encore plus loin : « On est comme une sorte de prostituée. Le job, c'est de séduire. » Emmanuel Macron a fait le tour. Alors il commence à regarder à côté, vers la politique, comme Alain Minc le lui avait conseillé. En 2010, il rejoint l'équipe d'économistes qui travaille au côté de François Hollande. Et devient assez vite la cheville ouvrière du « groupe de la Rotonde », cette bande d'experts qui travaillent à bâtir le programme économique de François Hollande. Emmanuel Macron travaille toujours chez Rothschild. Pour lui, ce n'est plus désormais que l'antichambre du pouvoir. Sa fortune faite, il va pouvoir se rapprocher de la politique. Cela fait longtemps que ça le travaille. Au début des années 2000, il s'est rapproché un temps du Mouvement des citoyens de Jean-Pierre Chevènement. Plus tard, il s'est orienté vers le PS en prenant sa carte du parti mais sans jamais réellement s'impliquer. Pas question de passer par le Mouvement des jeunes socialistes, la porte d'entrée vers le parti pour les apprentis apparatchiks, qualifié en son temps par François Mitterrand d'« école du vice ». Pour Emmanuel Macron, après Rothschild, c'est un autre parcours qui s'ouvre à lui. Il passe par François Hollande, qui vient d'être élu président de la République.

6

LE CHÉRI DES PATRONS

« On a beaucoup usé, ces trente-cinq dernières années, du mot "effort". J'appartiens à cette génération qui a constamment vécu dans l'explication imparfaite d'un effort sans proposition de lendemain et dans la nostalgie paralysante des Trente Glorieuses, époque que je n'ai jamais connue. L'effort collectif efficace suppose une compréhension collective du problème. Je crois, pour ma part, dans l'intelligence du peuple. Le peuple français est très politique, il a compris le monde. Il est prêt à la réforme profonde, à condition qu'on lui explique où il va, et qu'on lui rende compte de manière régulière. Notre pays a soif d'engagement. »

Emmanuel Macron,
9 mars 2016, dans *L'Express*

L'ennemi d'Emmanuel Macron n'a pas de nom, pas de visage, pas de parti. Il ne présentera jamais sa candidature, il ne sera donc pas élu. Et pourtant, il gouverne. Cet adversaire, c'est le conservatisme français. Et c'est à l'assaut de cette citadelle qu'il se lance en arrivant à Bercy, avec enthousiasme certes, mais aussi un brin de naïveté. Frondeurs socialistes, partis de la gauche du PS, opposition de droite, professions réglementées, syndicats, lobbies en tout genre, ministres jaloux… c'est une armée qui se dresse sur la route d'Emmanuel Macron. Celle qui a mené la France au bord du gouffre à force de renoncements, plombée par une dette publique qui approche les 2 000 milliards d'euros et engluée dans un chômage de masse inextricable. Né en 1977, Emmanuel Macron appartient à cette génération qui a grandi sur fond de hausse quasi continue du chômage. Il n'est pas encore majeur lorsque François Mitterrand prononce son fameux constat d'impuissance : « Contre le chômage, on a tout essayé. » Depuis, de « mobilisation nationale » en « bataille pour l'emploi » en promesse d'« inversion de la courbe du chômage », rien n'a changé. Ou si peu. Lui ne s'y résigne pas.

Ses convictions étaient déjà bien ancrées avant de travailler à l'Élysée, lorsqu'il y entre en 2012 en tant que secrétaire général adjoint, elles se renforcent. Dans son bureau du quatrième étage, il reçoit des patrons à tour de bras. Il écoute, c'est sa méthode, et donne à chacun le sentiment d'avoir été entendu, c'est son talent. Reçu par le secrétaire général de l'Élysée, le patron de l'opérateur téléphonique Orange, Stéphane Richard, résume l'impression générale des patrons à son égard : « Emmanuel Macron est notre relais, notre porte d'entrée auprès du président. » Cela n'arrange pas sa réputation d'homme de droite. Mais Emmanuel Macron ne reçoit pas que les grands dirigeants du CAC 40, il voit aussi des syndicalistes, comme Jean-Claude Mailly, le patron de la très contestataire organisation Force ouvrière. Lui aussi, il parvient à le séduire. Et à le convaincre de ne pas trop hausser le ton contre la réforme du dialogue social que le gouvernement prépare, en ce début du quinquennat de François Hollande.

De ces entretiens qu'il enchaîne à tour de bras, Emmanuel Macron acquiert une certitude : celle que le code du travail, ses trois mille quatre cents pages et son kilo et demi, est un frein à l'embauche. Il s'en ouvre régulièrement à Aquilino Morelle. Le conseiller politique de François Hollande travaille deux étages en dessous de lui. Souvent, Emmanuel Macron descend le voir pour discuter. Avec Christian Gravel, le conseiller en communication des débuts du quinquennat, et Renaud Revel, l'autre secrétaire général adjoint de l'Élysée, ils ont pris l'habitude de se retrouver le soir dans ce bureau attenant à celui du président de la République. L'emplacement est idéal. Vue panoramique sur le parc et, surtout, une seule pièce à traverser, le secrétariat particulier du chef de l'État, pour accéder au bureau de François Hollande. Parfois Emmanuel Macron passe une tête et tombe nez à nez avec les conseillers du président. C'est un rendez-vous informel. Un petit sas de décompression au milieu des journées harassantes de l'Élysée. L'occasion d'échanger sur les dossiers en cours, de discuter des sujets d'actualité du moment, d'échanger, d'argumenter, mais en toute décontraction. « Tadam ! », clame chaque fois Emmanuel Macron en ouvrant la porte d'un geste théâtral. On commande des boissons aux huissiers, jus de fruit, Perrier citron, parfois des mojitos. On plaisante, on rigole, on se chambre, aussi. Comme ce jour où Emmanuel Macron fait hurler de rire la petite troupe avant une réunion extrêmement sérieuse. Mis au défi d'enchaîner vingt pompes, il stupéfait ses collègues. « Vous croyez que je n'en suis pas capable ! », leur lance-t-il comme un enfant avant de se mettre à plat ventre en costume-cravate et de leur démontrer le contraire. « Ça, c'est le côté complètement atypique du personnage, se souvient Christian Gravel. Il n'y en a pas beaucoup d'autres qui seraient partis dans ce jeu-là en allant jusqu'au bout. » Surtout à l'Élysée, dans ce Palais dont tous les occupants s'accordent pour décrire un lieu froid, vide, sans âme. Corseté par la lourdeur du protocole et les règles de sécurité, empesé par le sérieux des cadres de la haute fonction publique qui le meublent, figé dans le temps par le souvenir de ses précédents occupants. « Un palais sans vie », comme le décrivent beaucoup de ceux qui y travaillent ou y ont travaillé.

Dans ce cadre, Emmanuel Macron détonne. Même lors de la réunion très formelle du lundi matin, lorsqu'il s'agit, en présence du président de la République, de faire le point sur l'agenda présidentiel et de balayer l'ensemble des sujets politiques. Seule une dizaine de personnes y participent ; c'est le cœur du pouvoir. « La plupart du temps, Emmanuel arrivait toujours avec une petite phrase balancée sur le ton de l'humour et qui détendait l'atmosphère, raconte Christian Gravel. Il y avait toujours un angle sérieux mais cela faisait rire l'équipe et dédramatisait l'ambiance. Et permettait de créer un peu de distance avec ceux qui se prennent toujours au sérieux, les costumes gris qui arpentent les couloirs et les bureaux des palais de la République. Ça faisait du bien. » D'autant qu'au début du quinquennat le climat est délétère. L'enchaînement des affaires Leonarda et Cahuzac a plombé la présidence de François Hollande. La première, expulsée du territoire avec sa famille en situation irrégulière, a humilié François Hollande en direct à la télévision en déclinant sa proposition de revenir en France achever ses études. Le second, ministre du Budget et pourfendeur de la fraude fiscale, a été expulsé du gouvernement pour avoir reconnu détenir des comptes cachés en Suisse. La honte, dans les deux cas. Surtout sur fond de détérioration de la santé économique de la France. « On pilotait des dossiers extrêmement sensibles et stratégiques pour le pays, notamment au niveau européen. Les premières années, à l'Élysée, on n'avait quand même pas trop l'occasion de se marrer, se souvient Christian Gravel. Dans cette atmosphère, Emmanuel Macron c'était le petit soleil du Palais. Il brillait. Jamais dans l'excès, l'orgueil, la prétention ou la posture, ça faisait un bien fou. »

Dans ce climat français et européen tendu, les réunions informelles dans le bureau d'Aquilino Morelle sont une bouffée d'air frais pour les conseillers. Si l'on s'y détend, on discute aussi très sérieusement, sur le fond des dossiers. Et il y a de quoi débattre. De prime abord, Emmanuel Macron et Aquilino Morelle sont totalement opposés sur le plan des idées. Le conseiller politique du chef de l'État vient de l'aile gauche du PS. Durant la campagne des primaires socialistes de 2011, il travaillait avec Arnaud Montebourg, qui défendait alors l'idée de la « démondialisation ». Thème porteur qui l'amena à monter sur la troisième marche du podium de la primaire derrière François Hollande, le vainqueur, et Martine Aubry, la grande perdante. Arnaud Montebourg avait peut-être perdu la primaire mais il avait gagné du poids politique.

C'est ainsi qu'Aquilino Morelle se retrouvait à travailler à l'Élysée, plus proche conseiller du chef de l'État, contrepoids de gauche d'Emmanuel Macron.

Mais les deux hommes sont en réalité beaucoup plus proches que les positions politiques qu'ils affichent pourraient le laisser penser. *A priori*, ce n'est pas très dur, tout le monde s'entend bien avec Emmanuel Macron. Il a cette empathie naturelle, ce besoin de convaincre son interlocuteur qui l'amène à écouter, beaucoup, pour mieux défendre ses arguments. « Emmanuel est un authentique libéral. Toutefois, en raison de son expérience dans la banque d'affaires, il connaît la réalité du capitalisme et de ses pratiques, bien éloignées de l'idéal de la "concurrence pure et parfaite", raconte Aquilino Morelle. Là où nous ne sommes pas d'accord, c'est sur l'exclusivité accordée à la politique de l'offre. À mon sens, elle devait être équilibrée par une vraie politique de croissance. Avec les hausses d'impôts, on a infligé un tel choc de demande qu'il fallait prendre des mesures pour rendre du pouvoir d'achat et relancer l'activité. » De tout cela, ils ont discuté des heures pendant leurs réunions informelles. Mais ce qui préoccupe vraiment Emmanuel Macron, c'est le code du travail. Et notamment la « peur à l'embauche » qu'il provoque chez les chefs d'entreprise. « Il évoquait à tout bout de champ la "nécessaire réforme des prud'hommes". Se faisant le fidèle porte-parole des chefs d'entreprise, toutes les occasions étaient bonnes pour proposer cette mesure. Alors je me moquais souvent de lui sur l'air du "Tu vas encore nous fourguer ton machin..." », se souvient Aquilino Morelle. Mais, en ce début de quinquennat, l'heure est au maintien de la cohésion de la majorité, pas au coming out social-libéral. Emmanuel Macron ronge son frein. Et prépare la suite.

N'étant pas passé par la politique auparavant, il n'a que peu de relais parlementaires. Difficile de prendre le pouls de l'Assemblée nationale, de sentir le moral des députés au moment où le gouvernement s'apprête à faire voter des textes potentiellement conflictuels, comme le CICE. Grâce à son passage dans l'équipe de campagne de François Hollande, Emmanuel Macron a tout de même noué des contacts. Avec le député de l'Ardèche Pascal Terrasse notamment, qui va devenir l'un de ses « visiteurs du soir » réguliers. Il le reçoit souvent dans son bureau de l'Élysée ou dans la petite salle juste à côté pour dîner. « J'étais son antenne à l'Assemblée nationale, celui qui le mettait en garde lorsqu'il allait trop loin », raconte-t-il. Alors que le gouvernement envisage de compenser l'augmentation de la TVA qu'il prévoit sur les tranches hautes par un recul sur la tranche basse, c'est lui qui le convainc de ne pas le faire. « C'est complètement ridicule, plaide Pascal Terrasse. Ça va nous faire perdre des millions et les gens ne verront que la hausse, pas la baisse. » Mais les discussions sont aussi politiques. Depuis le retrait de Dominique Strauss-Kahn après l'affaire du Sofitel de New York, ses troupes sont en déshérence. Il n'y a plus de groupe structuré pour défendre le réformisme de gauche. Le ministre de l'Économie, Pierre Moscovici, qui tentait tant bien que mal de tenir la boutique, commence à regarder du côté de Bruxelles pour obtenir un poste de commissaire européen. Certains strauss-kahniens, comme François

Kalfon ou Laurent Baumel, ont rejoint les frondeurs. D'autres se sont rangés derrière Manuel Valls mais tous ne parviennent pas à s'y résoudre. Celui qui est alors ministre de l'Intérieur exerce encore un effet répulsif puissant auprès d'une partie des réformateurs du PS. Quand le ventre mou du parti s'est rangé derrière François Hollande, quand l'aile gauche commence à se structurer dans la fronde, l'aile droite se cherche. Plusieurs de ses représentants s'en inquiètent auprès de François Hollande. « Voyez avec Macron », leur répond le chef de l'État. « On ne pouvait pas laisser tous ces gens-là dans la nature. Il n'y avait personne pour porter et défendre une parole moderne, pour pousser le gouvernement à aller plus loin dans l'action réformatrice sur certains sujets », raconte Pascal Terrasse. Avec plusieurs réformateurs, Christophe Caresche, Gilles Savary et Gérard Collomb, il organise alors une rencontre avec Emmanuel Macron à l'Élysée. C'est dans son bureau du Palais que commence à prendre forme ce qui va devenir le courant des rénovateurs. S'il ne s'implique pas directement dans le mouvement, il encourage tout de même les députés à avancer. « Il ne s'est pas posé en leader du mouvement, n'a jamais revendiqué d'en être le chef. Il n'est pas dans cette logique », assure Pascal Terrasse. D'autant qu'en coulisse, c'est un poids lourd qui est à la manœuvre, l'ancien bras droit de Dominique Strauss-Kahn, Jean-Marie Le Guen, qui n'a pas vraiment envie de se faire voler le flambeau de la rénovation du PS. « Cette problématique du dépassement de la gauche existe bien avant qu'Emmanuel Macron n'arrive », rappelle-t-il. Personne ne voit alors en lui le porteur du renouveau du PS. Ce n'est après tout qu'un simple conseiller, un techno sans envergure. Sa nomination à Bercy va le propulser dans une autre dimension.

7

PASSATION DE POUVOIR

« Je n'ai pas accepté cette mission pour plaire. Je veux faire des choses. Je veux essayer d'ouvrir quelques voies, pousser des idées et agir pour mon pays. »

Entretien avec Emmanuel Macron,
11 décembre 2015

Parfois, Emmanuel Macron s'autorise la folle excentricité de ne pas porter de cravate. Une façon de se démarquer des austères énarques qu'il côtoie tous les jours, de sortir d'un moule dans lequel il se sent à l'étroit, de signaler aussi qu'il ne fait pas tout à fait partie de ce monde dans lequel il a jusqu'à présent connu tous les succès. Mais pas question de cela aujourd'hui. Pour se présenter devant les Français qui vont le découvrir pour la première fois, c'est costume, cravate, boutons de manchette et pas de ceinture au pantalon. Dans les milieux d'affaires, c'est une sorte de code. Une façon de montrer que l'on gagne bien sa vie puisque l'on peut s'offrir des vêtements sur-mesure et pas du vulgaire prêt-à-porter. Un détail. Mais qui n'échappe pas à la presse people, qui observe avec gourmandise ce prometteur nouveau venu sur la scène politique. À l'issue de la cérémonie de passation de pouvoir avec Arnaud Montebourg, Emmanuel Macron va sortir de l'ombre pour devenir officiellement ministre de l'Économie. L'exercice ne l'impressionne pas. Ce rituel républicain un peu désuet est plus symbolique qu'autre chose. Pour le sortant, il s'agit de passer le témoin en profitant du moment pour délivrer un dernier message politique. Pour le nouvel arrivant, il s'agit d'imprimer sa marque. Deux discours, une poignée de main et c'est fini. Même pas besoin de se prêter au jeu des questions-réponses avec la presse, ce n'est pas prévu dans le protocole de la cérémonie. Pour éviter toute mauvaise surprise, Emmanuel Macron a pris soin de voir Arnaud Montebourg. Les deux hommes se connaissent bien, pour avoir souvent croisé le fer à l'Élysée. Ils ont appris à se respecter et même à s'apprécier. Ce qui n'a pas empêché le désormais ex-ministre du Redressement productif de lancer une mise en garde à Manuel Valls à propos d'Emmanuel Macron, lors de leur dernier entretien à Matignon. « Tu fais une connerie, il va te tuer. Il va te piquer ton positionnement sur la modernité et il ne te restera rien », avait assuré Arnaud Montebourg au Premier ministre. Manuel Valls ne voit alors pas le danger que représente pour lui le nouveau ministre de l'Économie. Celui de le concurrencer sur le terrain qui a fait sa force : la transgression des valeurs de gauche.

Dans le chaos de cette rentrée politique hors normes, tous les regards sont rivés sur Emmanuel Macron. La pression est grande. La crise a mis toutes les rédactions en ébullition, les journalistes sont à l'affût devant ce quinquennat qui bascule. La cérémonie de passation de pouvoir n'inquiète pas le nouveau ministre outre mesure. Il a fait du théâtre dans sa jeunesse, appris à poser sa voix, à ne pas se laisser submerger par son émotion. Et puis il dispose d'un atout maître pour dédramatiser ces situations sous tension : un solide sens de l'humour qui permet de détendre l'atmosphère. Une qualité qu'il partage d'ailleurs avec François Hollande. Mais, à l'inverse du chef de l'État, Emmanuel Macron n'en abuse pas. L'enjeu pour lui, c'est avant tout de réussir son entrée sur la scène politique en évitant le faux pas, la formule malheureuse ou le lapsus qui ne manquerait pas d'être repris partout dans la presse le lendemain. Et de compliquer d'autant son installation à Bercy. Difficile en revanche de gommer en un tout petit discours l'image que les médias renvoient de lui depuis l'annonce de sa nomination : celle d'un ancien banquier d'affaires vaguement socialiste, arrivé à ce poste à la faveur d'une crise politique majeure et à la surprise générale, à commencer par la sienne.

Lui ne renie rien de son passage chez Rothschild, où il a apprécié de travailler. Un métier d'une grande liberté, sans processus établi, où il doit chaque jour inventer sa journée. Il le compare parfois au métier de vendeur d'encyclopédies ou de médecin de famille. Comme lors de cette rencontre avec des étudiants qui l'interrogent sur la banque d'affaires. « Cela suppose une très grande maîtrise technique, un bon jugement et une science des hommes, explique-t-il. À la fin, c'est le conseil qui est décisif. Il faut avoir les mêmes insomnies que si c'était votre argent ou votre entreprise qui était en jeu. Quand il faut recommander à votre client de ne pas se lancer dans une opération, alors que cela peut être votre intérêt personnel d'y aller, il faut trouver le courage de le dire, un peu comme les acteurs avec le trac. Il y a une forme de grandeur dans la fonction. Il faut beaucoup de confiance en soi et de courage pour bien exercer ce métier. Et puis à la fin, on n'a pas la rétribution narcissique d'être celui qui décide, qui appuie sur le bouton. » L'expérience lui a plu, pourtant. Sans doute parce que le métier colle à son caractère. « Les gens qui ne connaissent pas pensent que c'est une activité très sérieuse, sourit Jean-Marie Le Guen. En réalité, c'est un métier de joueur. Le banquier d'affaires est un aventurier qui mélange un peu tout, les affaires, les influences, les réseaux… On n'est pas très loin de la politique, le suffrage en moins et l'argent en plus. » Emmanuel Macron est tout de même plutôt heureux d'en avoir terminé. D'entrer enfin en politique même s'il voit déjà venir la polémique sur son passage chez Rothschild. Mais, après tout, cette figure de l'aile gauche du PS qu'est Henri Emmanuelli est lui aussi passé par là. Tout comme un autre prédécesseur plus glorieux encore : Georges Pompidou. Matignon puis l'Élysée. Banquier d'affaires, Premier ministre puis président de la République. Ça peut donner des idées. À Emmanuel Macron d'abord, mais aussi aux Français. Le processus est en marche, qui va petit à petit porter Emmanuel Macron au rang d'espoir d'une partie de la gauche et au-delà.

Pourtant, son arrivée à Bercy a étonné jusqu'aux plus proches de François Hollande, à commencer par Michel Sapin, fidèle d'entre les fidèles de la première heure. Ministre du Budget avec Arnaud Montebourg, il avait un moment espéré que l'éviction de ce dernier lui permettrait de prendre du galon et de grimper d'un étage à Bercy. Mais il ne figurait pas dans le casting. D'abord parce qu'il avait déjà été ministre de l'Économie et des Finances de 1992 à 1993, sous François Mitterrand. Pas vraiment un gage de nouveauté. Ensuite, parce que François Hollande veut s'appuyer sur ce remaniement forcé pour faire monter une nouvelle génération en vue de l'élection présidentielle de 2017. Dans cette stratégie, Emmanuel Macron est le plus en vue. Mais il y a aussi Najat Vallaud-Belkacem, nommée à la tête de l'Éducation nationale, un ministère à forte valeur symbolique pour la gauche en général et François Hollande en particulier, qui a fait de la jeunesse l'enjeu majeur de son mandat. Il y a enfin Fleur Pellerin, qui s'empare de la Culture, ministère tout autant chargé de symbole depuis le passage inoublié de Jack Lang à sa tête. L'ambition de Michel Sapin est donc sacrifiée sur l'autel du rajeunissement. En apparence, il ne s'en offusque pas. « Au moment du premier remaniement, raconte-t-il, Montebourg avait été nommé à Bercy pour des raisons politiques claires : il fallait équilibrer à gauche. Mais cela avait fini par poser un vrai problème de ligne. Il n'y en a aucun avec Macron. » Ce dont convient tout à fait Benoît Hamon qui, pour apprécier humainement Emmanuel Macron, n'en combat pas moins vigoureusement les idées : « Ses convictions sont standard : c'est le discours de la Commission européenne, selon lequel il faut stimuler l'économie par la dérégulation. On prête à cela l'audace du mouvement, il ne s'agit que de conformisme. Il a une vision très obsolète de l'économie, avec une vision plus orientée sur le développement du business que sur la sauvegarde de l'emploi. Son profil est en réalité celui du dirigeant standard que l'on retrouve dans la plupart des gouvernements sociaux-libéraux des pays nordiques et qui prônent partout les mêmes recettes : plus d'ouverture à la concurrence, plus de flexibilité du marché du travail, moins d'intervention de l'État dans l'économie. » Peut-être. Pour avoir trop poussé les feux à gauche, les frondeurs voient désormais cette ligne politique s'installer aux manettes de l'économie française, avec Emmanuel Macron pour la symboliser. « C'est lui qui donne toute sa personnalité au gouvernement », reconnaît Benoît Hamon.

Ce n'est pas tout. Le pari politique de François Hollande ne se limite pas à assumer franchement cette orientation économique. Pour le chef de l'État, il s'agit aussi de préparer l'avenir. Déjà, il pense à sa campagne de réélection. « La stratégie, c'est d'avoir une nouvelle couche de très jeunes ministres qui s'inséreront par la suite dans le dispositif pour la présidentielle de 2017 au côté de personnalités plus expérimentées », explique Michel Sapin. Sans voir d'un mauvais œil l'arrivée d'Emmanuel Macron, il n'en pense toutefois pas moins, comme beaucoup de ses collègues. Pour l'heure, il va lui falloir apprendre à travailler avec ce jeune ministre qui maîtrise certes l'ensemble des dossiers économiques du ministère, pour avoir planché dessus à l'Élysée, mais qui n'a aucune expérience politique. Ce que souligne d'ailleurs subtilement Arnaud Montebourg dans son discours d'adieu au ministère. « Pour moi, l'économie est d'abord une question politique, de vision de la société, de son organisation, c'est une question d'action et parfois aussi de combat. Il n'y a pas l'économie en chambre de quelques experts calfeutrés qui détiendraient la vérité. » Emmanuel Macron encaisse sans broncher, d'autant qu'Arnaud Montebourg enrobe la critique d'un panégyrique flatteur. « Je connais ton talent, ta force, ton énergie, je voudrais saluer ici tes qualités, je sais l'amitié qui nous unit, le respect aussi. Les désaccords ne sont pas un problème, ils ont toujours été même une richesse qui permettait de féconder nos relations », vante le ministre sortant, avant de lancer un dernier conseil à son successeur : « La plus belle arme en politique, c'est la sincérité, sache l'utiliser et les autres te suivront. »

Sur ce point, Emmanuel Macron ne va pas le décevoir. Il s'empresse d'ailleurs d'appliquer le conseil dès les premiers mots de son discours pour tenter de dédramatiser les conditions de son arrivée à Bercy. « Je dois dire que je suis le premier surpris de ce qui se passe aujourd'hui. » Il va également répondre à la pique d'Arnaud Montebourg, sur le même ton, subtil. « Finalement, je retiendrais presque en clin d'œil de tous les combats que nous avons eus et qui nous amènent, de manière un peu étonnante finalement, à nous retrouver dans cette situation aujourd'hui, l'illustration parfaite de cette phrase d'Oscar Wilde que j'aime beaucoup et qui souvent m'accompagne : "Quand les gens sont de mon avis, j'ai l'impression de m'être trompé." Tu m'as rassuré au quotidien à cet égard. » Voilà pour la touche d'humour distancié. Quant à la marque qu'Emmanuel Macron veut imprimer, c'est celle d'un pragmatisme décomplexé. Ses convictions ? « Le patriotisme économique, le volontarisme économique me sont chers, la volonté de redresser ce pays, son attractivité et de réunir les forces productives [...]. L'économie n'est pas une science exacte, l'économie est faite par les hommes, elle est faite de psychologie, elle est faite aussi de volonté. » Ça ne mange pas de pain mais cela permet au moins de lisser les désaccords de fond avec Arnaud Montebourg. Ils sont en réalité nombreux, mais Emmanuel Macron a l'habileté de ne pas en rajouter sur le sujet, alors que la moindre phrase de travers peut aggraver la crise politique.

Pourtant, dans la ligne du nouveau ministre de l'Économie, tout tranche avec son prédécesseur. Il se veut proche du terrain avant d'être politique, alors qu'Arnaud Montebourg plaçait au contraire la politique au premier plan. Les collaborateurs de Bercy se souviennent encore de la réunion du lundi matin, lorsque le chantre de la démondialisation leur infligeait deux heures de discours non-stop pour les motiver. Une expérience assez traumatisante pour les techniciens du ministère, qui sortaient systématiquement du « show Montebourg », comme ils avaient surnommé ce rendez-vous, avec la même question sur les lèvres : « Concrètement, on fait quoi, maintenant ? »

Pour avoir souffert du caractère flamboyant d'Arnaud Montebourg, de ses « Salut les filles ! » lancés à la cantonade dans les couloirs de Bercy, il en est une qui se réjouit de l'arrivée d'Emmanuel Macron. C'est Axelle Lemaire, la jeune secrétaire d'État au Numérique. « Pour composer son cabinet, il s'est montré très ouvert aux suggestions. Au bout de trois heures, j'avais déjà rendez-vous avec lui. Il a d'ailleurs prévu de rencontrer ses deux secrétaires d'État en tête à tête chaque semaine », raconte-t-elle peu après l'installation du ministre de l'Économie. Elle ne va pas tarder à déchanter. Comme beaucoup d'ailleurs au sein du gouvernement. Mais, pour le moment, Emmanuel Macron s'installe. « J'arrive tout auréolé d'une réputation qui m'est faite par la presse », constate-t-il, avant de demander : « Jugez-moi sur les actes. » Il n'y a pas que la presse qui s'est chargée de sa réputation. En la matière, les socialistes s'en sont eux aussi donné à cœur joie. À commencer par les frondeurs, bien décidés à en découdre avec Emmanuel Macron lors de l'université d'été du PS, qui ouvre ses portes dans quelques jours, à La Rochelle.

8

CELUI DONT ON NE DOIT PAS PRONONCER LE NOM

« Je suis un compagnon de route du Parti socialiste. Je suis un homme de conviction, d'engagement, et je crois à une forme de gauche que je porte. Je ne suis pas un homme d'appareil. Je ne vais pas gommer mes différences pour mieux exister ! Je n'ai pas envie de faire de la politique en ressemblant parce qu'il faut ressembler. Donc je garde cette différence, je suis plus à l'aise comme ça. »

Emmanuel Macron,
17 juin 2015, sur BFMTV

La Rochelle. Son Vieux-Port, ses tours médiévales, ses socialistes déchaînés. Cette année, ils ont encore trouvé une tête de Turc sur qui passer leurs nerfs, Emmanuel Macron, en l'occurrence. Comme tous les ans à la fin du mois d'août, une semaine après la Fête de la rose de Frangy-en-Bresse, les adhérents du PS se retrouvent dans la cité balnéaire pour leur université d'été. Un rendez-vous qui se déroule sur trois jours, officiellement pour assurer la formation des militants. Apéritif d'ouverture avec la fédération socialiste de Charente-Maritime le jeudi soir, tables rondes sur les enjeux politiques du moment les vendredi et samedi, interventions des ministres en vue lors des séances plénières, discours de clôture du premier secrétaire du parti le dimanche... En apparence, la mécanique est bien rodée. En réalité, elle échappe systématiquement à ses organisateurs qui, tous les ans depuis trente ans, voient ce rendez-vous traditionnel et censément convivial tourner au pugilat. Qu'il s'agisse de tirer les enseignements de l'élimination de Lionel Jospin au premier tour de la présidentielle de 2002 au profit de Jean-Marie Le Pen, de débattre du référendum sur la Constitution européenne en 2004, d'envisager l'hypothèse de la désignation de Ségolène Royal comme candidate face à Nicolas Sarkozy en 2006, de tenter d'expliquer sa défaite en 2007, de préparer l'avenir du PS et le congrès de Reims en 2008, d'observer les préparatifs du retour de Dominique Strauss-Kahn à partir de 2009... les socialistes se sont toujours, systématiquement et avec la même application, déchirés en public à La Rochelle. Il y a tout le temps un sujet de discorde, un conflit en cours, un combat politique à mener sur le Vieux-Port de la ville socialiste. Entre eux, ils appellent ça débattre. Pour les Français, cela ressemble plutôt à un étalage permanent de divergences jamais réglées. C'est de la politique pop-corn, on s'installe et on regarde le spectacle. Au fil du temps, le rendez-vous est devenu une sorte de show politique dont personne ne sort jamais réellement gagnant tant il suinte l'acrimonie, les vieilles rancœurs et les querelles artificielles. Il y a souvent un grand absent, un socialiste qui a senti que ce n'était pas son moment et qu'il valait mieux se tenir à l'écart. C'est généralement lui le héros de la fête. Emmanuel Macron, donc.

Pour l'instant, le tout nouveau ministre de l'Économie s'en est tenu à de prudentes déclarations sur ses projets à Bercy. Sur les recommandations assez fermes de François Hollande et de Manuel Valls, il n'a pas fait le déplacement à La Rochelle. Pourtant, les organisateurs étaient prêts à l'accueillir. Après l'annonce du remaniement, le directeur de l'université d'été, David Assouline, avait chamboulé le programme pour faire de la place aux nouvelles figures du gouvernement : Najat Vallaud-Belkacem et Fleur Pellerin. Mais pas d'Emmanuel Macron. Inutile d'en rajouter dans la provocation, juge-t-on à l'Élysée comme à Matignon. Et puis de toute façon, le nouveau ministre de l'Économie n'est pas un grand amateur de ces rassemblements socialistes. S'il a eu un moment sa carte au PS, il ne s'est jamais impliqué dans le parti. Il ne voit pas trop l'utilité de ces débats qui ne débouchent jamais sur rien, ce n'est pas dans ce cadre qu'il veut faire jouer sa force de conviction. Alors il fait savoir qu'il reste à Bercy pour travailler ses dossiers. Une excuse comme une autre mais qui n'apaise rien. Car c'est quand même autour de lui et de la ligne politique qu'il incarne que les socialistes vont s'empoigner trois jours durant. Et il y a matière à débattre. L'interview d'Emmanuel Macron au *Point* et sa remise en cause des 35 heures a embrasé le Vieux-Port. Au moins autant que le discours prononcé quelques jours plus tôt par Manuel Valls devant le Medef à Jouy-en-Josas. Son intervention était prévue de longue date, mais le remaniement-surprise de la fin août lui a donné une saveur particulière. Notamment quand les patrons se sont levés pour acclamer le Premier ministre. À deux reprises, en plus. Pendant son discours et à la fin. Deux standing-ovations pour saluer un propos nettement plus pro-entreprise qu'à l'ordinaire. Comme une provocation.

Arnaud Montebourg et Benoît Hamon virés, Emmanuel Macron à Bercy, les patrons ravis… Pour les frondeurs, cela commence à faire beaucoup, ils veulent en découdre. Au fil du quinquennat, ce groupe disparate a fini par se solidifier sous l'effet conjugué du tournant social-démocrate de François Hollande et de la nomination de Manuel Valls à Matignon. On y trouve des membres de l'aile gauche du PS que Jean-Luc Mélenchon ne renierait pas, des proches de Martine Aubry qui ont vu leurs ambitions ministérielles s'envoler avec son refus d'entrer au gouvernement après l'élection de François Hollande, des anciens strauss-kahniens aussi qui, déboussolés par la perte de leur leader, ont échoué chez les frondeurs. La cohérence du groupe n'est pas très forte et d'ailleurs, il n'arrive pas à se trouver de patron. La seule chose qui les unit, finalement, c'est la détestation de Manuel Valls. François Hollande l'ayant confirmé à son poste, il va bien falloir trouver quelqu'un d'autre pour se défouler. Emmanuel Macron tombe décidément à pic. Dans le train qui les emmène à La Rochelle, les socialistes sont donc un peu tendus. Ils sentent venir l'affrontement. Le responsable des enquêtes d'opinion au PS, François Kalfon, résume le climat en brandissant son horoscope dans le journal : « Vous allez être obligé de choisir votre camp dans un conflit professionnel. » Pour ou contre le gouvernement, c'est bien de cela qu'il s'agit.

Dans les restaurants de La Rochelle, sur le Vieux-Port, dans l'espace Encan où se déroule l'université d'été, chacun n'a qu'une expression en tête : « Social-libéral. » Frondeurs d'un côté, légitimistes de l'autre. Ces derniers s'amusent des proportions délirantes que prend le débat et ironisent sur l'accueil réservé au jeune ministre de l'Économie. C'est le député du Finistère, le vallsiste Jean-Jacques Urvoas, qui minaude en consultant la carte des vins lors d'un dîner : « N'est-ce pas trop social-libéral ? » C'est le candidat malheureux à la mairie de Marseille, Patrick Mennucci qui, arrivant à la réunion des soutiens de François Hollande au Muséum d'histoire naturelle, où des tables blanches ont été dressées sur une pelouse impeccable, s'exclame : « On se croirait dans une garden-party sociale-libérale ! » Mais, chez les frondeurs, en revanche, on rigole moins. L'heure est grave, la République en danger. Ou du moins, pour eux, c'est tout comme. La nomination d'Emmanuel Macron à Bercy ? « Un bras d'honneur », raillent les uns. « Un symbole navrant », déplorent les autres. « Une ligne politique débilissime », s'étrangle un dernier. Ils ont organisé une réunion dans un amphithéâtre de la ville. Il s'agit d'officialiser le lancement de leur mouvement « Vive la gauche », comme pour se déclarer les seuls aptes à dire qui est ou n'est pas socialiste. À l'évidence, ce n'est pas dans cette assemblée qu'Emmanuel Macron pourra être labellisé.

À l'heure dite, les frondeurs eux-mêmes semblent surpris de leur succès. Les travées sont tellement bondées qu'il est difficile de trouver une place. Ils vont malgré tout en trouver une, pour installer le visiteur-surprise qui va leur apporter son soutien. Pendant que sur la scène les orateurs se succèdent pour dire tout le mal qu'ils pensent du dernier remaniement et de l'orientation prise par le gouvernement, les organisateurs s'agitent. Des policiers en civil munis de discrètes oreillettes se déploient aux abords de l'amphithéâtre et autour des entrées. Voilà Christiane Taubira qui débarque à vélo, traverse sans un mot la nuée de journalistes qui s'agglomère autour d'elle, pénètre dans l'amphithéâtre sous les acclamations, file s'asseoir au premier rang entre Christian Paul et Jérôme Guedj, deux figures des frondeurs. Le tout, sans un mot. Elle n'a même pas besoin de parler. Sa seule présence dans ce rassemblement antigouvernemental vaut tous les discours. Et approbation implicite des propos tenus à la tribune. « La gauche, ce n'est pas ce que nous sommes en train de faire au pouvoir », scande le député Jean-Marc Germain, bras droit de Martine Aubry. Voilà résumé ce que pense Christiane Taubira, qui laisse les autres parler pour elle. Depuis qu'elle a défendu et fait voter le mariage pour tous, Christiane Taubira est devenue une icône. Intouchable. Désormais dernière caution de gauche de François Hollande. C'est à ce titre qu'elle a pu rester au sein du gouvernement, alors qu'elle ne fait aucun mystère de ses sympathies pour les idées d'Arnaud Montebourg et Benoît Hamon. « Taubira ne voulait pas partir noyée dans une collectivité, encadrée par Montebourg et Hamon. Ce n'est pas son niveau, elle se voit bien au-dessus. Elle partira dans une singularité flamboyante », grince Jean-Jacques Urvoas. Avec son statut de star de la gauche, la garde des Sceaux s'autorise donc à prendre les libertés qui ont valu la porte à Arnaud Montebourg et Benoît Hamon. C'est ainsi qu'elle participe en toute impunité au rassemblement des opposants à ce gouvernement auquel elle appartient, malgré les SMS que lui envoie Manuel Valls, qui s'inquiète de ce qu'elle pourrait dire. Lorsque Christiane Taubira quitte la salle, l'ambiance est survoltée, les frondeurs prêts au combat. S'il y avait une Bastille à prendre à La Rochelle, ils iraient l'assaillir de ce pas. Mais il est bientôt midi, c'est l'heure d'aller déjeuner et tout le monde a faim. Et puis Manuel Valls arrive dans l'après-midi, il faut en garder sous le pied.

C'est au Premier ministre et au premier secrétaire du PS, Jean-Christophe Cambadélis, que revient la rude tâche de désamorcer la crise qui enfle. Ils vont s'y prendre en deux temps et deux discours, en ayant bien garde l'un comme l'autre de ne pas prononcer le nom d'Emmanuel Macron. Pourtant, l'ombre du ministre de l'Économie plane sur l'assemblée de clôture de l'université d'été. « Un trouble s'est installé à cause d'une conjonction d'événements, le remaniement, les 35 heures, etc., qui me conduisent à redire la ligne du parti, lance Jean-Christophe Cambadélis. Je me ferai entendre si des mesures sociales-libérales sont envisagées. Le social-libéralisme ne fait pas partie de notre culture ! » C'est dit. Bienvenue chez les socialistes, camarade Macron ! Forcément, les militants acclament. La partie est plus rude pour Manuel Valls. Mais le Premier ministre connaît son parti et sait sur quelle touche appuyer pour ne pas se faire siffler, voire pour se faire acclamer. Il tente tout de même de glisser le nom d'Emmanuel Macron dans son texte, suscitant un début de bronca dans la salle, mais très vite il brandit une autre icône nettement plus consensuelle au PS : Najat Vallaud-Belkacem. Les siffleurs ont à peine le temps de se chauffer que, déjà, il leur faut applaudir. Et puis Manuel Valls en rajoute une couche en recadrant son ministre après ses propos dans *Le Point* : « Je ne veux pas de faux débat : il n'y aura pas de remise en cause des 35 heures. » Ovation. Voilà Emmanuel Macron prévenu. En tant que conseiller, il pouvait défendre ses idées tant que cela ne sortait pas du cadre des réunions confidentielles de l'Élysée. Désormais, son poste de ministre lui impose de se taire et de rentrer dans le rang. Ce n'est pas son genre. Les socialistes ne vont pas tarder à s'en rendre compte.

9

LA VIE AU GRAND JOUR

« N'ayant jamais acheté la presse people et n'étant pas fasciné par ça, je ne peux que constater, sans totalement comprendre pourquoi, qu'elle s'intéresse à ma vie privée.
J'ai une position très simple là-dessus : je l'assume mais je ne la commente pas. Il faut que ça se fasse dans le respect de mes proches, parce que c'est pour eux que c'est le plus dur. »

Entretien avec Emmanuel Macron,
11 décembre 2015

Assez vite après la nomination d'Emmanuel Macron, la presse people s'est mise en alerte. Mais avec qui ce beau jeune homme peut-il être en couple ? À la rédaction de *Closer*, on n'a pas attendu très longtemps. Et la surprise est de taille. « Dès qu'il apparaît, à la fin août 2014, on se dit qu'il y a un truc, se souvient Laurence Pieau, directrice de la rédaction du magazine people. Il est déjà physiquement très différent des hommes politiques traditionnels. Jeune ministre trentenaire, très décontracté, déconneur, moins coincé que la moyenne, il tranche tout de suite. Dans le rôle du beau gosse du gouvernement, il y avait déjà

Arnaud Montebourg, mais avec beaucoup moins de simplicité. Emmanuel Macron est différent, tellement romantique qu'on se demande tout de suite qui est sa femme. On se dit que nos lecteurs vont avoir envie de découvrir Mme Macron. » Cela tombe bien, voilà des photos. Elles arrivent par le canal habituel, sur le site de l'agence qui les met en ligne à disposition des clients abonnés. Emmanuel Macron et son épouse, main dans la main dans les rues de Paris, attablés à la terrasse d'un café devant une assiette de charcuterie, arpentant les trottoirs de la capitale en toute décontraction, chemise blanche ouverte sur poitrail velu pour lui, petite jupe et sac à main branché pour elle. La surprise, c'est madame.

Jusqu'alors, le couple que formait Emmanuel Macron avec son épouse n'était connu que des seuls initiés. Dans les milieux politiques et journalistiques, on se confiait le secret de bouche à oreille, avec l'air connivent de ceux qui savent : « Il est marié à son ancienne prof de français, elle a vingt ans de plus que lui. » La rédaction de *Closer* n'hésite pas une seconde et achète immédiatement la série de photos. « Il y a assez peu d'histoires aussi romantiques que ça. Un gars qui flashe sur sa prof de français, les parents qui le sortent de l'école et l'envoient à Paris pour que ça cesse. L'histoire qui continue, le type qui devient ministre… C'est une formidable histoire d'amour qui emporte tout. Et puis il y a du mystère aussi. Se marier avec quelqu'un de vingt ans de plus que soi, cela veut dire qu'il a renoncé à avoir des enfants », explique Laurence Pieau. Certes, Emmanuel Macron commence à intéresser, mais il n'a pas encore intégré le cercle fermé des hommes politiques qui font vendre. Le magazine est toutefois persuadé du potentiel people du jeune ministre et de son épouse, « un mélange de Claire Chazal et d'Enora Malagré », observe Laurence Pieau. *Closer* décide de tenter le coup, sans toutefois leur consacrer toute sa une. « On connaissait l'appétence des politiques pour les actrices glamour ou les reines des médias. Emmanuel Macron, lui, détonne en affichant son attirance toute particulière pour le corps enseignant », explique l'article qui accompagne les photos. Voilà la vie privée du jeune ministre étalée dans la presse. Celui-ci voit rouge et demande à son avocat Jean Ennochi d'envoyer une lettre de mise en demeure à *Closer*. Le magazine est sulfureux. Au début 2014, c'est lui qui a publié les photos de François Hollande se rendant en scooter chez sa maîtresse d'alors, l'actrice et productrice Julie Gayet. La tempête politique et conjugale qui s'est ensuivie à l'Élysée est encore dans toutes les mémoires des politiques, à commencer par celle du président de la République, qui a vu son image durablement écornée par l'épisode. « Mme et M. Macron ont été très choqués par la publication dans le magazine n° 482 d'un article annoncé en première page et reproduisant, selon les propres termes de l'article, des "photos exclusives", écrit donc l'avocat d'Emmanuel Macron. Sans préjudice des éventuelles suites qui seront données à cette affaire, Mme et M. Macron vous font défense de publier quelque article ou quelque photographie portant atteinte au droit au respect de la vie privée ou aux droits qu'ils possèdent sur leur image. » Trop tard. Le magazine est dans les kiosques. Emmanuel Macron vient de faire son entrée dans le cercle restreint des vedettes de la presse people. Il n'est pas près d'en sortir.

« Compte tenu de sa personnalité, on se dit que l'on tient là un personnage intéressant que l'on va pouvoir suivre, explique Laurence Pieau. Pourquoi pas Emmanuel Macron à la plage, en maillot de bain ? Ou alors en train de se consoler dans les bras de sa femme après un rude coup politique ? Ou encore en famille en train de jouer avec les petits-enfants de sa femme ? Et puis, s'il disparaît du paysage, nous pourrons toujours faire d'ici quelques années un papier sur le thème "Que sont-ils devenus ?". » En clair, Emmanuel Macron remplit tous les critères pour faire rêver les lecteurs de la presse people. À commencer par le mystère. Comment en arrive-t-on à épouser son professeur de français ? C'est dans ce secret désormais exposé au grand jour que réside l'une des caractéristiques les plus marquantes d'Emmanuel Macron. Aux gens de son âge, il préfère depuis toujours ceux des générations au-dessus de lui. Ce n'est pas une lubie, c'est un trait de caractère du personnage. Pour le dire simplement, il aime les vieux.

Emmanuel Macron naît le 21 décembre 1977 à Amiens, dans la Somme, de Jean-Michel Macron, agrégé de médecine, neurologue, médecin hospitalier, et de Françoise Noguès, médecin elle aussi. Aîné de la fratrie, il a un frère et une sœur. Une famille de droite, un cadre de vie très « bourgeoisie de province », mais une grand-mère qui vient aérer un peu tout cela. Ancienne directrice d'école, elle est fille de parents illettrés et plutôt engagée à gauche. Elle mesure l'importance du savoir et de la connaissance pour faire sa place dans la société. Elle admire

Pierre Mendès France et glorifie la valeur de l'effort. C'est grâce au travail qu'elle a réussi à s'élever dans la société. Emmanuel Macron vénère sa grand-mère, qui s'occupe de lui autant que ses parents, si ce n'est plus. À tel point qu'à l'âge de cinq ans il leur demande, sans succès, de le laisser partir vivre chez elle. Emmanuel Macron veut être élevé par sa grand-mère, plus par ses parents. S'il n'en parle pas à tout bout de champ aujourd'hui, il n'a jamais caché cet épisode de sa vie. Il s'en est même parfois ouvert auprès de ses amis et collègues de travail, en confidence après de longues journées de travail. Comme pour brandir l'acte de bravoure de son enfance. Sa passion pour sa grand-mère, c'est sa fierté. C'est aussi sa dette. Car, à bien des égards, c'est à elle qu'il doit tout. Sa brillante scolarité, sa carrière fulgurante, son ascension hors normes. Travailler, persévérer, réussir. Arriver premier partout, séduire par sa politesse, charmer par son attention. Emmanuel Macron fait de sa vie un hommage quotidien à sa grand-mère. Chez elle, il a puisé la sagesse des anciens et l'intuition qu'il ne trouverait jamais autant de savoir que chez eux. C'est également grâce à sa grand-mère, à l'éducation qu'elle lui prodigue, aux connaissances qu'elle lui transmet tous les mercredis et samedis lorsqu'il passe ses journées chez elle, qu'il réalise une scolarité parfaite chez les jésuites de la Providence, à Amiens – école, collège et lycée. Élève brillant, il est souvent premier partout. À seize ans, il est lauréat du Concours général de français. La même année, il décroche un troisième prix de piano au conservatoire d'Amiens. Chaque fois qu'il s'implique dans une matière, il connaît le succès. Déjà.

C'est dans cet établissement d'Amiens, à la discipline stricte, qu'Emmanuel Macron rencontre sa future épouse. Elle y enseigne le français et anime également le club de théâtre du lycée. Elle est très vite séduite par ce jeune homme brillant à l'intelligence fulgurante, très travailleur et qui rêve alors de devenir écrivain. De loin la personne la plus fascinante qu'elle ait rencontrée. En classe, elle lit parfois les poèmes qu'il écrit. Issue d'une famille de chocolatiers d'Amiens, Brigitte Trogneux est mariée et a déjà trois enfants. Leur histoire n'est pas simple. Elle casse les codes et, dans le milieu oppressant de la bourgeoisie de province amiénoise, leur relation fait scandale. La liberté viendra de Paris, où Emmanuel Macron part terminer sa scolarité au lycée Henri-IV. Là, il change de milieu, rencontre de nouveaux amis et commence à s'émanciper. Brigitte Trogneux le rejoindra dans la capitale un peu plus tard, après avoir trouvé un poste d'enseignante au lycée privé Saint-Louis-de-Gonzague, dans le XVIe arrondissement. « Le fil conducteur d'Emmanuel Macron, c'est la liberté, raconte son ami Marc Ferracci. La plupart des décisions qu'il a prises dans sa vie personnelle et professionnelle étaient des décisions d'émancipation. Quand il se met en couple avec quelqu'un de vingt ans de plus que lui, c'est aussi une façon de revendiquer sa liberté vis-à-vis de son environnement familial et des conventions sociales. » Le couple décalé qu'il forme avec Brigitte étonne ses nouveaux amis parisiens. Drôle de choix, lorsqu'on est aussi jeune, que de se résigner à ne jamais avoir d'enfants. Mais cela dit beaucoup de son rapport au temps et à la liberté. Emmanuel Macron veut vivre sa vie pleinement, sans entrave ni contrainte. À aucun prix il ne veut se lier les mains. Il n'y a pas que cet attachement jusqu'au-boutiste à sa liberté qui étonne ses amis. Sa propension à beaucoup fréquenter des personnes beaucoup plus âgées que lui les laisse tout aussi circonspects. Au fil de son parcours, il va se lier d'amitié avec Henry Hermand, Michel Rocard, Jacques Attali, Jean-Pierre Jouyet, tant d'autres... Rarement moins de soixante-dix ans. « On se demandait tous pourquoi il ne fréquentait que des vieux », se souviennent ses amis. À force, ils ont fini par comprendre qu'Emmanuel Macron était avant tout un homme pressé. Une sorte de Peter Pan à l'envers, aussi pressé de grandir que le héros du pays imaginaire était obsédé par l'idée de rester enfant. Emmanuel Macron se nourrit à l'expérience des anciens, cela va plus vite que de se faire la sienne. Il absorbe, analyse, dissèque et digère les conversations. Il veut vivre autant de vies que possible en une seule et tente de sauter les étapes. « Il a toujours fait mille choses en même temps, comme s'il avait besoin d'allonger le temps », observe Marc Ferracci. Quand il a compris comment fonctionnait Emmanuel Macron, il lui a offert à son tour un livre. Un ouvrage de Jean de La Bruyère dont il avait lui aussi extrait une citation recopiée sur la page de garde : « Tout est dit et l'on vient trop tard. Sept mille ans qu'il y a des hommes qui pensent. » Mais, à vouloir aller trop vite, Emmanuel Macron en oublie parfois de respecter les codes. Ou alors il s'en affranchit sans se soucier des conséquences. Jusqu'alors, cela ne lui a jamais posé trop de problème. En politique, c'est différent, il va l'apprendre à ses dépens.

10

LES PIEDS DANS LE PLAT

> *« Je ne sais pas ce que c'est qu'être un professionnel de la politique. Je pense que c'est une expérience, la politique, et du jugement. Donc, par définition, avec le temps, l'expérience s'acquiert. Mais ce n'est pas une profession, c'est un engagement (...). Si "apprendre le métier", c'est ne plus dire la vérité, c'est réduire ses ambitions, c'est s'inscrire dans un jeu de rôle ou d'apparences, alors je m'emploierai chaque jour à ne pas apprendre le métier politique. »*
>
> Emmanuel Macron,
> 17 juin 2015, sur BFMTV

Il avait pourtant pris le temps de se préparer. Presque un mois de silence médiatique. Une éternité, pour un ministre de l'Économie fraîchement nommé et attaqué de toute part. Aussi, lorsque Emmanuel Macron sort du studio d'Europe 1, où il vient de participer à l'interview matinale de Jean-Pierre Elkabbach, il ne se doute pas une seconde de la tempête qu'il vient de provoquer. Dix minutes durant, il s'est efforcé de détailler sa feuille de route, d'expliquer qu'il ne serait pas l'homme d'une grande réforme mais celui d'une multitude de petits changements, que son ambition était de contribuer au déblocage de l'économie française. Il prend des exemples, cite le tarif des notaires qui n'a pas bougé depuis 1978, le permis de conduire qui coûte en moyenne 1 500 euros, les salariées de l'abattoir Gad en Bretagne qui vont devoir retrouver du travail alors que beaucoup sont « illettrées ». « On leur dit d'aller travailler à cinquante ou soixante kilomètres mais ces gens-là n'ont pas le permis de conduire », déplore-t-il. Emmanuel Macron voulait faire preuve de compassion, son commentaire est perçu comme une humiliation publique. « Illettrées », « ces gens-là »... Dans la bouche du ministre de l'Économie, inspecteur des finances, ancien banquier d'affaires chez Rothschild, énarque, diplômé de Sciences-Po, ce sont les mots de trop. Première intervention médiatique, première maladresse. Et de taille, puisqu'elle fait écho aux « sans-dents ». Un qualificatif que Valérie Trierweiler accuse François Hollande d'utiliser pour parler des pauvres dans *Merci pour ce moment*, le livre à charge qu'elle vient de publier. L'opposition se gargarise déjà de la faute de quart d'Emmanuel Macron. Certains députés de l'opposition demandent sa démission. La communiste Marie-George Buffet assure que le ministre s'est « laissé aller à son penchant naturel : un mépris incommensurable à l'égard des femmes ouvrières ». Chez ces dernières, on se montre encore plus remonté : « C'est Versailles contre les gueux », peste l'une d'entre elles. Bref, les choses ne se présentent pas sous leur meilleur jour pour Emmanuel Macron. Il est d'autant plus surpris par la polémique qu'il pensait s'être montré sincère. Pour lui, les « illettrés », ce sont aussi ses arrière-grands-parents, les parents de sa grand-mère directrice d'école. Les attaques qu'il subit atteignent son intimité. Et mettent en lumière les limites de l'attitude qu'il compte adopter dans sa fonction. Celle d'un homme qui veut imposer son pragmatisme et qui ne compte pas s'embarrasser des contraintes de la politique. Maîtriser son langage est pourtant un aspect essentiel du métier. Dans l'intimité du bureau de François Hollande, protégé par son statut de conseiller de l'ombre, Emmanuel Macron pouvait laisser libre cours à sa parole et formuler les analyses les plus dures. Tout cela demeurait confidentiel. Désormais, sa parole est publique, surveillée et critiquée. Chaque mot compte. Chaque déclaration pèse. Chaque prise de position est analysée. Lui se sent étouffer dans ce carcan, surtout avec sa composante médiatique. Il s'en plaint à l'occasion, comme lors de cette rencontre avec des acteurs économiques organisée par le magazine *Challenge* à la fin 2014. « Dire les choses, c'est très dur avec la presse d'aujourd'hui. Elle n'a qu'une obsession, ce sont les petites phrases. Elle prend un bout d'une phrase que vous avez pu dire, elle le met dans un flipper et vous êtes parti. Vous avez dit un mot, on vous le reproche. Et ce mot-là est balancé partout. On va voir le voisin pour lui demander s'il est d'accord avec le mot en question. Le voisin ne sait généralement pas ce que vous avez dit mais il a entendu le mot et il le commente. Le soir même, tout le monde vous reproche d'avoir dit la vérité. Le lendemain, les mêmes journalistes se plaignent : "Les politiques, c'est infernal aujourd'hui, c'est la langue de bois permanente." » C'est peut-être injuste, mais c'est la règle du jeu. La polémique sur les « illettrées » de Gad, c'est le métier qui rentre. Mais, comme Emmanuel Macron ne veut rien faire comme tout le monde, il va tenter de s'en sortir à sa façon. Pour s'affranchir de sa boulette, il tente un geste rare : des excuses publiques prononcées à l'Assemblée nationale lors de la séance de questions au gouvernement. « Mon premier regret, mes excuses les plus plates vont aux salariées que j'ai pu blesser à travers ces propos, lance-t-il dans l'hémicycle. Je ne m'en excuserai jamais assez. » La déclaration est appréciée, tout comme le style du jeune ministre débutant. La polémique retombe aussi vite qu'elle était montée. Le problème, c'est que ce ne sera pas la seule.

Emmanuel Macron se veut en marge du système politique traditionnel, il se targue de rompre avec la langue de bois et refuse d'utiliser les codes habituels. Cela lui donne une certaine fraîcheur, un ton nouveau, mais cela l'expose aussi davantage aux dérapages. Si bien qu'à peine deux semaines plus tard il remet ça à propos de la libéralisation des transports en autocar, qu'il veut mettre en place avec la loi qu'il prépare. « Les pauvres qui ne peuvent pas voyager pourront le faire plus facilement », avance-t-il lors de la présentation de son projet de loi. Les pauvres. L'intention est louable mais Emmanuel Macron a décidément bien du mal avec les mots, surtout ceux qui fâchent ou qui vexent. Et parfois même avec ceux qui sont totalement inadaptés. Comme lorsque, attaqué sur son passé de banquier d'affaires, il répond que ces critiques récurrentes dont il fait l'objet lui font penser « aux heures les plus sombres de notre histoire ». L'occupation nazie, rien de moins. Au mieux c'est maladroit, au pire c'est totalement disproportionné. Mais ces fois-là, les polémiques n'atteignent pas l'intensité de celle sur les « illettrées ».

Le personnage est campé, toutefois. Pour brillant qu'il soit, Emmanuel Macron regarde le monde d'un peu trop haut pour être honnête. D'ailleurs, il ne va pas tarder à prêter le flanc à une nouvelle polémique. En déplacement à Las Vegas pour un salon dédié aux entreprises de haute technologie, il se réjouit d'y voir la France aussi fortement représentée. Il en est persuadé, le numérique c'est l'avenir de l'économie française, ou du moins son plus fort potentiel de croissance dans l'avenir. Un secteur traditionnellement représenté par de toutes jeunes entreprises, les start-ups, montées la plupart du temps par des moins de trente ans. « C'est un élément clé de notre redémarrage. La France est un succès pour les start-ups, Paris est déjà un vrai hub », se réjouit-il dans un entretien au quotidien économique *Les Échos*. Puis c'est un nouveau dérapage. « L'économie du Net est une économie de superstars. Il faut des jeunes Français qui aient envie de devenir milliardaires. » Le mot de trop. Celui en tout cas qui met le feu à l'aile gauche du PS, qui apporte des pièces au procès d'intention qu'elle intente à l'ex-banquier d'affaires depuis sa nomination. Chez une bonne partie des socialistes, l'argent est forcément sale. « L'appât du gain, les milliardaires… ce n'est pas tout à fait ma tasse de thé », commente Jean-Christophe Cambadélis pour résumer la tonalité générale au PS après cette déclaration. Une maladresse de plus.

C'est d'ailleurs une constante dans le discours d'Emmanuel Macron que d'utiliser des mots ou des expressions qui le renvoient immanquablement à son statut d'énarque, de philosophe ou de banquier d'affaires : « économie de la disruption », « aiguillon vertueux », « surajustement budgétaire », « multimodalité », « *corporate venture* », « écosystème d'innovation », « prolégomènes », « désintermédiation »… Ses discours sont truffés de ces mots savants. Le problème, c'est qu'ils rebutent les catégories populaires. Est-ce pour cela qu'il se réfugie ensuite dans la langue de bois ? Toujours est-il qu'Emmanuel Macron enfonce alors les portes ouvertes avec autant d'enthousiasme que n'importe quel homme politique qui se respecte. Avec sa loi, il veut « lever les verrous », « libérer les énergies », « ouvrir des fenêtres ». C'est la mission que lui a confiée François Hollande et il ne compte pas en dévier car « lorsque le capitaine fixe un cap, il faut que les seconds le tiennent ». Mais ça n'est pas simple car « faire changer les choses, c'est toujours prendre un risque ». C'est possible pourtant, mais à une condition : « Face à la crise, avoir la lucidité et le courage de regarder les choses en face. » Car après tout, « la France n'a besoin de rien d'autre pour guérir que de l'union de toutes les femmes et les hommes de bonne volonté ». Pour cela, il suffit de « mettre sur la table tous les éléments de réflexion », d'accepter de « ne pas avoir de tabou » pour « faire bouger les lignes ». Alors, puisque « la France est un pays plein de trésors », « nous n'avons pas d'autre choix qu'oser, agir, conquérir ». Bref, au début, Emmanuel Macron patauge un peu. Il a du mal à trouver ses marques. Ce n'est pourtant pas faute d'être entouré. Dès sa nomination, il a pu s'appuyer sur une solide équipe de communication dédiée à sa personne. Il a rapatrié son ami Ismaël Emelien avec lui, ce sera son conseiller spécial. Ancien de Havas, celui-ci fait également venir Anne Descamps, qui s'occupera de sa communication.

Avec eux, trois autres attachés de presse se chargeront de parfaire le dispositif en couvrant la presse quotidienne régionale et internationale. Dans un gouvernement en pleine recherche d'économies budgétaires, où le nombre de conseillers par ministère ne cesse de se réduire, l'équipe pléthorique d'Emmanuel Macron commence à faire jaser.

Il a aussi bénéficié des conseils de Julien Dray, l'éternel homme de l'ombre du PS. C'est Aquilino Morelle qui les a présentés, à l'hiver 2012, lorsque Emmanuel Macron travaillait à l'Élysée. Une poignée de main, un café, une discussion, un échange de numéros de portable et la naissance d'une amitié. Avec Emmanuel Macron, c'est souvent aussi simple que cela. « C'est une relation amicale, récente, qui s'est construite progressivement par une forme de complicité et que la vie politique a ensuite renforcée », raconte Julien Dray. Tout oppose pourtant les deux hommes. Ancien trotskyste, rompu aux luttes d'appareil, aux manœuvres de congrès et aux tactiques politiques, Julien Dray est un conseiller occulte qui aime la lumière. Ancien proche de Ségolène Royal pendant la campagne présidentielle de 2007, il est aussi un ami de François Hollande, l'un des rares même à pouvoir revendiquer une telle proximité avec le chef de l'État. Au début du quinquennat, il est resté toutefois éloigné de l'Élysée. La compagne du président, Valérie Trierweiler, ne le supportait pas, ce que Julien Dray lui rendait plutôt bien. Après la rupture, il a retrouvé ses entrées au Palais et ce rôle ambigu qui lui plaît tant, conseiller officieux du président. Tout le monde sait qu'il voit François Hollande régulièrement, personne en revanche ne sait à quel titre il s'exprime ensuite. Est-il missionné pour tester des idées, faire passer des messages, allumer des contre-feux ? Julien Dray se garde bien de lever le doute. Il n'a pas de titre officiel dans l'organigramme de l'Élysée. C'est un « visiteur du soir », comme on dit. Quand il parle, on l'écoute. Et puis il connaît tellement bien la gauche… De ses années de formation chez les trotskystes, il conserve une capacité à évaluer les rapports de force politiques qui en fait un analyste recherché.

L'histoire de la gauche, de ses affrontements, de ses querelles de personnes, tout ça c'est l'affaire de « Juju », comme le surnomment ses camarades. Beaucoup moins d'Emmanuel Macron, qui n'y connaît absolument rien. À un poste aussi exposé que celui de ministre de l'Économie, cela peut vite devenir un problème. Un soir qu'il discute avec Julien Dray, François Hollande lui demande de garder un œil sur son jeune ministre : « Il va peut-être avoir besoin de toi. Le monde des grands méchants loups va se déchaîner contre lui. Alors si tu peux lui donner quelques conseils… » Le chef de l'État s'inquiète. Il sait que son pari peut se retourner contre lui et qu'Emmanuel Macron peut vite déstabiliser la majorité. Alors il demande aussi à Jean-Christophe Cambadélis de former rapidement sa jeune pousse. Conscient des limites du ministre de l'Économie sur les liens complexes entre la gauche de gouvernement et le parti majoritaire, il encourage le patron du PS à le voir très vite. « Il faut que tu lui expliques comment tout cela fonctionne », demande-t-il un soir à Jean-Christophe Cambadélis. Et il y a du boulot. À peine Emmanuel Macron nommé, Julien Dray discute dans son bureau avec Gérard Filoche. Ancien inspecteur du travail, membre du bureau national du PS où il campe sur l'aile gauche, c'est une sorte de Jean-Luc Mélenchon qui n'aurait pas quitté le parti. Les yeux dans les yeux, il explique à Julien Dray, à propos d'Emmanuel Macron : « Celui-là, je vais me le faire. Avec son parcours de banquier, c'est le client idéal. Je vais me refaire la cerise sur lui. » L'aile gauche du parti et la gauche du PS étant dans la même disposition d'esprit, ça ne rate pas, le jeune ministre de l'Économie se retrouve sous le feu nourri des frondeurs du PS et de la gauche de la gauche. « Il n'a pas les codes. Au départ, il a sans doute sous-estimé le poids de la parole dans sa fonction. Quand on est ministre, chaque mot peut donner lieu à une interprétation, à une utilisation, à une polémique, raconte Julien Dray. Quand vous avez en face de vous des gens malintentionnés, vous devez en tenir compte. Pour l'aile gauche, c'était le personnage idéal. Il n'avait aucun mandat électoral, il était inconnu, il s'inscrivait dans ce que l'on pensait être un redressement de la pensée économique de François Hollande. Donc, ils lui ont taillé un costard de banquier d'affaires dès le début, et ce costard, il fallait qu'ils le vendent. Ils ont appuyé sur telle ou telle maladresse pour parfaire l'essayage et lui enfiler. » Il n'y avait aucune indulgence à attendre des frondeurs. Et d'ailleurs, aucune tentative pour tenter de les convaincre de se montrer moins critiques n'a abouti. Flairant lui aussi le danger, le président de l'Assemblée nationale, Claude Bartolone, a même essayé de faire baisser la tension. Avant l'examen de la loi Macron, il a organisé à l'hôtel de Lassay un déjeuner entre Emmanuel Macron et quelques frondeurs. Histoire de faire connaissance et de lever les malentendus qui avaient pu naître entre eux. En vain. « C'était assez franc, se souvient le député de Paris Pascal Cherki. Il s'est montré cash et charmeur en même temps. C'est vrai que, quand vous discutez avec lui, il vous donne le sentiment que vous êtes plus intelligent. Mais, pour moi, c'est Oliveira da Figueira dans *Tintin.* Il vendrait de la neige à des esquimaux. » Pour l'heure, les deux parties se jaugent. Elles cherchent un terrain et un sujet pour s'affronter. Ce sera l'hémicycle de l'Assemblée nationale et la loi Macron.

11

UNE COPIE PRESQUE PARFAITE

« Nous n'avons pas tout essayé contre le chômage. Ce qui est compliqué, c'est de convaincre celles et ceux qui sont dans le système que, parfois, simplifier leurs droits permet d'en donner à ceux qui n'en ont pas. »

Entretien avec Emmanuel Macron,
11 décembre 2015

Ce n'est pas rien que d'avoir une loi à son nom. Pour la plupart des hommes politiques, c'est même une sorte de Graal. Une façon de se distinguer dans l'amoncellement de textes que produit chaque année l'Assemblée nationale. À mi-mandat du quinquennat de François Hollande, les députés ont déjà examiné cent vingt-neuf projets de lois, une moyenne de quarante par an. Et encore, à ces textes déposés par le gouvernement, il faut ajouter ceux proposés par les parlementaires, soit soixante-deux propositions de loi supplémentaires. Les députés n'en peuvent plus qui dénoncent entre eux l'« incontinence législative » du Parlement. Alors forcément, lorsqu'on réussit à sortir de l'anonymat de cet empilement de lois, on se fait vite un nom. Ils sont pourtant peu nombreux à y être parvenus, et généralement pour des sujets qui touchent à l'universel : loi Badinter sur l'abolition de la peine de mort, loi Veil sur l'avortement, loi Leonetti sur la fin de vie, par exemple. De façon plus terre à terre, d'autres ministres ont aussi laissé leur nom à des lois parce qu'elles concernaient la vie quotidienne des Français ou leur portefeuille. Dans l'immobilier, le système de défiscalisation mis en place par Gilles de Robien est même devenu un nom propre : le Robien. Et puis il y a aussi les lois Aubry, sur la réduction du temps de travail. Tellement emblématiques de la gauche que plus de quinze ans après leur adoption par l'Assemblée nationale, les 35 heures resurgissent encore régulièrement dans le débat national. Grâce à cette réforme, Martine Aubry est même devenue une figure de la gauche. Tout comme Christiane Taubira avec son texte de loi sur le mariage homosexuel devenu très vite la loi Taubira. Donner son nom à une loi, c'est entrer de plain-pied dans le monde politique et obtenir une forte visibilité devant les Français. C'est marquer son territoire et exposer sa pensée. L'Assemblée nationale est une tribune en pleine lumière et un puissant porte-voix. Pendant presque six mois, c'est là que va s'installer le jeune ministre de l'Économie pour défendre ce que la presse appelle désormais la loi Macron. Ça agace d'ailleurs un peu Manuel Valls, qui demande à ce que le texte soit désigné sous son appellation officielle : « Projet de loi sur la croissance et l'activité. » C'est moins glamour, moins lisible et surtout moins identifiant, si bien que le rappel à l'ordre du Premier ministre tombe à plat.

Emmanuel Macron le sait, ce projet de loi, c'est son passeport pour le monde politique. Et il ne veut surtout pas rater son entrée. Alors il va y consacrer tout son temps, avec un objectif : rendre une copie parfaite. Si tout se passe bien, c'est un beau costume de réformateur qui l'attend à l'arrivée et peut-être même le rôle de nouvelle icône de la gauche moderne, personnage campé jusqu'alors par Manuel Valls. Pour Emmanuel Macron, le principal écueil vient des frondeurs, qui ont fait de lui leur bête noire. Comment les amener à voter pour un projet de loi dont ils contestent l'essence même : son aspect dérégulateur. Le jeune ministre a certes repris le texte de son prédécesseur Arnaud Montebourg, mais il l'a profondément remanié. Ce n'est d'ailleurs pas un hasard si l'on parle désormais de loi Macron et plus de « loi sur la croissance et l'activité ». Quand le ministre du Redressement productif avait adopté une stratégie agressive, sur le thème « prendre aux riches pour donner aux pauvres », en brisant les rentes de situation et en cassant les monopoles, Emmanuel Macron se montre d'emblée plus consensuel. Avec sa loi, il veut « libérer l'économie », fluidifier les marchés pour stimuler la croissance, permettre à tous ceux qui vivent en dehors du système, les « outsiders » comme il les appelle, de pouvoir y entrer, serait-ce en rognant sur les droits de ceux qui sont intégrés dans ledit système, les « insiders ». Cela suppose de bousculer quelques principes de gauche et de s'attaquer à quelques dogmes socialistes dont les frondeurs sont les plus ardents défenseurs.

À bien des égards, la loi Macron s'inscrit dans la continuité des travaux de la commission Attali.

Créée en 2007 à la demande de Nicolas Sarkozy, elle devait établir une série de propositions pour « libérer » la croissance française. Dans le prolongement de sa volonté d'ouverture aux personnalités de gauche, l'ancien président de la République en avait confié les rênes à l'ancien conseiller de François Mitterrand, Jacques Attali. Hauts fonctionnaires, chefs d'entreprise, banquiers, écrivains, journalistes, démographes, économistes…, la composition de la commission s'appuyait sur les meilleurs techniciens dans leur domaine. Emmanuel Macron en était le rapporteur et s'efforçait tant bien que mal de mettre d'accord toutes ces personnalités. Les travaux débouchèrent sur trois cent seize propositions jugées d'emblée assez libérales, même si certaines mesures plus sociales venaient contrebalancer l'impression d'ensemble. Dans ces travaux, on trouvait plusieurs mesures de ce qui serait, sept ans plus tard, la loi Macron, comme l'ouverture des professions réglementées, par exemple. Dans ce cénacle, Emmanuel Macron avait brillé par sa capacité à mettre tout le monde d'accord. Il y avait enrichi aussi son carnet d'adresses. C'est là qu'il avait rencontré le patron de Nestlé, Peter Brabeck, pour le compte duquel il devait négocier plus tard le rachat de la division nutrition de Pfizer, deal qui allait faire de lui un millionnaire. À bien des égards, la loi Macron apparaît donc comme une sorte de pot-pourri des propositions de la commission Attali, en nettement moins ambitieux toutefois. Et en beaucoup plus compliqué à faire adopter par une majorité socialiste en plein doute.

Un jour qu'il lui rend visite au ministère pour un entretien, Pascal Terrasse prévient Emmanuel Macron : « Ta loi ne passera pas. Quelle que soit la qualité de ton texte, quelles que soient tes positions, Hollande et Valls ont besoin d'offrir une tête de Turc aux frondeurs. » Le ministre de l'Économie écoute avec attention, comme toujours. Mais il est persuadé qu'en agissant avec méthode il parviendra à ses fins. Les frondeurs ? Leur groupe n'est pas si homogène qu'il y paraît. Au-delà des critiques récurrentes qu'ils adressent au gouvernement sur sa ligne politique, une partie d'entre eux déplore aussi le manque d'attention accordée par l'exécutif au Parlement. Emmanuel Macron va les choyer. Eux et les députés. Il a bien analysé les critiques à son égard : libéral, trop techno, jamais élu. Il faut désamorcer. Alors il leur consacre tout son temps, déjeune avec eux, discute longuement, apprend à les connaître. Comme avec tout le monde, il tente de les séduire, promet une nouvelle approche du débat parlementaire qui laisse toute sa place au travail des députés. Il veut instaurer un dialogue constructif et apaisé dans l'hémicycle. Le premier round se déroule dans le cadre de la commission spéciale dédiée à l'examen de la loi Macron. Elle comporte alors 106 articles. Depuis la réforme de 2008, le gouvernement est présent dans cette assemblée qui prépare les projets de loi destinés à être présentés dans l'hémicycle. Si bien que le texte final n'est pas celui initialement proposé par l'exécutif mais celui issu des travaux des députés. Dans cette commission spéciale, l'enjeu consiste à déminer ce projet de loi potentiellement explosif pour la majorité, à faire entrer tout le monde dans le jeu, en négociant, concédant, en reculant parfois. Emmanuel Macron décide de s'installer en « pension complète » à l'Assemblée nationale.

Les députés, il va vivre avec eux non-stop jusqu'au vote de sa loi.

Pour tenter de se mettre les frondeurs dans la poche, il les valorise. Le rapporteur général ? Richard Ferrand, un proche de Henri Emmanuelli, désormais rangé dans le camp des aubrystes. À ses côtés, trois autres rapporteurs réputés frondeurs sont nommés : le député de la Manche Stéphane Travert, un proche de Benoît Hamon, le député du Loir-et-Cher Denys Robiliard, qui n'avait pas voté la confiance au gouvernement Valls, et enfin la députée de Saône-et-Loire Cécile Untermaier, une proche d'Arnaud Montebourg. En commission spéciale, tout se passe bien. Emmanuel Macron connaît sur le bout des doigts son labyrinthique projet de loi. Il discute, argumente et négocie pied à pied, se laisse convaincre parfois. Il est dans son élément : les discussions de fond, la joute oratoire, la maîtrise des dossiers. Les débats ne débordent jamais sur le terrain politique, ou alors par accident. « Je désespère de vous convaincre que je ne suis pas totalement mauvais ni mû par des intentions néfastes », lance un jour Emmanuel Macron à un député écologiste qui le cherche un peu. Quand les débats ont été rudes, il n'est pas rare de le retrouver à la buvette avec des parlementaires, en train de refaire le match. Parfois, il en rejoint même certains dans leur bureau, la nuit, pour rediscuter de leurs amendements. Il les cajole comme sans doute aucun ministre avant lui. Et ça marche. Au bout d'un huis clos de sept jours et quatre-vingt-deux heures de débats, la commission spéciale adopte sans encombre le projet de loi Macron. Lui est à son aise. Une ambiance s'est créée entre Emmanuel Macron et les députés. C'est ainsi qu'à la fin des travaux, vers

3 heures du matin, il se retrouve à partager un dîner convivial dans le bureau de François Brottes, le président de la commission spéciale, en compagnie de quelques autres parlementaires. « Il a été extraordinairement présent, quasiment tout le temps depuis les travaux en commission spéciale jusqu'au débat dans l'hémicycle. Il a passé énormément de temps à répondre à presque tous les arguments avancés par les parlementaires. Sur ce projet de loi, il a développé une quantité de travail considérable et une présence intensive », assure Jean-Marie Le Guen, le secrétaire d'État aux Relations avec le Parlement. Ce climat de confiance étonne jusqu'à Matignon, où l'on se réjouit que le talent du ministre de l'Économie ait réussi à éviter de nouveaux accès de tension dans la majorité. Le deuxième round s'annonce bien, il se joue cette fois dans l'hémicycle.

Si au début Emmanuel Macron a dû prendre ses marques avec les députés, il se sent désormais dans son élément, en confiance. Il prend même du plaisir à l'exercice. « Il a mené tous ces débats avec une vraie gourmandise pour le débat, une réelle appétence pour les discussions techniques et une incontestable agilité intellectuelle, raconte Jean-Marie Le Guen. Tous les parlementaires ont pris son comportement avec beaucoup de considération parce qu'il répondait à tout, à tout le monde, de façon très précise et avec beaucoup de respect. Indiscutablement, il a séduit les députés. Tous les responsables de groupe ont d'ailleurs reconnu son respect du Parlement. » Emmanuel Macron met un point d'honneur à maîtriser chacun des amendements proposés par les députés. Ce n'est pas une mince affaire, il y en a 8 085. Pour les absorber, il a mis son cabinet sous tension. Six mois durant, ses conseillers vont travailler en continu, sept jours sur sept. Charge à eux de dépiauter les amendements, de les expliquer à Emmanuel Macron pour qu'il puisse répondre à chacun, ce qui ne s'est encore jamais fait. Finalement, 2 024 amendements seront adoptés, pour une loi Macron qui atteint maintenant 308 articles. Presque un record. « Il a fait ça pour rendre une copie parfaite, mais aussi pour se frotter à la problématique parlementaire, qu'il ne connaissait pas très bien », explique Jean-Marie Le Guen. C'est un travail d'orfèvre, le résultat est propre… À un détail près, qui va coûter très cher à Emmanuel Macron. À tout miser sur la maîtrise technique de sa loi, il a juste oublié de faire de la politique. Dans ce temple de la démocratie qu'est l'Assemblée nationale, cela se paie très cher. Et c'est à la toute fin de l'examen de sa loi, après un parcours sans faute, que les frondeurs vont lui présenter l'addition.

12

LE RETOUR DES FRONDEURS

« Il n'y avait rien de personnel dans l'opposition d'une partie du PS à ma loi, ils poursuivaient leur combat. J'ai constamment discuté avec eux, avant, pendant et même après. J'ai du respect pour eux et je n'aime d'ailleurs pas ce terme de "frondeur". Il y a plusieurs convictions de gauche. Ils ont la leur, elle est cohérente. Je ne la partage pas sur plusieurs points. Il y a des choses sur lesquelles on se retrouve, mais ensuite, c'est le sens de la vie politique que d'assumer des désaccords, de les partager et, à un moment, de trancher pour décider. Cela vaut mieux que de chercher un compromis qui annihile de manière factice les différences. »

Entretien avec Emmanuel Macron,
11 décembre 2015

Personne ne l'avait vu revenir, et pourtant le voilà. Benoît Hamon. Dans l'hémicycle. Une alerte. Le signe à l'évidence que les débats sur la loi Macron vont prendre une autre tournure. La certitude même que c'en est fini de l'agréable et émollient ronron des discussions techniques. Avec le leader de l'aile gauche du parti dans les travées de l'Assemblée, le débat parlementaire change de dimension. D'autant que Benoît Hamon n'est pas revenu pour faire de la figuration. En perte de vitesse depuis son éviction du gouvernement sept mois plus tôt, il veut se refaire une santé alors qu'approche le congrès du Parti socialiste, prévu pour juin 2015, à Poitiers. Assommés depuis le remaniement-surprise de la fin août, les frondeurs s'apprêtent à repartir à l'assaut de la politique de Manuel Valls. Pour eux, l'enjeu consiste à se faire entendre suffisamment fort pour que les militants socialistes leur confèrent un poids important lors du vote du congrès. Objectif : obtenir enfin le changement de cap qu'ils demandent à François Hollande depuis le début du quinquennat. Leur victoire à Poitiers supposerait la chute du gouvernement. La première manche se joue dans l'hémicycle, contre Emmanuel Macron et sa loi de « dérégulation libérale », comme ils disent. Peu importe le travail technique mené par les députés, les avancées obtenues par les uns ou les reculs concédés par les autres. Peu importe qu'au bout du compte la loi Macron soit parvenue à un point d'équilibre qui, sans satisfaire tout le monde, permette au moins de ménager les revendications de chacun dans la majorité. Pour les frondeurs, il faut trouver la faille. Dans ce texte disparate qui balaie tant de secteurs et de sujets, il y en a une, évidente : le travail du dimanche. Le sujet parle à tous les Français, il répond à une revendication patronale, il symbolise la dérégulation des droits sociaux. Bref, c'est le catalyseur parfait de la grogne contre la loi Macron.

« Tout le monde s'était laissé endormir par le travail intensif autour du texte et la manière dont Emmanuel Macron avait charmé les parlementaires, raconte Jean-Marie Le Guen. Cela a dérapé de façon très tardive, en toute fin d'examen du texte, même si on avait vu qu'autour de la question du travail dominical il y avait de grandes préventions politiques. Non seulement les frondeurs y étaient opposés mais aussi les amis de Martine Aubry. » Le travail du dimanche, ce sera donc l'angle d'attaque contre Emmanuel Macron. Les frondeurs lancent l'assaut dans la nuit du vendredi 13 février 2015. Tour à tour vont se succéder au micro les figures les plus emblématiques de l'opposition interne à la politique du gouvernement. Et c'est Benoît Hamon qui ouvre les débats. Absent de l'hémicycle tout au long des travaux, il commence par se placer sur le terrain des idées, convoquant dans son allocution le philosophe libéral Isaiah Berlin, plutôt classé à droite : « Il a formidablement théorisé deux conceptions de la liberté : la liberté positive et la liberté négative. La liberté négative, c'est la liberté d'un individu dont les désirs ne sont entravés ni par les autres, ni par les lois, ni par les codes, ni par l'État. La liberté positive, c'est la liberté d'un individu qui est véritablement maître de ses choix. La tradition socialiste s'inscrit dans la conception de la liberté positive quand la tradition libérale s'inscrit dans la logique de la liberté négative. » Ça, c'est pour l'emballage idéologique. Pour montrer aussi qu'Emmanuel Macron n'est pas le seul à pouvoir jouer sur le terrain de la philosophie. Pour ce qui est du concret, Benoît Hamon lui demande d'instaurer un plancher de rémunération pour les salariés qui acceptent de travailler le dimanche. Le ministre veut réfléchir, prendre le temps surtout d'en référer à Matignon. S'agissant d'une concession aux frondeurs, ce qui ne manquerait pas d'être interprété comme un recul du gouvernement, un aveu de faiblesse donc, seul Manuel Valls peut trancher.

Pendant ce temps, l'offensive se poursuit, les frondeurs se succèdent au micro. À chaque intervention, c'est un coup de boutoir contre le travail le dimanche, donc contre la loi Macron. Lui pense encore pouvoir jouer le coup et faire adopter son texte. Même si les menaces se font de plus en plus précises. « Notre majorité doit défendre ses principes parce qu'ils sont le fruit de longs combats. Monsieur le ministre, il ne s'agit pas d'une histoire qui commencerait aujourd'hui. Ne cédez pas au vertige de la page blanche, vous seriez victime d'une illusion politique », le tance le député de la Nièvre Christian Paul pour le renvoyer à son jeune âge et son inexpérience. Puis c'est le tour du député de l'Indre-et-Loire, Laurent Baumel, qui assure de la sincérité de sa démarche contre le travail dominical, « celle d'hommes et de femmes qui ne se résolvent pas à l'idée que le rôle des députés socialistes, c'est de limiter les ardeurs libérales de leur gouvernement en jouant la carte de la moindre casse sociale ». Puis il lance une mise en garde : « Monsieur le ministre, je vous invite à prendre sérieusement en compte cette sincérité et nos convictions. Je pense que c'est l'intérêt du gouvernement et de notre majorité dans les heures qui viennent. » La menace est brandie : les frondeurs ne sont pas prêts à voter la loi Macron. Pour l'heure, ils campent encore sur l'abstention. Dans la nuit de samedi à dimanche, à la buvette de l'Assemblée nationale, Benoît Hamon et Emmanuel Macron tentent un conciliabule autour d'un verre, vin blanc pour l'ancien ministre de l'Éducation, poire pour celui de l'Économie. « Vous avez la possibilité de rassembler au-delà des frondeurs et de colorer le texte », plaide Benoît Hamon. « J'entends, je reviens vers toi », lui répond Emmanuel Macron. Rien ne viendra. Si bien que Benoît Hamon est désormais persuadé que Manuel Valls a dit non au compromis qu'il propose. « Depuis le début, Manuel ne veut pas de deal. Pour lui, sa gauche doit gagner sur la nôtre », déplore-t-il. Dans l'hémicycle, les débats s'enveniment. Et les menaces des frondeurs se font de plus en plus précises, au point d'agacer Emmanuel Macron. « Vous avez l'occasion de faire un véritable geste politique. Je vous conseille d'y réfléchir sérieusement », menace Laurent Baumel. Emmanuel Macron commence à sentir que le débat lui échappe, que le travail phénoménal qu'il a mené pour bâtir son texte va s'échouer sur l'écueil des frondeurs.

« Je ne suis pas ouvert à des compromis de façade destinés à justifier le vote sur un texte. Ce n'est pas ainsi que je considère le dialogue politique, réplique-t-il, très agacé, à Laurent Baumel. J'ai entendu, en creux, les menaces que vous avez proférées. Il ne peut être question de compromis pour nous mettre d'accord au sein de nos propres représentations. En tout cas, ce n'est pas l'idée que je me suis faite, sinon je n'aurais pas passé autant de temps ici et j'aurais essayé de trouver par ailleurs des compromis avec les uns et les autres, sur tous les bancs, pour essayer de parvenir à un accord sur ce texte. Je n'ai jamais cherché à pratiquer cette méthode-là. Non, monsieur le député, jamais. » Emmanuel Macron a compris. Il a échoué à rallier les frondeurs. Mais il n'imagine pas encore que le pire est à venir. L'offensive n'est pas terminée. Dimanche soir, invité du « Grand Jury

RTL-LCI-*Le Figaro* », Benoît Hamon donne le coup de grâce : « Je ne voterai pas la loi Macron, je voterai contre cette loi. » Vent de panique au gouvernement et comptage à tous les étages. Y a-t-il encore une majorité pour voter la loi Macron ? C'est un signal fort que vient d'envoyer le député des Yvelines et ancien leader de l'aile gauche du parti. Une consigne de vote même à tous les frondeurs qui, jusqu'alors, envisageaient plutôt l'abstention. La loi Macron est en danger. Dans l'exécutif, l'inquiétude est telle de voir le projet de loi rejeté que l'on essaie même d'obtenir le vote de Thomas Thévenoud, éphémère secrétaire d'État viré du gouvernement et du PS pour ne pas avoir payé ses impôts. Lundi matin à l'Élysée, à l'occasion du nouvel an chinois, François Hollande, Bruno Le Roux et Jean-Marie Le Guen se croisent dans la salle des fêtes du Palais. Ils s'offrent un aparté pour faire le point. « On constate que ça faseye et qu'on ne sait plus très bien si le texte peut passer. C'est là qu'on met en place la possibilité de recourir à l'article 49-3 si nécessaire », raconte Jean-Marie Le Guen. Cette disposition permet au gouvernement de faire adopter un texte sans vote. Elle est généralement très mal vécue par les députés, qui voient dans son utilisation une négation de leurs prérogatives.

À Matignon, au gouvernement et au PS, on a beau compter et recompter, la marge d'erreur est trop faible pour prendre le moindre risque. L'incertitude va perdurer jusqu'au dernier moment. Si bien que, mercredi matin, jour du vote solennel de la loi Macron à l'Assemblée nationale, François Hollande convoque un conseil des ministres extraordinaire à l'Élysée. C'est le préalable obligatoire avant l'utilisation du 49-3.

Quelques heures plus tard, Manuel Valls monte à la tribune. « Une majorité existe vraisemblablement sur ce texte mais elle est incertaine. Je ne prendrai pas la responsabilité du risque d'un rejet d'un tel projet. J'engage donc la responsabilité du gouvernement. » Emmanuel Macron a échoué. Les frondeurs viennent de lui porter un coup. Ils ne sont pas mécontents d'ailleurs de voir le jeune prodige trébucher sur sa première épreuve politique. « Il a fait ses preuves en ratant sévèrement la première marche, ironise Benoît Hamon. Il est brillant, techniquement bon, mais ce n'est pas forcément un bon homme politique. Être intelligent ne suffit pas, on l'a vu avec sa loi. Il n'a pas réussi à la faire adopter et ce n'est pourtant pas faute d'avoir envoyé des signaux. Il a un manque de clairvoyance et de lucidité coupable. » C'est la première leçon de Realpolitik que reçoit Emmanuel Macron. Il avait pensé réussir à séduire les frondeurs, il vient de comprendre qu'au-delà des sourires et de l'affection réelle que chacun pouvait lui porter la politique finissait toujours par prendre le dessus. Dans cet univers, on peut boire des coups à la buvette, plaisanter agréablement et entretenir des relations tout à fait cordiales avec ses adversaires. Mais il faut toujours penser à vérifier que dans la main qui tape dans le dos ne se dissimule pas un poignard. « Il a de l'habileté intellectuelle, ce n'est pas un médiocre. Mais les idées qu'il incarne sont celles du passé. S'il reste sur ce terrain, il deviendra vite un vieux beau de la politique. Si j'avais un conseil à lui donner, pour sa prochaine loi, ce serait de savoir comment réussir à la faire voter, ironise Pascal Cherki. Ce garçon, il faut qu'il grandisse un peu. La politique, ça n'est pas un jeu. Le côté *wonder boy* séducteur, ça marche un coup mais vous ne pouvez pas faire de la politique que sur la séduction. »

Cet épisode du 49-3 a profondément meurtri Emmanuel Macron. Le passage en force, c'est la négation de la méthode qu'il a tenté de mettre en place à l'Assemblée. Il s'en confie parfois à des proches. « On en a souvent parlé, se souvient Pascal Terrasse. Lui a vécu ça comme un échec personnel. Il aurait bien sûr préféré que sa loi soit votée. Et il pensait d'ailleurs que ça passait. Mais il n'a pas vu que Hollande et Valls se sont servis de lui. Avant c'est eux qui passaient pour des types de droite. Ils ont fait de lui le phare bien rouge qui permet à tous les frondeurs de passer leurs nerfs. Tout était organisé. » Un bruit se met même à courir, relayé par les frondeurs et tout ce que Manuel Valls compte d'adversaires : le Premier ministre aurait volontairement brandi le 49-3 pour ne pas laisser Emmanuel Macron s'offrir une victoire politique. Le 49-3, ce serait la volonté castratrice de Manuel Valls face à ce jeune ministre en pleine ascension. « Manuel Valls a vu le danger, il connaît les enquêtes d'opinion, il sent la société. Il voit bien que cette personnalité faite de sincérité, de proximité et de compétence est en train d'exploser dans tous les sondages », assure un très fin connaisseur du Premier ministre. Mais, au bout du compte, c'est tout de même François Hollande qui donne son aval à l'utilisation du 49-3.

À l'Élysée, on ne s'inquiète pas plus que cela des répercussions de cet épisode parlementaire. « Compte tenu de l'image que certains voulaient renvoyer d'Emmanuel Macron, il a voulu montrer qu'il était vraiment républicain et profondément attaché à la représentation parlementaire. De ce point de vue, la séquence est réussie pour lui. C'est une phase importante de son apprentissage. Et peu importe qu'il y ait le 49-3, ce qui compte c'est que le texte soit adopté », minimise le conseiller du président de la République, Gaspard Gantzer. Chez les socialistes, il y en a un autre qui ne s'émeut pas du tout du sort final de la loi Macron au Parlement. Un autre qui observe tout cela avec une hauteur de vue que personne ne peut lui contester, c'est Michel Rocard. « Je crois que je détiens le record d'utilisation du 49-3 », se souvient l'ancien Premier ministre de François Mitterrand. À l'époque, le recours à cet article n'était pas limité comme aujourd'hui à une seule utilisation par session parlementaire. Lorsqu'il était à Matignon, de 1988 à 1991, Michel Rocard ne disposait pas de majorité à l'Assemblée nationale pour faire voter ses lois. Alors il a beaucoup manié le 49-3. Énormément, même. « Je l'ai utilisé vingt-huit fois. Il n'y a aucune honte à avoir, il a été inventé pour ça. Il ne faut pas oublier, y compris dans le cas d'Emmanuel Macron, que le 49-3 est une manière d'intimider sa propre majorité, ce qui a été fait le plus souvent. Bien sûr, c'est une déviation de l'usage constitutionnel mais, croyez-moi, c'est très efficace. »

Peut-être, mais Emmanuel Macron est amer. Il se sent victime des jeux d'appareil du PS, ceux auxquels il ne veut justement pas participer. « Au cours de la dernière nuit de discussion à l'Assemblée, j'ai été saisi de voir à quel point certains députés étaient dans un débat théorique et à quel point ils perdaient le réel », confie-t-il un peu plus tard dans *Le Monde* en refaisant le match. Il commence à comprendre. Dans la dernière nuit des débats « s'est cristallisée une dynamique très politicienne, avec quelques parlementaires qui ont eu des réflexes de congrès sur ce texte et qui ont pensé qu'il s'agissait d'une motion de parti ». Un texte de loi instrumentalisé par un courant du PS pour des enjeux internes au PS ? Ça y est. Il voit clair, maintenant. C'est le métier qui continue à rentrer. Les frondeurs ont remporté la première manche et plastronnent. Emmanuel Macron les compare à un « foyer infectieux » ? « Il devrait se calmer, là, s'agace Pascal Cherki. Il me fait penser au gamin qui se prend une tarte dans la cour de récré, qui fanfaronne en disant "même pas mal" et qui finit par s'en prendre une deuxième. » Mais, dans son duel avec les frondeurs, Emmanuel Macron bénéficie d'un atout de poids : les Français l'adorent et approuvent sa politique. Il va d'ailleurs s'adresser à eux. Maintenant que sa loi est passée, il est temps de participer à sa première grande émission politique en *prime time*, et de rendre coup pour coup.

Deuxième partie

LE DESTIN DES ÉTOILES FILANTES

13

NOUVELLE STAR

> *« Je ne vis pas dans le regard des autres. “La mode, ça se démode”, comme disait Cocteau. »*
>
> Emmanuel Macron,
> 16 mars 2016, sur Europe 1

Il ne voit plus rien, n’entend plus rien, ne sent plus rien. Les collaborateurs qui se pressent autour de lui, son épouse qui le couve du regard, les derniers mots d’encouragement qu’on lui chuchote à l’oreille, les tapes amicales sur l’épaule, les mains qu’on lui presse… plus rien n’existe vraiment. Mécaniquement, il réagit. Un sourire, un clin d’œil, une main serrée. Mais il n’est plus là. Emmanuel Macron a quitté les siens mais pas encore rejoint ceux d’en face. Il est coincé dans cet entre-deux stressant : c’est le trac. Sa préparation est terminée, il n’y a plus rien à faire. L’émission n’a pas encore commencé, il n’a plus qu’à attendre. Il piétine un peu, tape du pied, marche en rond. Croise ses bras, lève une main vers sa bouche, pose un doigt sur ses lèvres. Tendu mais pas stressé. Il a appris à gérer cette sensation de vide qui s’installe et embrouille les idées, rendant celui qui y succombe incapable de parler. Il faut respirer, prendre son temps. Alors il respire, à fond, par le nez. Jette un regard au plateau. Ça s'agite encore un peu. Le public finit de s'installer. Les techniciens procèdent aux derniers réglages, tirent un câble, orientent un écran. Les journalistes sont en place, ils l'attendent autour de la table de « Des paroles et des actes », l'émission politique phare de France 2. Trois mois qu'il attend ça. À deux reprises, l'émission a été repoussée. Fin janvier 2015, après les attaques terroristes contre *Charlie Hebdo* et l'Hyper Cacher de la porte de Vincennes, il a laissé la place au ministre de l'Intérieur Bernard Cazeneuve. Puis, en février, c'est lui qui a reporté. Il ne voulait pas s'exprimer tant que sa loi n'était pas adoptée. Début mars 2015, c'est désormais bon pour le saut dans le grand bain – une exposition médiatique incomparable. Près de trois heures de direct sans pause, un questionnement ininterrompu, des débats avec des contradicteurs chevronnés, deux millions de téléspectateurs en moyenne et, au bout du compte, quitte ou double. Une émission où il y a beaucoup à gagner, mais tout autant à perdre en cas de ratage.

Tout a commencé quatre mois plus tôt lorsque David Pujadas, le présentateur de l'émission, s'est déplacé à Bercy avec deux collaborateurs pour un entretien avec le ministre, histoire de faire connaissance. Emmanuel Macron n'était pas encore complètement installé dans le paysage mais il était quand même ministre de l'Économie. Il fallait créer le contact avec cette nouvelle figure de la gauche, qui commençait alors à intriguer tout autant la classe politique que le monde médiatique. Le plus jeune ministre du gouvernement et le plus jeune invité jamais reçu dans l'émission, le plus inexpérimenté aussi. Une feuille blanche et un profil intéressant. La discussion se déroule, vive, animée. Et comme chaque fois qu'il rencontre de nouvelles personnes, Emmanuel Macron séduit. Si bien qu'à la fin de l'entretien David Pujadas se lance : « Vous avez le profil pour participer à "DPDA". » Lui n'hésite pas une seconde : « Ça m'intéresse. » Parfois, il y a des négociations : il faut relancer les hommes politiques sur plusieurs mois, surtout les têtes d'affiche, celles qui hésitent, qui se font prier, qui s'interrogent sur le meilleur timing. Et puis il faut aussi expliquer avec diplomatie à tous ceux, nombreux, qui rêvent d'y participer, que pour eux, ce n'est pas possible. L'alchimie de l'émission est particulière. L'invité doit jouer un rôle de premier plan sur la scène politique, susciter à la fois l'attente et la curiosité des téléspectateurs. Emmanuel Macron remplit d'autant mieux ces critères qu'au-delà de la scène médiatique il s'est aussi installé dans les magazines people. Ce n'est pas qu'il y ait pris goût, mais plutôt qu'il a compris la difficulté de lutter contre l'intérêt de ces magazines qui, en réalité, ne font que traduire la curiosité du grand public. D'ailleurs, à la rédaction de *Closer*, on attend toujours.

Déjà six mois que le magazine people a publié les premières photos d'Emmanuel Macron et de son épouse. Déjà six mois que l'avocat du ministre a envoyé la mise en demeure. Sans suite. En même temps, on ne s'inquiète pas trop. La semaine suivant la publication des photos, Emmanuel Macron a été aperçu hilare au Stade de France en train de montrer à un ami sur son Smartphone les pages de *Closer* dans lesquelles il apparaît avec son épouse. Le magazine a même publié des photos de la scène pour se réjouir que son « coup » semble autant amuser le ministre. « Cette semaine encore, le tout nouveau ministre de l'Économie va pouvoir frimer devant ses petits camarades du gouvernement. Car, la semaine dernière, alors qu'il assistait au match France-Espagne au Stade de France, Emmanuel Macron était plus intéressé par les photos de lui et de sa femme Brigitte publiées dans *Closer* que par les performances des Bleus ! », ironise le journal people. Après tout, Emmanuel Macron peut bien s'en prendre à la presse people et vitupérer les atteintes à sa vie privée, c'est aussi un atout pour lui, puisqu'elle participe de sa notoriété. En contribuant à installer dans le paysage, et sous un meilleur éclairage, ce jeune ministre encore inconnu il y a moins d'un mois. « Emmanuel Macron, c'est George Clooney pour le côté chic et Brad Pitt pour la décontraction », s'enthousiasme Laurence Pieau chez *Closer*.

Paris Match, *VSD*, *Closer*, *Voici*, *Gala*... toute la presse people s'y met. Et apporte une touche plus légère au portrait du ministre habituellement renvoyé par la presse dite classique. Dans les journaux « sérieux », Emmanuel Macron est plutôt dépeint comme le brillant-jeune-homme-ancien-banquier-d'affaires-technocrate-conseiller-du-président-nommé-à-Bercy-pour-incarner-le-virage-social-libéral-du-gouvernement. Sur le papier glacé des magazines, il devient le-brillant-jeune-homme-amoureux-de-son-épouse-plus-âgée-unis-dans-l'adversité-prêts-à-relever-tous-les-défis. Brigitte l'humanise. D'ailleurs, il n'apparaît jamais seul dans ces magazines, mais toujours en sa compagnie. Comme dans ces pages de *Closer* titrées : « Le plus chabadabada des ministres. » Ils sont tous deux sur la plage du Touquet en hiver. Éclat de rire pour lui, sourire complice pour elle. « Vingt ans qu'ils se connaissent et toujours des fous rires d'ado... », commente le magazine. Parfois la politique affleure dans les commentaires, mais plutôt pour souligner l'aspect homme de pouvoir d'Emmanuel Macron : « On le dit chouchou de François Hollande, mais c'est avant tout le favori de Brigitte. » Attention à la ligne jaune, toutefois. La franchir, c'est s'assurer les représailles du ministre, qui demeure très attentif à protéger sa vie privée. La rédaction de *Paris Match* est bien placée pour le savoir. Tout au long de l'examen de la loi Macron à l'Assemblée nationale, le magazine a essayé d'envoyer un photographe avec le ministre pour publier des photos « en situation ». Dans l'hémicycle à défendre sa loi, au travail à son bureau, dans les couloirs de l'Assemblée avec les parlementaires... *Paris Match* a tout proposé, sans jamais obtenir d'accord du cabinet du ministre. Forcément, le poids des mots sans le choc des photos, ce n'est plus *Paris Match*. Alors, de guerre lasse, la rédaction a publié un cliché d'Emmanuel Macron et de son épouse en week-end au ski à La Mongie, une station des Pyrénées où le couple était parti se reposer après l'épisode du 49-3. Autant le dire, la photo est pourrie. Emmanuel Macron est flou, le visage de son épouse est caché derrière de grosses lunettes, le décor ne ressemble à rien et le tout est pixellisé. C'est une photo amateur que la rédaction s'est procurée, elle a au moins le mérite d'être exclusive. *Paris Match* la publie donc en tout petit dans un article un peu plus gros. Fureur du ministre et représailles immédiates. « On ne vous parle plus », annonce le cabinet du ministre au rédacteur en chef Bruno Jeudy, qui transmet le message à ses troupes. La brouille va durer six mois. Comme un coup de semonce : on ne touche pas à la vie privée du ministre. Puis, reprenant contact avec le cabinet du ministre à la rentrée de septembre, les relations vont se renouer. « Notre période de purgatoire est passée ? », s'enquiert Bruno Jeudy auprès du cabinet du ministre. Pendant la brouille, le journal a été sage et s'est bien gardé d'organiser des « paparazzades » avec Emmanuel Macron et son épouse. Ç'eût été un bon coup commercial sûrement, mais en contrepartie d'une rupture assurée avec l'étoile montante de la politique. Le calcul est vite fait. Si Emmanuel Macron a peu de prise sur la presse people, la situation est plus délicate pour *Paris Match*. Le magazine publie chaque semaine des pages politiques et parfois de longs reportages photos sur les personnalités du moment. Il a besoin d'entretenir le contact. Les liens seront donc renoués et le ministre de l'Économie se confiera au journal à l'occasion d'un long article sur sa personne publié à l'automne 2015. Difficile de se brouiller définitivement avec une personnalité comme Emmanuel Macron qui est en train de s'installer dans le cœur des Français.

C'est ainsi qu'il apparaît en couple dans *Gala* qui se penche sur « les secrets de leur histoire d'amour ». En couple encore à la une de *Jours de France* qui salue « un bonheur en grand ! » et s'interroge sur « les secrets d'un surdoué de la vie ». En couple toujours à la une de *VSD* qui s'intéresse à la « stratégie amoureuse » du ministre et se demande s'il s'affiche avec son épouse « pour gommer son image de technocrate ». Une stratégie, vraiment ? Un paparazzi qui a « planqué »

Emmanuel Macron et son épouse au Touquet s'est montré assez surpris de l'attitude du ministre. Très à l'aise, disponible avec les gens qui l'attendaient pour faire des selfies, n'hésitant pas à s'arrêter un moment pour discuter avec un automobiliste qui l'avait interpellé… Pas le genre d'attitude d'une personnalité qui se cache. Plutôt celle de quelqu'un qui contrôle ce qu'il offre à voir. À cet égard, la série de photos de la plage du Touquet publiée par *Closer* est assez stupéfiante. « On n'avait jamais vu un ministre comme ça », assure Laurence Pieau. Il faut croire que les confrères d'Emmanuel Macron au gouvernement non plus. Au mieux ils lèvent les yeux au ciel à l'évocation de l'intérêt de la presse people pour Emmanuel Macron, au pire ils ricanent.

Aucun ne connaît encore Brigitte Macron. Ils auront l'occasion de la rencontrer quelques mois plus tard, en juin 2015, à l'occasion d'un dîner officiel donné à l'Élysée en l'honneur du roi d'Espagne. Amusé par le vif intérêt des photographes présents dans la cour, le couple prendra la pose un long moment sur le perron avant de rejoindre les convives. Ce sera la première apparition officielle de Brigitte Macron au bras de son mari. Ce n'est pas innocent. En France, l'épouse de l'homme politique occupe une place particulière, encore plus lorsqu'on se rapproche des hautes sphères. Les Français sont toujours curieux de savoir qui partage la vie de leurs dirigeants. Apparaître en public avec son épouse, c'est aussi une façon de s'avancer plus avant sur la scène. Pour l'instant, elle ne parle pas publiquement. Il reste une part de mystère à lever. Mais elle est là, bien présente. Comme sur le plateau de « DPDA », où elle s'installe en coulisse pour observer la prestation de son mari. Elle ne revendique aucun rôle à ses côtés, pas même celui de coach. Tout juste veut-elle contribuer par sa présence à adoucir la vie de son époux dans ce monde politique qu'elle trouve extrêmement dur. C'est aussi grâce à elle qu'Emmanuel Macron s'est installé dans le paysage et a attiré l'attention des Français. Au point donc d'être convié en prime time sur la plus grosse émission politique du moment. Lui attend toujours à l'entrée du plateau que l'émission débute. Un décompte apparaît sur les écrans. Le silence s'installe. Puis David Pujadas ouvre le bal. « Bonsoir. Dans les années 1970, il y avait les ovnis, objets volants non identifiés, aujourd'hui voici un "opni", objet politique non identifié. Il n'a jamais été élu, n'a jamais serré des mains, arpenté les kermesses, en revanche il a été banquier chez Rothschild, il a du culot mais toujours avec de bonnes manières, il est à gauche mais il prend la gauche à rebrousse-poil, Emmanuel Macron est notre invité ce soir. » Il dispose de près de trois heures pour compléter, enrichir et préciser ce portrait.

14

SONDAGE, MON BEAU SONDAGE

« Je regarde cette popularité comme une donnée. Elle est sans doute liée aux attentes des Français et au fait qu'ils reconnaissent que j'essaie de faire de mon mieux. La seule chose qui m'intéresse c'est de faire les choses, d'expliquer, d'avoir un discours et une action, d'être libre, sincère et efficace. Tous les chantiers que j'ai ouverts n'ont pas été faits pour plaire, loin de là. Très souvent je soulève des sujets qui m'attirent plus de problèmes que de gratitude. À la fin des fins, qu'importe le nombre de gens qui vous trouvent sympathique ou qui vous aiment bien. Ce qui compte, c'est que les gens comprennent ce que vous faites, en perçoivent l'efficacité, et adhèrent à votre action. »

Entretien avec Emmanuel Macron,
11 décembre 2015

Étrange créature sondagière que cet Emmanuel Macron. Avec lui, les différents instituts qui réalisent les enquêtes d'opinion sont partis d'une feuille blanche. Il n'est pas si courant de voir un inconnu du grand public débouler par surprise à l'un des postes les plus prestigieux de la Ve République. Avant sa nomination, Emmanuel Macron était surtout connu du petit milieu politico-médiatique. Aux yeux du grand public, il n'était rien. Dans le meilleur des cas, les Français en avaient entendu parler en tombant par hasard sur l'un de ses nombreux portraits publiés dans la presse lorsqu'il était à l'Élysée. Pas suffisant pour intégrer les baromètres d'opinion ou les classements des personnalités préférées des électeurs. Avec sa nomination à Bercy, ses premiers pas hasardeux et la défense de la loi Macron, tout va changer. En quelques mois à peine, il va gagner très vite en notoriété, puis en popularité. Un phénomène rare que, de mémoire de sondeur, on n'a que très peu observé.

« Là où l'on trouve quelque chose d'inédit, c'est qu'il a été très vite repéré par l'opinion et, très vite aussi, sa notoriété a progressé, souligne Jérôme Fourquet, le directeur du département Opinion de l'Ifop. Une telle performance n'est pas donnée à tout le monde sous le régime de la Ve République dans la mesure où le président et son Premier ministre occupent naturellement tout l'espace. » Pourtant, Emmanuel Macron va réussir à s'installer. Au départ, il souffre toutefois d'un handicap : lorsqu'ils sont interrogés par les instituts de sondage, la moitié des Français assurent ne pas le connaître. « Là où le phénomène Macron est marquant, c'est qu'en quelques mois à peine, d'octobre 2014 à février 2015, la proportion de Français qui ne le connaissent pas passe de 47 % à 18 %. Gagner trente points de notoriété en quatre mois, c'est pour le coup tout à fait exceptionnel », relève Jérôme Fourquet. Le poste est exposé bien sûr, mais il n'y a pas que cela. « La fonction ne garantit pas la notoriété, encore moins la popularité, observe Emmanuel Rivière, directeur des stratégies d'opinion chez TNS-Sofres. Lorsque François Baroin a été nommé à Bercy, il n'a quasiment pas bougé dans les enquêtes d'opinion. » Avec Emmanuel Macron, c'est différent.

Partant d'une page blanche, il va écrire une histoire personnelle séduisante et originale qui contribue à le rendre sympathique. Celle du jeune homme talentueux qui débarque en politique plein de bonne volonté, avec une bonne tête de premier de la classe, marié à une femme plus âgée que lui, travailleur et courageux, apprécié de tous et reconnu pour ses capacités intellectuelles hors du commun. « Il y a un très bon storytelling autour d'Emmanuel Macron. C'est un bon sujet qui va très vite intéresser la presse, relève Jérôme Fourquet. En plus, il y a un intérêt politique puisque, avec Manuel Valls, il symbolise le tournant social-démocrate du quinquennat. François Hollande lui-même le met en scène et affiche sa bonne entente avec lui. Il y a donc une conjonction de facteurs qui contribuent à le faire sortir de l'anonymat. » Et puis les maladresses d'Emmanuel Macron ont aussi grandement contribué à l'installer dans le paysage.

« Dès son arrivée, il y a tout de suite des polémiques publiques, rappelle Bruno Jeanbart, le directeur des études politiques d'OpinionWay. Et notamment ses propos sur les 35 heures dans *Le Point* qui déclenchent un tollé à gauche. » C'est d'abord ça qui lui permet d'être identifié puis écouté. « Il a très vite commencé à faire bouger les lignes là où les Français ont le sentiment qu'il faut le faire : sur le monde du travail, explique Emmanuel Rivière. Là-dessus, il intéresse aussi bien à droite qu'à gauche. » Dans la foulée, les déclarations d'Emmanuel Macron sur les illettrées de Gad et ses excuses publiques à l'Assemblée nationale vont le fixer dans l'opinion. « Il y a enfin un phénomène qui le dépasse un peu puisque, très vite, il est pris pour cible par la gauche radicale et notamment Jean-Luc Mélenchon. » Or, quoi de mieux pour se faire un nom que d'être désigné comme « ennemi de classe » par la gauche du PS, et régulièrement vilipendé en public en raison de son passé de banquier d'affaires ? À défaut de lui avoir facilité son arrivée dans le monde politique, son passage chez Rothschild lui aura aussi servi à cela. Et au-delà du monde politique, cela a aussi attiré le regard des Français. « C'est une ligne de son CV qui aurait pu se révéler problématique dans le passé, mais plus aujourd'hui. Les gens sont désormais à la recherche de compétences que l'on trouve ailleurs que dans le parcours politique », assure Emmanuel Rivière. C'est aussi sur la défiance à l'égard de la classe politique traditionnelle qu'Emmanuel Macron bâtit sa popularité. Depuis la crise de 2008 et les discours de Nicolas Sarkozy sur le « travailler plus pour gagner plus », puis celui de François Hollande sur « le changement c'est maintenant », les Français sont encore plus méfiants qu'auparavant à l'égard de leurs dirigeants, qu'ils jugent incompétents. « Or, Emmanuel Macron incarne une recomposition désidéologisée de la politique autour d'une forme de pragmatisme », assure Emmanuel Rivière. Résultat, moins d'un an après son arrivée à Bercy, le ministre de l'Économie s'affiche à la douzième place du classement des personnalités politiques préférées des Français que réalise l'Ifop et que publie *Paris Match.* « C'est quand même fort, souligne Jérôme Fourquet. D'autant qu'il est le quatrième mieux noté du gouvernement, au même niveau que des personnalités déjà installées comme

Michel Sapin, Najat Vallaud-Belkacem ou Jean-Yves Le Drian. » Et son ascension ne fait que commencer.

La popularité d'Emmanuel Macron est en réalité construite sur deux phénomènes. D'abord un positionnement politique en dehors des imaginaires traditionnels. Il s'affiche de gauche mais pourrait tout aussi bien être de droite. « Cela fait des années que dans nos enquêtes les Français nous disent se moquer de savoir si les mesures proposées sont de droite ou de gauche à partir du moment où elles sont efficaces, explique Bruno Jeanbart. Emmanuel Macron est dans cette logique-là. Il a un côté très pragmatique qui donne le sentiment qu'il veut faire avancer les choses en adoptant des mesures qui fonctionnent et qui vont améliorer la situation. » Populaire à gauche et à droite, le ministre de l'Économie est en position de jouer les traits d'union entre les deux familles antagonistes de la vie politique française. « Il établit des ponts là où il y a habituellement une frontière, souligne Emmanuel Rivière. S'il n'y avait pas eu le 49-3 pour faire passer sa loi, elle aurait pu représenter une passerelle entre ces deux familles. Et tout cela est en adéquation avec la question que se posent les Français sur la pertinence de la césure droite-gauche. »

Second fondement de sa popularité : Emmanuel Macron est en réalité beaucoup plus en accord avec l'électorat de gauche que ne peuvent le laisser penser les violentes attaques de la gauche du PS à son encontre. « Il y a une erreur d'analyse générale sur ce qu'est la gauche aujourd'hui, assure Bruno Jeanbart. La grande majorité des électeurs de gauche se situent au centre gauche. De ce point de vue-là, Emmanuel Macron est en phase. Il s'inscrit dans la lignée de personnalités comme Manuel Valls, François Hollande ou, avant eux, Michel Rocard. Mais le débat qui consiste à savoir s'il est de gauche ou pas est en réalité un débat qui n'occupe que la gauche. » Peut-être, mais un débat qui l'occupe tout de même à plein temps ou presque. Car la progression fulgurante d'Emmanuel Macron dans les sondages a aussi son revers. Plus il est identifié par l'opinion, plus cette même opinion se divise à son sujet. Comme on dit dans les instituts de sondage, le ministre de l'Économie est une personnalité « clivante ». On est pour ou on est contre, on l'apprécie ou on le rejette, mais l'on a au moins un avis sur lui. Emmanuel Macron ne laisse pas indifférent. Quand il parle, les Français l'écoutent. Leurs aspirations s'articulent autour de trois grands axes. Dans une partie du PS et à la gauche du parti, c'est la volonté de changer le modèle économique qui domine. Pour une partie de la droite, c'est la question du souverainisme qui s'impose. Entre les deux, une grande partie des Français attend une modernisation du pays en s'inspirant de ce qui marche bien ailleurs. C'est là que se situe Emmanuel Macron, « au centre de gravité des aspirations de ces Français-là », observe Emmanuel Rivière.

Pour l'instant, tout sourit donc au ministre de l'Économie. Mais l'heure des comptes n'a pas encore sonné. Ce qui se cristallise sur lui, c'est une attente, un espoir. Pour rester à ces niveaux de popularité, il lui faut désormais réussir ce qu'il a entrepris et surtout obtenir des résultats. Certes les Français le jugent compétent, apprécient sa liberté de ton, approuvent qu'il ne s'embarrasse pas des dogmes socialistes et s'affranchisse des codes de la politique mais ils attendent aussi de voir. « Il a eu les coudées franches pour bâtir sa loi et les appuis nécessaires pour la faire voter. Mais si cela ne produit pas grand-chose sur la durée, cela peut devenir un problème et se retourner contre lui. D'autant qu'il ne pourra pas expliquer qu'il a été empêché d'avancer », souligne Emmanuel Rivière.

Pour étonnant qu'il soit, le phénomène Macron n'est pourtant pas un cas isolé. À échéances régulières sous la Ve République, un personnage politique surgit qui emporte l'adhésion du public et soulève l'espoir des foules. En France, on croit toujours qu'un homme providentiel se lèvera et sauvera le pays. Nicolas Sarkozy et Ségolène Royal ont bénéficié à un moment de cette attente. Avant eux, Laurent Fabius avait lui aussi suscité l'enthousiasme des Français après sa nomination à Matignon par François Mitterrand. Plus jeune Premier ministre de France, il avait même eu droit aux honneurs de l'hebdomadaire satirique *L'Écho des savanes* qui l'avait mis en une, le visage recouvert de traces de rouge à lèvres avec ce commentaire : « 22 % des Françaises veulent se le taper. » Un sondage venait d'être publié dans lequel on demandait aux Françaises avec quel homme elles aimeraient passer la nuit. Laurent Fabius était arrivé très largement en tête. Mais cette bonne cote d'opinion n'avait pas duré et, très vite, il avait plongé. « Inévitablement, au cours de mon parcours, ma popularité a varié. Imaginez qu'on a même dit que j'étais l'homme le plus sexy de France », s'amusait plus tard Laurent Fabius. La popularité est un phénomène éphémère où les sommets n'existent qu'en contrepoint des abysses. Aujourd'hui au firmament, Emmanuel Macron finira forcément par descendre. C'est écrit. Il risque de connaître le même destin que celui des « étoiles filantes » qu'avait un jour évoqué François Hollande pour les hommes politiques : on brille, puis on s'éteint. Et la campagne présidentielle qui arrive en 2017 y contribuera en grande partie. « Sa structure de popularité résiste mal à tout ce qui réactive le clivage droite-gauche, explique Emmanuel Rivière. En se rangeant derrière un François Hollande qui est honni par tout ce qui existe à la droite du Modem, il est probable qu'il finisse par en pâtir. » Sans compter les jalousies que ce statut de nouvelle star ne va pas manquer de faire apparaître dans son propre camp. Cela commence doucement, d'ailleurs. Jusqu'alors, seuls les frondeurs l'accusaient d'être un homme de droite. Désormais, les critiques viennent du sein même du gouvernement et des proches de François Hollande. Il faut dire que si Emmanuel Macron est une superstar des sondages, c'est surtout à droite et dans les milieux économiques qu'il est apprécié.

15

SON AMIE LA FINANCE

« Je considère que la liberté est une valeur importante, un élément d'efficacité, qu'elle peut servir l'esprit de justice. Il y a une partie de la droite qui se reconnaît dans cette idée et qui a la même volonté de justice qu'une partie de la gauche. Je démystifie beaucoup les choses là-dessus. Notre système institutionnel majore les clivages et crée des guerres de positions qui ne correspondent plus à la réalité des distinctions idéologiques. Cela complique beaucoup les choses. Si j'ai décidé de ne pas être encarté dans un parti c'est parce que je pense que ce système ne fonctionne plus. En revanche, je crois très profondément qu'il faut proposer, agir, expliquer et construire des majorités d'idées autour des réformes utiles dont les Français ont besoin. J'ai peut-être tort, l'avenir le dira, mais je pense que le pays n'avancera pas avec la géographie partisane qui est à l'œuvre aujourd'hui. »

Entretien avec Emmanuel Macron,
11 décembre 2015

Michel Sapin avait un peu vendu la mèche. Sur le ton de l'humour certes, mais l'allusion n'avait échappé à personne. Elle avait surtout confirmé ce que chacun à gauche avait bien fini par admettre : le discours du Bourget et la saillie de François Hollande contre la finance était surtout un effet de tribune. En ce début juillet 2014, le ministre des Finances est l'invité des rencontres économiques d'Aix-en-Provence. Un rendez-vous annuel international organisé par le Cercle des économistes – pas franchement un meeting d'extrême gauche. Au fil des éditions, on a pu y croiser la patronne du FMI Christine Lagarde, l'ancien directeur de la Banque centrale européenne Jean-Claude Trichet, l'ancien commissaire européen et chef du gouvernement italien Mario Monti ou encore le patron de l'Organisation mondiale du commerce Pascal Lamy. Autant dire que dans cette enceinte on est plus ouvert aux thèses libérales qu'aux théories sur la décroissance. Et c'est donc dans ce cadre très pro-entrepreneurial que Michel Sapin va tranquillement enterrer le discours du Bourget. « Nous avons à répondre à une très belle question : y a-t-il une finance heureuse, au service d'investissements heureux ? Je l'exprimerai autrement, et vous verrez ma part de provocation : notre amie c'est la finance, la bonne finance. » Rires dans la salle, malaise à gauche. Michel Sapin a beau assortir sa blague d'une précaution oratoire en assurant que « oui, notre ennemi c'est la finance, la mauvaise finance », le mal est fait. Si bien que la nomination deux mois plus tard d'Emmanuel Macron à Bercy n'apparaîtra que comme la confirmation de l'ancrage de François Hollande dans la ligne sociale-démocrate, voire sociale-libérale. D'ailleurs, un signe ne trompe pas.

Après le remaniement de la fin août 2014, la France reçoit les félicitations de Moody's, l'agence de notation américaine, sous forme d'une note élogieuse à l'égard de François Hollande et de Manuel Valls. Dans ce texte adressé aux investisseurs financiers et publié le 27 août, l'agence se réjouit de la nomination d'un gouvernement « plus cohérent » qui pourra « poursuivre la nouvelle politique économique du président Hollande avec plus de vigueur ». Mais, surtout, Moody's se félicite du « changement majeur » intervenu à l'occasion de ce remaniement inattendu : « Le remplacement d'Arnaud Montebourg par Emmanuel Macron. » Ce n'est pas rien que d'avoir le soutien des agences de notation. Quel meilleur symbole de la finance internationale que ces organismes qui attribuent des notes aux États, jugent l'efficacité de leur politique économique et décident par là même si lesdits États sont dignes de confiance, si les investisseurs financiers peuvent leur prêter de l'argent, et à quel taux ? Pour un pays endetté comme la France, leur avis est primordial. Que ces agences décident de dégrader la note du pays et ce sont les taux d'intérêts qui s'envolent, renchérissant d'autant le coût de la dette, réduisant d'autant les marges de manœuvres de l'État. C'était toute la contradiction du début du quinquennat de François Hollande : comment faire une politique de gauche sans affoler les marchés financiers ? Rassurer Bruxelles tout en s'efforçant de ne pas abîmer les services publics ? Après avoir louvoyé, François Hollande a trouvé la réponse, elle s'appelle Emmanuel Macron. De son passage dans la banque d'affaires, le jeune ministre a gardé beaucoup d'amis dans les milieux économiques. Il a la confiance des marchés, des banques, de l'Union européenne et donc celle des agences de notation. Elles sont trois sur le marché, les américaines Moody's et Standard and Poor's face à la française Fitch. Et elles vibrent toutes à l'unisson pour Emmanuel Macron. Officiellement, elles évaluent la santé financière des États, des entreprises ou des collectivités locales, fournissant aux investisseurs un éclairage pour leurs placements. Tout cela s'effectue en pleine lumière, les notes sont publiées et accessibles par tout un chacun. De façon plus confidentielle, les agences de notations évaluent aussi les responsables politiques, la crédibilité de leur discours et l'ampleur de leur action. Plus discrètes, ces notes ne circulent qu'entre initiés, un peu sous le manteau. Hors de question pour les agences de notation d'établir, de façon officielle, un classement des hommes politiques les plus appréciés des marchés financiers. D'ailleurs, elles réfutent toutes se livrer à une telle pratique. Un initié l'assure, pourtant : « Lorsque vous êtes un investisseur, que vous voulez vous installer en France ou prêter de l'argent à l'État, vous avez besoin de savoir qui sont les responsables politiques, quelle est la portée de leurs discours, s'ils sont crédibles ou pas. Lorsque quelqu'un assure qu'il sortira de l'euro s'il arrive au pouvoir, est-ce fiable ou non ? Alors voilà, on note les responsables politiques. Et quelqu'un comme Emmanuel Macron est très crédible dans les milieux d'affaires parce que son discours a toujours été très cohérent. Quand la France est obligée d'aller sur les marchés pour financer son déficit, c'est quand même mieux d'avoir affaire à des gens qui inspirent confiance. À l'inverse, Arnaud Montebourg était quelqu'un qui posait des problèmes. » D'ailleurs, Emmanuel Macron s'attire les louanges publiques de Christine Lagarde qui, « ravie de voir une loi

Macron 1 », demande maintenant « une Macron 2, une Macron 3 ».

L'ancienne ministre de l'Économie de Nicolas Sarkozy dit en réalité tout haut ce que la droite ose à peine murmurer tout bas. L'opposition ne sait pas trop comment se positionner face à ce jeune ministre qui empiète sur une grande partie de son territoire. Alors elle fait la moue. À l'Assemblée nationale, elle n'a pas voté son texte. Pourtant, lors des débats, elle a eu le plus grand mal à se démarquer de cette loi dont elle approuvait largement la philosophie générale. Mal à l'aise, elle a justifié son vote contre en déplorant que le texte n'aille pas assez loin. Le paradoxe, c'est qu'il allait déjà beaucoup plus loin que l'ensemble des mesures pro-entreprises adoptées sous le quinquennat de Nicolas Sarkozy. Mais ça, la droite ne peut pas le reconnaître. Le Medef non plus, d'ailleurs. Si l'organisation patronale se réjouit de la loi Macron, ce n'est que du bout des lèvres qu'elle le dit. « C'était une belle ambition au départ, admet Pierre Gattaz. Mais l'Assemblée nationale l'a édulcorée. À l'arrivée, on est très loin de l'ambition initiale de libérer les énergies. » Lui demande « cinq ou dix lois de la même nature » pour faire sauter les verrous de l'économie française. Mais enfin, une loi déjà, ce n'est pas si mal. D'autant que le discours d'Emmanuel Macron sonne doux aux oreilles des patrons. Alors qui sait, s'il devait être amené à de plus grandes responsabilités, autant ne pas se fâcher avec ce ministre qui les comprend et sait leur parler.

À l'évidence, Emmanuel Macron n'aurait pas dépareillé parmi les personnalités d'ouverture sollicitées par l'ancien président au début de son quinquennat.

François Fillon a tenté de le recruter, d'ailleurs. C'était en avril 2010, via le réseau de l'inspection des finances. En partance pour la Caisse des dépôts, le directeur adjoint de cabinet de François Fillon, Antoine Gosset-Grainville, proposa de faire venir Emmanuel Macron pour le remplacer. Le Premier ministre valida la proposition, l'Élysée aussi. Mais Emmanuel Macron refusa net, au motif qu'il ne se reconnaissait pas dans la politique de Nicolas Sarkozy. Il travaillait alors chez Rothschild et, surtout, il avait déjà entamé son compagnonnage avec François Hollande. L'affaire en resta là et le poste échut à une autre inspectrice des finances, Marie-Anne Barbat-Layani. À droite, si l'on approuve les idées d'Emmanuel Macron, on sait désormais dans quel camp il se situe. On voit aussi le risque de perdre le lien avec un monde de l'entreprise, pas franchement enchanté du bilan des années Sarkozy. Mais, plutôt que d'attaquer frontalement le ministre de l'Économie, les principales figures de l'opposition vont s'appuyer sur lui pour tenter de mettre en évidence les contradictions de la majorité. « En écoutant M. Macron, je me demande ce qu'il fait là. À part dire le contraire de ce que fait le gouvernement auquel il appartient…, explique ainsi Nicolas Sarkozy dans *Le Parisien.* Il dit que les 35 heures ce n'est pas bien et le lendemain, le Premier ministre dit qu'on n'y touchera pas ! Macron est l'alibi qui justifie une goutte de modernité dans un océan d'archaïsme. Si c'est pour faire de beaux discours devant le Medef et le soir faire exactement le contraire… » La manœuvre est habile. Saluer Emmanuel Macron, c'est donner des arguments aux frondeurs et l'affaiblir encore un peu plus dans son propre camp. C'est en tout cas accréditer l'idée qu'il serait plus à l'aise à droite pour défendre et appliquer ses propositions. Et puis il ne faut surtout pas laisser s'installer l'idée qu'Emmanuel Macron serait plus efficace que la droite pour débloquer l'économie. Alors chacun se déchaîne contre la loi du jeune ministre, à commencer par ceux qui prétendent concourir à l'élection présidentielle de 2017. Alain Juppé ? « On nous a annoncé que ça allait révolutionner la façon dont les entreprises fonctionnent. Il n'y a pas grand-chose dans cette loi, assure l'ancien Premier ministre. Quand on voit l'opposition de la gauche de la gauche, on se dit que l'immobilisme et le conservatisme au Parti socialiste sont vraiment des valeurs sûres. » Quant à François Fillon, lui aussi ancien locataire de Matignon, il n'en pense pas moins. « C'est sympathique Macron, mais sa loi est un énorme enfumage, confie-t-il au *Point.* Six mois à débattre et, à la fin, ça se termine par plus de bus sur les routes… »

Il n'y a pas que son camp qu'Emmanuel Macron met mal à l'aise. Mais lui, ça le ravit. Brouiller les lignes politiques, « casser les codes » comme il dit, c'est sa stratégie depuis le début. Perçoivent-ils aussi une ambition chez la nouvelle star de la politique ? Une menace ? Certains à droite veulent croire qu'Emmanuel Macron n'est qu'une passade de l'opinion, qu'à long terme tout finira par rentrer dans l'ordre. « C'est un épiphénomène, assure Bruno Le Maire pour viser une autre cible, le chef de l'État. C'est Hollande qui a dynamité les repères : on ne sait pas où le pouvoir se situe, du côté de Macron ou des frondeurs. Le président refuse d'arbitrer. » Un homme de droite égaré à gauche, Emmanuel Macron ? Ce ne serait pas le premier. Pourtant, l'unanimisme apparent des milieux d'affaires à son égard camoufle un détail d'importance qui en dit long sur le fond de sa pensée. Si les patrons roucoulent devant Emmanuel Macron, il en est un qui a du mal à cacher sa colère contre le ministre. Et pas n'importe lequel, puisqu'il s'agit de Carlos Ghosn, le puissant PDG de Renault, qui a sauvé ce symbole national il y a plus de dix ans en l'associant avec le japonais Nissan. Début avril 2014, Emmanuel Macron a fait racheter par l'État pour 14 millions d'euros d'actions Renault. Grâce à la loi Florange de son prédécesseur Arnaud Montebourg, il obtient des droits de vote double et bloque les projets du groupe, qu'il conteste. Un coup de banquier d'affaires mais qui lui attire l'ire de Carlos Ghosn. La présence de l'État français au capital du constructeur automobile est un reliquat de la tradition colbertiste française où l'État s'occupe de tout, avec un peu d'idéologie anti-actionnaire en toile de fond. Le bras de fer entre les deux hommes tourne au vinaigre. Par déclarations de presse interposées, chacun dit tout le mal qu'il pense de l'autre. Dans cette affaire, c'est tout l'aspect « socialo-pompidolien » d'Emmanuel Macron qui apparaît. L'idée selon laquelle l'État doit garder un œil sur la marche des affaires. Une attitude plutôt très socialiste, à l'opposé en tout cas de l'image sociale-libérale du ministre de l'Économie. Et qui lui vaut un rappel à l'ordre de Jean Peyrelevade, ancien patron de Suez et du Crédit lyonnais, plutôt classé au centre gauche, *a priori* sur la même ligne que lui donc. « Moins l'État se mêle de la gestion d'une entreprise, mieux c'est, écrit-il dans le quotidien libéral *L'Opinion.* L'État actionnaire, c'est souvent une très mauvaise chose [...] ; ses intérêts multiples sont souvent incompatibles avec ceux de l'entreprise dont il est actionnaire. » Un rappel à l'ordre.

Et Carlos Ghosn n'est pas le seul chef d'entreprise français à détester Emmanuel Macron. Henri Proglio aussi lui voue une détestation sans pareille. Ce puissant grand patron, ancien président d'EDF et de Veolia, a vu le ministre de l'Économie bloquer son ambition de rejoindre le conseil exécutif du groupe de défense Thalès. Emmanuel Macron exigeait au préalable que Henri Proglio rompe ses liens avec Rosatom, l'agence russe de l'énergie atomique, dont il était administrateur de deux filiales. Au terme d'un long bras de fer, Henri Proglio a jeté l'éponge en des termes qui en disent long sur son état d'esprit à l'égard du ministre de l'Économie. « Il faut arrêter de me prendre pour un guignol, un espion, un goinfre, un traître... », s'énervait-il dans *Le Monde* en annonçant renoncer à ses projets. Avec Carlos Ghosn, cela fait deux ennemis de taille pour Emmanuel Macron dans les milieux d'affaires. Au passage, Henri Proglio était soutenu par Manuel Valls. Chez les socialistes, certains y voient la réponse du berger à la bergère, la monnaie du 49-3 qu'Emmanuel Macron n'a toujours pas digéré. Jusqu'à présent, et en dehors des frondeurs et de la gauche du PS, les critiques contre le ministre de l'Économie se faisaient entendre *mezza voce*. Désormais, la parole commence à se libérer, et plus particulièrement chez les proches du chef de l'État.

16

LE SYNDROME DU PREMIER DE LA CLASSE

« Je n'ai pas eu une vie militante très intense. J'ai une vie de convictions. J'ai passé plus de temps à travailler, à lire, à faire d'autres choses qu'à militer, à tracter ou à participer à des congrès. C'est ma vie. Je suis ainsi fait. Je ne vais pas la transformer parce que j'acquière des responsabilités. »

Emmanuel Macron, 12 mars 2015,
« Des Paroles et des Actes »

Beau, jeune, riche, intelligent, séduisant, sympathique, aimable, brillant, entreprenant, cultivé, talentueux, souriant, drôle... Emmanuel Macron commence un petit peu à courir sur les nerfs de ses camarades socialistes. Et pas que dans les rangs de ses contempteurs habituels. Au sein du gouvernement, les hollandais historiques observent d'un mauvais œil la montée en puissance de ce jeune premier qui leur fait de la concurrence auprès du président de la République. Ils sont trois fidèles de la première heure à grincer des dents un peu bruyamment : Michel Sapin, François Rebsamen et Stéphane Le Foll. Ce sont les compagnons de route historiques de François

Hollande. Avec lui, ils ont tout connu, au PS. Les victoires qui enchantent et surtout les défaites qui soudent : le 21 avril 2002 et l'élimination de Lionel Jospin au premier tour de l'élection présidentielle au profit de Jean-Marie Le Pen, le référendum européen de 2005 lorsque le parti s'est retrouvé au bord de l'explosion, la drôle de campagne de 2007 et la défaite de Ségolène Royal. Mais c'est surtout en 2008, après le délétère congrès de Reims, que le groupe s'est solidifié, lorsqu'il a fallu accompagner François Hollande dans sa longue traversée du désert. Il n'y en avait alors plus que pour Dominique Strauss-Kahn, Martine Aubry et Ségolène Royal. Plus personne ne croyait en lui, sauf eux qui l'ont porté de bout en bout, l'ont accompagné dans d'improbables réunions publiques devant à peine cinquante militants. Ils étaient là à Lorient, en juin 2009, lorsque François Hollande est reparti au combat pour tenter de revenir dans la course en vue de l'élection présidentielle de 2012. Les quolibets, les sarcasmes, les moqueries, ce surnom de « Monsieur 3 % » accolé à leur leader en référence à ses scores dans les sondages, ils ont tout enduré. L'indifférence et le mépris aussi. Alors, forcément, voir débarquer le jeune premier au côté de François Hollande, ça ne leur plaît pas trop.

« Ils ont du mal à l'admettre, observe Julien Dray. Ils sont jaloux de leur relation humaine avec François. Dès qu'il y a du nouveau, ça les crispe. Et puis il a tout pour plaire, Macron, tout lui réussit et ils en ont marre. » D'autant que du côté des hollandais, c'est plutôt l'échec sur toute la ligne. François Rebsamen a piteusement quitté le ministère du Travail pour retourner dans sa ville de Dijon après le décès brutal du maire à l'été 2015. De son passage rue de Grenelle, il restera certes une loi sur le dialogue social, mais c'est surtout la poursuite de la hausse ininterrompue du chômage qui marquera. Le départ de François Rebsamen en rase campagne est perçu comme une désertion. Avant lui, c'est Michel Sapin qui occupait le poste de ministre du Travail. Il avait surtout réussi à convaincre François Hollande que la courbe du chômage s'inverserait vers la fin 2013. Fin 2015, le chef de l'État attendait toujours. Entre-temps, il avait exfiltré Michel Sapin vers Bercy, où celui-ci promettait désormais le retour de la croissance avec la même conviction que la baisse du chômage auparavant. Quant à Stéphane Le Foll, il se retrouvait empêtré à l'été 2015 dans une crise agricole d'une rare intensité, avec manifestations de tracteurs dans la capitale, blocages de grandes surfaces et épandage de lisier devant les préfectures. Bref, à mi-mandat, les compagnons historiques de François Hollande sont usés, plus près du goudron et des plumes que de la couronne de lauriers. « Le problème chez les hollandais, ce sont les hollandais eux-mêmes. Ils sont leurs pires ennemis, s'agace Pascal Terrasse. Il faudrait qu'ils partent tous mais ils restent. C'est tout le problème, avec ces gens qui ont porté Hollande quand il était au fond du trou. Il ne peut pas s'en séparer. »

À vrai dire, tout les agace chez Emmanuel Macron. Et chacun a sa petite histoire à raconter. Souvent c'est un détail, mais il en dit long sur la rancœur qui les habite, sur ce sentiment de dépossession qu'ils éprouvent. C'est un jour Emmanuel Macron qui arrive à une réunion avec François Rebsamen pour discuter du travail le dimanche. « Tu vois, François, avec ma loi, quand tu rentreras en train chez toi le week-end à Dijon, maintenant tu pourras t'acheter un sandwich à la gare », lance-t-il tout guilleret à son homologue du Travail. Une petite remarque de rien du tout, juste pour détendre l'atmosphère et créer un climat dépassionné. Sauf que, depuis qu'il s'est installé au ministère du Travail, François Rebsamen a dû s'enfiler des kilomètres de notes et de dossiers sur ce sujet qu'il connaissait mal avant d'en être chargé. Lui aurait préféré le ministère de l'Intérieur. Mais une petite phrase lâchée en 2012, en fin de campagne présidentielle, en faveur de la dépénalisation du cannabis, l'a durablement éloigné de la place Beauvau. Rue de Grenelle il s'applique, mais le cœur n'y est pas vraiment. Le droit du travail, les syndicats, le patronat, leurs guerres picrocholines et les chiffres du chômage qui grimpent tous les mois, ça le fatigue. Alors les blagues d'Emmanuel Macron en prime… « Tu sais, Manu, ça fait longtemps que les commerces de bouche sont autorisés à ouvrir le dimanche dans les gares. Alors si tu veux bien, on va se mettre à travailler sérieusement, maintenant. » Ambiance.

Pour ne rien arranger entre les deux hommes, leurs ministères respectifs sont traditionnellement en opposition. La rue de Grenelle demande de l'argent pour financer des emplois aidés et faire baisser le chômage, Bercy refuse, les passes d'armes se multiplient. On retrouve cette opposition structurelle au sein même du ministère de l'Économie, où Emmanuel Macron cohabite avec Michel Sapin. Entre eux aussi le froid est polaire. « Il a du talent, une belle gueule, il attire les médias. En termes de casting, il est fait pour ça. Après, il faut pouvoir tenir le rôle. Mais Macron c'est ça. Il est fait pour être vu, pour prendre la lumière, pour faire du buzz », grince le ministre du Budget. Même Stéphane Le Foll, le rugueux ministre de l'Agriculture, se laisse aller à des épanchements de midinette auprès de ses amis. « Qu'est-ce que c'est que ce type de la gauche caviar qui n'a jamais foutu les pieds à Solférino ? Je ne l'ai jamais vu à Solférino », s'emporte-t-il un jour, selon des propos rapportés dans le livre *Frères ennemis, l'hyperviolence en politique*[1]. Le PS, c'est l'autre pomme de discorde entre Emmanuel Macron et les hollandais. Ils supportent mal de le voir réussir en marge du parti, accéder si vite aux plus hautes responsabilités alors qu'eux ont dû en passer par les manœuvres d'appareil, les batailles de congrès et les coups de tactique politique à trois bandes ou plus. Avec leurs mandats électifs, c'est aussi de là qu'ils pensent tirer leur légitimité à faire partie de l'entourage proche de François Hollande. À l'Élysée, le conseiller déchu Aquilino Morelle a connu les mêmes préventions des hollandais à son égard et n'est pas surpris de les voir s'acharner sur Emmanuel Macron. « Il est apparu comme une figure nouvelle bien plus intéressante que la plupart des hollandais blanchis sous le harnais, ce qui n'est pas très difficile car c'est un milieu médiocre. Et envieux : il devrait se méfier, quand quelqu'un sort du lot, il se fait taper », observe-t-il.

Bruno Le Roux est l'un des rares membres de cette petite confrérie à apprécier Emmanuel Macron. L'examen de la loi du ministre de l'Économie a été l'occasion pour tous deux de se rapprocher. Et Bruno

1. Renaud Dély et Henri Vernet, Calmann-Lévy, 2015.

Le Roux aussi observe d'un œil averti le fossé qui se creuse entre le ministre et les proches de François Hollande. Il les connaît par cœur, aucune de leurs piques ne lui échappe, et il sent leur agacement grandir à vue d'œil. « Je me suis aperçu de ça, sourit-il. Mais j'ai du mal à expliquer… » Tout juste reconnaît-il qu'il y a sans doute des divergences culturelles entre eux. Lui a plaidé pour qu'Emmanuel Macron puisse participer de temps en temps à la réunion des hollandais. Tous les quinze jours en moyenne, ils déjeunent ou dînent ensemble pour faire un tour d'horizon des questions politiques du moment, le parti, la majorité, les textes à venir, les polémiques… Ils ont proposé plusieurs fois à Emmanuel Macron de participer à leurs agapes. Il n'a jamais donné suite. Eux n'ont pas insisté. Entre le nouveau chouchou du président et les hollandais historiques, il y a comme une histoire de rendez-vous manqué. « Les deux sont fautifs, assure Julien Dray. Lui n'est pas pressé d'y aller. Eux ne sont pas pressés de le voir. Il y a des invitations qui vous font comprendre que vous n'êtes pas forcément le bienvenu. » Ils ont si peu en commun, à commencer par l'intérêt pour le parti. Quand les hollandais surinvestissent les enjeux d'appareil, Emmanuel Macron s'en détache totalement. Pour lui, le PS est dépassé, c'est un « astre mort » comme le qualifient à la fois Dominique Strauss-Kahn et Jean-Luc Mélenchon dans un étonnant diagnostic partagé.

Les adversaires d'Emmanuel Macron vont tout de même bien devoir se faire à l'idée qu'il vient de s'installer à l'avant-poste de la gauche. « Avec sa loi, il a connu son épreuve de vérité, explique Julien Dray. Même avec le 49-3, il a réussi son entrée dans la vie politique. Et les vieux renards savent bien que maintenant il est installé pour longtemps dans le paysage. » Il y a d'ailleurs un signe qui ne trompe pas : même Laurent Fabius s'en prend désormais à Emmanuel Macron. À sa façon, madrée et onctueuse. Jusqu'alors, le ministre des Affaires étrangères, ancien Premier ministre de François Mitterrand, n'avait jamais dit un mot sur son lointain successeur à Bercy. C'était déjà une indication. Parler des gens, c'est les faire exister. Et Laurent Fabius entretient lui aussi une jalousie féroce à l'encontre du ministre de l'Économie. « Il voit un garçon qui a le même âge que lui à ses débuts au gouvernement et qui est tellement plus sympathique et plus brillant. Encore que, sur ces derniers points, il ne s'en rend pas forcément compte puisqu'il a du mal à imaginer que l'on puisse être plus brillant que lui. Ni plus sympathique d'ailleurs... », persifle l'un de ceux qui le connaissent bien. Les attaques de Laurent Fabius sont toujours ciselées, prononcées sur un ton badin, amusé parfois, toujours distancié. C'est l'homme d'expérience qui condescend à donner son opinion. Sur le plateau de l'émission « Le Supplément » sur Canal+, le voici donc interrogé sur Emmanuel Macron. D'abord un peu de pommade, Laurent Fabius reconnaît que son jeune collègue est « brillant ». Puis le coup de griffe, en deux temps. D'abord il rappelle que, contrairement à son cadet, lui-même avait été élu « assez vite », puis il fait mine de s'interroger sur l'âge d'Emmanuel Macron. « Trente-six, trente-sept ans », lui répond l'animateur. « Alors j'étais déjà Premier ministre », assène Laurent Fabius. Ce n'est jamais bon signe quand il sort les griffes. Cela veut toujours dire qu'il a identifié un adversaire suffisamment menaçant pour mériter son intérêt. Cela encourage aussi les autres à monter à l'assaut. « À part Jean-Yves Le Drian, il n'y a sans doute pas un ministre du gouvernement qui ne soit pas jaloux de Macron, assure Alain Minc. Mais comment peut-il en être autrement. Ils ont vu arriver ce jeune étourneau sans se méfier et en moins d'un an il est devenu le socialiste le plus populaire. » Tant que cela dure, Emmanuel Macron est protégé.

17

MÉCANIQUE SOCIALISTE

« Je ne suis pas du tout en train de nier que j'ai envie de faire plus pour le pays ni que j'aime la chose publique. Mais que j'ai envie de créer un courant du Parti socialiste ou de rentrer dans des sujets d'appareil auxquels je suis étranger, non. Pourquoi ? Parce que je ne suis pas fait comme ça. Ce n'est pas mon histoire et ce ne sera pas mon avenir. »

Emmanuel Macron, 11 mars 2016,
sur France Inter

Il faut toujours se méfier d'un congrès du PS qui ronronne. Celui de juin 2015 à Poitiers ne fait pas exception. Une fois encore, Emmanuel Macron a snobé le rendez-vous socialiste. Une fois encore, il a fait savoir qu'il restait à Paris pour travailler. C'est qu'une fois encore il n'était pas le bienvenu. Sa loi revient à l'Assemblée nationale en deuxième lecture dans quelques jours. Il se prépare, enchaîne rendez-vous et coups de téléphone aux députés. Il a toujours l'espoir de ne pas recourir une deuxième fois au 49-3. À l'évidence, ce n'est pas à Poitiers qu'il va engranger des soutiens. Si le congrès s'annonce calme, c'est parce que François Hollande a habilement désamorcé la fronde en « débranchant » Martine Aubry, la seule qui aurait pu fédérer les opposants à la ligne politique que porte Manuel Valls et qu'incarne Emmanuel Macron. La révolte est sous contrôle, inutile d'en rajouter en faisant venir celui qui cristallise la colère de l'aile gauche du PS. Et quand bien même Emmanuel Macron eût-il voulu faire le déplacement à Poitiers, Jean-Christophe Cambadélis lui a fermé la porte au nez. À la question de savoir si le ministre de l'Économie était socialiste, le premier secrétaire du PS a sèchement répondu « non » dans une interview à *L'Obs*. En privé, le patron du PS se montre un peu moins catégorique.

« Il est dans un gouvernement de gauche. En terme sociétal, il a des idées de gauche, mais sur le plan de l'organisation de l'État, il a plutôt des idées libérales. Quant à sa vision de l'entreprise, il est plus sur l'efficacité que sur la justice. Alors je dirais qu'il est d'une gauche modérée », confie Jean-Christophe Cambadélis. Quoi qu'il en soit, dans un congrès socialiste, ce n'est pas la nuance qui prime. « Il faut se mettre à la place de celui qui parle, explique Christophe Borgel, le secrétaire national du parti aux élections. Jean-Christophe est premier secrétaire du PS et il doit tenir tout son petit monde. Quand il dit que Macron n'est pas socialiste, c'est aussi une façon de calmer le jeu. Mais, devant le bureau national du parti, face à ceux qui tapent à mort sur Macron, il se montre assez sec. Et il explique que, plutôt que d'entretenir des polémiques sur des propos maladroits, les socialistes feraient mieux de se concentrer sur le soutien au président de la République. » L'avant-scène et les coulisses. Le discours officiel et les arrière-pensées.

Pour tout le monde à Poitiers, Emmanuel Macron n'est donc pas socialiste. De toute façon, lui-même s'en moque comme d'une guigne. Il n'a plus sa carte du parti et le revendique. « Je n'étais pas à jour de cotisation avant de devenir ministre, je ne vais pas le faire maintenant : ça serait totalement artificiel », expliquait-il avant le congrès au *Républicain lorrain.* Il se définit plutôt comme un « compagnon de route du PS ». Cela fait déjà longtemps qu'il est sur cette ligne et qu'il camoufle à peine le mépris que lui inspire le parti. « Je ne serais pas socialiste ? Dont acte. Ils représentent leur propre histoire du socialisme, qui n'est pas la mienne. Mais je n'ai peut-être pas envie de leur ressembler », assurait-il dans un documentaire sur sa personne, diffusé sur France 2 en février 2015. Et, pour en rajouter dans la provocation, il s'autorise même à invoquer la figure historique de la gauche en rappelant des propos de François Mitterrand : « Personne n'est en situation de donner le brevet de socialisme, c'est le peuple qui le donne. » Encore faut-il aller le solliciter, ce qui n'est pas à l'ordre du jour pour l'instant. Finalement, son absence à Poitiers arrange tout le monde. La direction du PS qui veut éviter les polémiques, Manuel Valls qui veut apparaître comme le nouvel homme fort du parti et Emmanuel Macron lui-même, dont l'éloignement des socialistes « booste » la popularité. Ce qui ne l'empêche pas de s'inscrire en toile de fond de tous les débats, comme une menace qui plane mais qui ne se concrétisera que plus tard. Les règlements de compte arriveront en leur temps, lorsqu'il s'agira de solder les comptes du quinquennat de François Hollande. Que le président soit éliminé comme beaucoup le redoutent, et les frondeurs auront alors beau jeu de mettre en accusation la politique économique d'Emmanuel Macron. Dans le cas où le président de la République serait réélu, ce seront alors les réformateurs du PS qui pourront arguer de la pertinence de la ligne politique suivie tout au long du quinquennat et s'en prendre aux frondeurs. Victime expiatoire ou sauveur de la gauche, voilà l'alternative qui s'offre à Emmanuel Macron telle qu'elle se dessine au congrès socialiste où tout est en gestation.

À Poitiers donc, comme dans tous ces congrès somnolents du PS, il ne semble pas se passer grand-chose. Une grande salle aménagée pour l'occasion, des rangées de tables réservées aux délégués socialistes, des rangées de sièges pour les militants, une scène monumentale où se succèdent les orateurs sans que grand monde les écoute, un brouhaha constant, une chaleur étouffante, l'envie pour tous d'être partout ailleurs sauf là. Sur les tablettes numériques dont chacun est désormais équipé, on n'essaie pas tant de travailler que de capter des images du tournoi de tennis de Roland-Garros, qui se déroule en même temps. Pourtant, c'est souvent dans ces congrès de transition, au sein de ces mornes assemblées, que se pansent les blessures du passé. Au moins autant que se préparent les affrontements à venir. En 2005 au Mans, après la grande déchirure du référendum sur le traité de Constitution européenne, François Hollande avait réussi à apaiser le parti et à rassembler derrière lui des socialistes désorientés par la violence de leur bataille interne. Trois ans plus tard, c'était l'explosion du congrès de Reims, la victoire contestée de Martine Aubry et la mise à l'écart de Ségolène Royal. Un parti à nouveau coupé en deux et la floraison des ambitions présidentielles pour l'échéance de 2012. L'histoire du PS est jalonnée de ces congrès en apparence sans enjeux mais qui annoncent toujours que le pire est à venir. Nantes 1977, rien à signaler. Hormis peut-être cette tentative de Michel Rocard de lancer un débat sur les deux cultures qui traversent la gauche, d'opposition et de gouvernement. Il fera long feu. Deux ans plus tard, c'est le congrès de Metz de 1979 et l'empoignade brutale entre François Mitterrand et Michel Rocard qui, déjà à l'époque, défend l'idée du réformisme de gauche et de la social-démocratie. Sans succès. Congrès tout aussi calme à Lille en 1987. François Mitterrand s'apprête à se représenter pour un second mandat, il a besoin d'un parti en ordre, les socialistes se rassemblent sans encombre et Lionel Jospin est réélu premier secrétaire. Après la réélection de François Mitterrand en 1988, il sera nommé ministre de l'Éducation et s'opposera à ce que Laurent Fabius, alors réformiste, le remplace à la tête du PS. Résultat : Rennes 1990 et son congrès explosif où, sur fond de Mitterrandie finissante, Lionel Jospin et Laurent Fabius se livrent à une bataille sans merci qui laissera longtemps des traces au sein du parti. C'est chaque fois la même histoire : les réformistes sociaux-démocrates s'opposent aux tenants de l'aile gauche, qui finissent souvent par l'emporter en se ralliant au centre mou du parti. Ensuite, épuisés par leurs affrontements, les socialistes s'offrent un congrès de transition, sans heurts ni passion. Comme celui de Poitiers.

Plus rarement, les socialistes s'offrent un congrès fondateur. Le plus emblématique de tous est celui d'Épinay en 1971 lorsque François Mitterrand, pourtant largement minoritaire, parvint à s'imposer à la tête du parti à l'issue de manœuvres d'appareil jamais vues, et s'engagea sur la longue route qui le mena dix ans plus tard à l'Élysée. C'est à l'issue de ce congrès, une fois élu, qu'il lança à la tribune : « Celui qui n'accepte pas la rupture avec la société capitaliste ne peut pas être adhérent du PS. » Ironie de l'histoire, lorsqu'il prononce cette phrase, François Mitterrand n'a pas encore sa carte du Parti socialiste en poche. Tout reste donc possible pour Emmanuel Macron. D'ailleurs, les spéculations sur les intentions du ministre de l'Économie commencent à apparaître à Poitiers sans que personne ne soit capable de décoder ses actes. Emmanuel Macron est illisible et les socialistes n'ont pas trouvé la clé de lecture.

« N'importe quel homme politique qui entend poursuivre sa carrière réfléchit à la façon dont il va la mener, explique Christophe Borgel. Mais lui n'est pas dans ce logiciel-là. Si on essaie de le comprendre en appliquant une grille de lecture strictement politique, on passe à côté. Il ne faut pas oublier son passé, sa formation. Ce qui l'influence ce n'est pas une carrière politique. C'est à la fois une formation universitaire de haut niveau dans l'enseignement supérieur et un passage par le monde de l'entreprise. Il n'est pas guidé par un certain nombre de préoccupations que peuvent avoir les politiques, à commencer par celle de se faire élire. » Emmanuel Macron serait donc une sorte d'homme politique à l'américaine, très direct dans l'argumentation, obsédé par le besoin de convaincre, prêt à casser tous les codes pour y parvenir. Le tout sans aucune préoccupation pour les règles ordinaires du jeu politique traditionnel. « Il n'est pas dans une stratégie », résume Jean-Christophe Cambadélis, qui en connaît un rayon en matière de manœuvres politiciennes. Son dernier exploit remonte à 2008, lors du congrès de Reims. Avec Claude Bartolone, c'est lui qui avait orchestré le rapprochement entre les courants antagonistes des strauss-kahniens et des fabiusiens. C'est lui encore qui avait sorti Martine Aubry de sa retraite lilloise pour la placer à la tête de cette coalition de circonstance afin d'écarter Ségolène Royal. Il avait gagné, dans le fracas et la douleur certes, mais en fin de compte, Martine Aubry s'était installée rue de Solférino. Objectif atteint. Lorsqu'il observe Emmanuel Macron, il ne voit rien de tel, aucune tactique, aucune manœuvre, aucune stratégie. « S'il visait quelque chose de précis, il aurait cherché des alliés. Il aurait pu par exemple tenter de faire un binôme avec Christiane Taubira. Il lui suffisait de prendre une fois sa défense pour se créer un espace. Il ne l'a pas fait. Il n'a pas non plus cherché à s'attirer les bonnes grâces des hollandais, ce qui n'aurait pas été très compliqué. Il suffisait de leur garantir qu'il leur assurerait leur avenir après Hollande. Non, rien. Il aurait pu aussi nouer des liens avec les grands élus. Mais toujours pas, rien de tout ça. Donc, pour l'instant, Emmanuel Macron, c'est une forte personnalité à gauche, indépendante et volontairement non identifiée. » Un électron libre, en somme, mais qui nourrit tout de même une ambition pour la gauche : la refonder. Ce n'est pas à Poitiers que cela se jouera. Pour l'heure, les positions des uns et des autres sont figées. Les militants ont tranché et accordé une large majorité aux soutiens de la politique du gouvernement. Cependant les fêlures sont là, au sein même du camp des vainqueurs. Martine Aubry s'est peut-être ralliée à la motion victorieuse mais ses troupes grognent déjà. Et à l'extérieur du parti, la menace plane aussi. Elle arrive au dernier jour du congrès par un texte accusateur qu'Arnaud Montebourg cosigne avec le banquier d'affaires Matthieu Pigasse. « Hébétés, nous marchons droit vers le désastre », commencent les deux hommes dans cette tribune que publie le *Journal du Dimanche*. Un réquisitoire contre la politique de François Hollande, Manuel Valls et Emmanuel Macron. Les socialistes se réjouissaient d'avoir retrouvé une forme d'unité à Poitiers, ils se rendent compte que le plus dur est à venir. Le congrès a dégagé une large majorité de soutien au gouvernement, les frondeurs sont neutralisés mais la clarification qui s'annonce pour l'après-présidentielle sera dure, violente, sans merci. Peut-être arrivera-t-elle même plus tôt que prévu si Arnaud Montebourg décide de se présenter contre François Hollande en 2017. Ce que n'exclut pas Jean-Christophe Cambadélis. « Arnaud Montebourg essaiera de revenir, il n'a pas dit son dernier mot, assure le patron du PS. Il tentera sans doute une sortie sabre au clair et gant blanc dans une présidentielle, c'est tout à fait son style. » Celui d'Emmanuel Macron est moins connu. Mais il commence tout de même à susciter des interrogations. Et si lui aussi décidait de se lancer dans la prochaine présidentielle ?

18

ROCARD, MENDÈS, DELORS ET Cie

« C'est à la sortie des trente Glorieuses que François Mitterrand institue la semaine de 39 heures. C'est lorsque notre pays renoue pour un temps avec une progression soutenue de l'activité économique qu'entre 1997 et 2002 le gouvernement de Lionel Jospin, grâce à la détermination de Martine Aubry, réduit la durée légale hebdomadaire à 35 heures. Les avancées sociales découlent toujours de réussites économiques (...). Le passage de la durée légale de travail à 35 heures a eu un effet bénéfique sur l'emploi, l'activité et la productivité en France (...). Dire que les 35 heures sont responsables de la perte de compétitivité de notre pays, c'est, me semble-t-il, un raccourci inapproprié. »

Audition d'Emmanuel Macron
à l'Assemblée nationale,
20 novembre 2014

Il arrive encore à Michel Rocard de rendre visite à Emmanuel Macron. Forcément, depuis que ce dernier a emménagé à Bercy, leurs entretiens se font plus rares. Mais ils sont réguliers. « Je n'ai pas pour habitude d'emmerder le monde, plaisante l'ancien Premier ministre. Mais nous nous voyons bien sûr, et en confiance. » C'est Henry Hermand qui les a présentés, un ami commun des deux hommes. Fils d'épicier et ancien ingénieur au CEA, l'homme a fait fortune en bâtissant des centres commerciaux un peu partout en France. Il connaît Michel Rocard depuis les années 1960, lorsqu'ils se sont rencontrés au PSU et liés d'amitié. Tous deux partagent la vision d'une gauche réformiste et moderne. Henry Hermand est même l'un des pères fondateurs du think-tank Terra Nova, un cercle de réflexion progressiste qui n'en finit pas de s'en prendre, au travers de notes et de rapports détaillés, à l'orthodoxie socialiste. Aussi, lorsque quarante ans plus tard Henry Hermand croise Emmanuel Macron en 2003 lors d'un dîner organisé par le préfet de l'Oise, il se dit qu'il doit absolument présenter ce jeune stagiaire de l'Ena à son vieux compagnon de route Michel Rocard. « Il m'a dit qu'il avait fait la connaissance d'un jeune et talentueux inspecteur des finances, ce qui m'intéressait puisque je suis de la maison, raconte Michel Rocard. Il le trouvait bien sympathique et éprouvait le besoin que nous nous rencontrions. Ce que nous avons fait. Nous avons persisté et nous nous retrouvons régulièrement depuis. » Avec Emmanuel Macron, le courant passe immédiatement. Au point que Michel Rocard fera partie des rares invités de son mariage avec Brigitte Trogneux à l'hôtel Westminster du Touquet. L'un des deux témoins d'Emmanuel Macron est même Henry Hermand. Le second est Marc Ferracci. Un vieux, un jeune, comme pour embrasser l'ensemble du spectre des amitiés d'Emmanuel Macron.

Michel Rocard, c'est une figure de la gauche. En 2009, il a fêté ses soixante ans d'adhésion au PS, un parti qu'il a dirigé de 1993 à 1994. Dans le grand escalier de la rue de Solférino qui mène au bureau du premier secrétaire, sa photo est accrochée en bonne place aux côtés de celles de François Mitterrand, son vieil ennemi, de Pierre Mauroy, de Lionel Jospin ou de Laurent Fabius. Tout le monde au PS lui reconnaît au moins une qualité, celle de faire partie des rares intellectuels engagés en politique qui puissent afficher une cohérence de pensée sur la durée. Celle de Michel Rocard l'a toujours porté sur la même ligne : la défense de la social-démocratie. C'est le combat de sa vie. Michel Rocard est aussi l'une des rares personnalités politiques à avoir créé un courant auquel ont appartenu des figures aussi éloignées politiquement que Manuel Valls et Benoît Hamon. Aujourd'hui encore, l'un comme l'autre peut assurer avec autant de fierté qu'il « a été rocardien », comme pour revendiquer son ralliement précoce à « l'avant-garde de la pensée socialiste ». Mais, ces derniers temps, c'est surtout dans le Premier ministre que Michel Rocard reconnaît la ligne qu'il défend depuis son entrée en politique à l'orée des années 1950. « Manuel, c'est mon petit frère », s'esclaffe-t-il à l'évocation de son lointain successeur à Matignon. Emmanuel Macron, c'est autre chose. Il y a quelque chose dans leur relation qui s'apparente aux liens que peuvent avoir un grand-père et son petit-fils, la satisfaction et la fierté de voir que l'essentiel est transmis et entre de bonnes mains. Que de Jean Jaurès à Léon Blum puis de Pierre Mendès France à Michel Rocard, Jacques Delors et Manuel Valls, la descendance des leaders sociaux-démocrates est assurée avec Emmanuel Macron. « J'avais quelque idée de son talent et de la rareté dudit talent, confie Michel

Rocard. Il est meilleur que beaucoup et j'ai pu observer qu'il est très talentueux. » Mais, selon l'ancien Premier ministre, la route est encore longue avant que ce courant de pensée réussisse à s'imposer. « La culture que j'essaie de représenter reste minoritaire et n'est toujours pas reçue en France. Notamment parce que la gauche reste dans son modèle intellectuel historique qui est celui d'un mariage entre le jacobinisme et le marxisme. C'est unique en Europe, la gauche française est la seule à porter cela. Ni en Italie, ni en Espagne, ni même bien sûr en Allemagne ou dans les pays du Nord, on ne retrouve cela. »

Cette culture sociale-démocrate que défend Michel Rocard et qu'il transmet à Emmanuel Macron repose sur trois principes. D'abord, un bon fonctionnement des services publics, qu'il s'agisse des transports, de la santé, de la sécurité et de l'éducation, et qu'ils soient ouverts à tous. Deuxième principe : une fluidité de la redistribution sociale, c'est-à-dire la prise en charge des non-actifs, retraités ou chômeurs, mais aussi malades ou personnes dépendantes. Dans les deux cas, il s'agit d'appliquer une bonne gestion de ces entités. « Or, pour une partie de la gauche française, bien gérer ça consiste à faire marcher le capitalisme donc à trahir. C'est là que se situe le désaccord de fond, explique Michel Rocard. Si vous considérez que bien faire fonctionner les services publics, ça consiste à bien faire fonctionner le capitalisme, vous êtes considéré comme un traître par une partie de la gauche. Ça a été ma situation, c'est celle d'Emmanuel Macron. » Le troisième principe de la social-démocratie est celui de la vie privée, l'idée selon laquelle l'épanouissement personnel ne dépend pas que de l'argent mais aussi des relations familiales, amicales, du sport ou de la culture. Cela suppose du temps, du temps libre. Et c'est là que se situe tout le paradoxe des attaques de la gauche contre Emmanuel Macron lorsqu'il s'en prend aux 35 heures. Car, contrairement aux apparences, dans sa famille de pensée politique, on défend la réduction du temps de travail. Mais avec un préalable : que l'économie soit suffisamment performante pour assurer auparavant le bon fonctionnement des services publics et de la redistribution sociale. Si cette condition est assurée, le troisième principe peut être enclenché. « C'est ça, la social-démocratie. La condition de sa réussite finale c'est le temps libre donc la poursuite de la grande bataille pour la baisse du temps de travail », explique Michel Rocard. « J'ai le sentiment de partager cette vision avec Emmanuel Macron, ce en quoi il est un parfait social-démocrate. » Et donc une bonne cible pour la gauche du PS, qui renouvelle avec lui ses combats séculaires. Emmanuel Macron, c'est la deuxième gauche, celle qui n'a en réalité jamais réussi à s'imposer au PS. Ou pas encore.

Lorsqu'il était premier secrétaire du parti, François Hollande a tenté de le faire évoluer, mais de manière tellement cosmétique que personne ne s'en est réellement rendu compte. Le changement était de taille, pourtant. En 2008, à l'occasion d'une convention nationale, le PS entérine une nouvelle déclaration de principe, la cinquième en cent ans. Dans ce texte, sorte de carte d'identité du parti, François Hollande acte la conversion des socialistes à l'économie de marché et supprime toute référence à leurs aspirations révolutionnaires pour changer la société. Mais le renouvellement de la gauche prend du temps. Obnubilés par la conquête du pouvoir en 2012 et leur bataille interne pour savoir qui se présentera face à Nicolas Sarkozy, les socialistes s'engluent dans un magma idéologique inodore. Seule la victoire de François Hollande aux primaires en novembre 2011 donne une idée de l'orientation. Avec lui, ce sera plutôt social-démocrate. Encore que Martine Aubry ait tenté de le cadenasser en lui imposant le programme du PS et un accord de gouvernement négocié avec les Verts. Au bout du compte, on ne sait plus trop ce que défend le candidat socialiste, si ce n'est la promesse de bouter Nicolas Sarkozy hors de l'Élysée. En réalité, les socialistes ne savent plus bien qui ils sont depuis 1983 et le « tournant de la rigueur » qu'avait dû prendre François Mitterrand deux ans après son élection pour faire face à « la contrainte extérieure ». « Une parenthèse », avait alors expliqué le premier secrétaire de l'époque : Lionel Jospin. Mais une parenthèse jamais refermée. Arrivés par hasard au pouvoir en 1997 après la dissolution ratée de Jacques Chirac, expulsés du même pouvoir cinq ans plus tard à l'élection présidentielle de 2002 avec l'élimination de Lionel Jospin dès le premier tour au profit de Jean-Marie Le Pen, les socialistes resombraient ensuite dans leurs querelles internes sans jamais trancher sur le fond. Référendum raté de 2005, campagne présidentielle perdue de Ségolène Royal en 2007, calamiteux congrès de Reims de 2008... Jamais la question de la conversion officielle du parti à la social-démocratie ne s'est vraiment posée. Jusqu'à ce qu'ils arrivent au pouvoir, encore une fois presque par hasard en 2012... et décident de l'engager. Mais, à l'inverse de Tony Blair, qui avait d'abord réformé son parti puis conquis le pouvoir pour appliquer un programme approuvé par tous, les socialistes ont pris le chemin inverse : conquis le pouvoir puis, une fois installés dans les ministères, entrepris de changer leur parti. Ce n'est pas la méthode la plus simple. Et c'est dans ce cadre que s'inscrit l'arrivée d'Emmanuel Macron.

Si Michel Rocard avait tenté d'imposer sa vision depuis l'intérieur du parti, c'est depuis l'extérieur que s'y emploie son jeune disciple. Avec des chances de succès ? « Le PS est tellement déliquescent que je ne suis pas sûr que la question soit importante, balaie l'ancien Premier ministre. Et je parle en tant que membre du parti depuis soixante-cinq ans ! » Alors forcément, le regard qu'il pose sur Emmanuel Macron a la lucidité des anciens. Loin des emballements médiatiques et des envolées sondagières, Michel Rocard renvoie très loin l'hypothèse de l'avenir présidentiel de son protégé. « C'est une question à dix ou quinze ans puisque la prochaine élection présidentielle paraît bien compromise pour la gauche, assure-t-il. Mais il a l'âge de tenir. Alors après tout, pourquoi pas ? On ne sait jamais. » Pour l'heure, les conditions ne sont pas réunies, selon lui. En témoignent les premiers pas d'Emmanuel Macron. « Le monde politique en général vit une telle détérioration que l'on ne peut plus y vivre. Les gens de presse généralisent la suspicion. Le moindre petit héritage familial fait de vous un traître. Le sort fait à un mot malheureux ou à une faute tactique est démentiellement démesuré. Si bien que personne ne peut faire le pari de rester toute sa vie en politique », déplore l'ancien Premier ministre. Emmanuel Macron a des atouts, pourtant. Mais la condition du succès est avant tout intellectuelle et scientifique, pas politique, selon Michel Rocard : « Nous n'avons pas une pensée économique qui maîtrise la crise, explique-t-il. Tous les sermons qui nous sont proférés sont le fait des personnes formées à l'école du monétarisme, qui est une erreur de méthode terrible. C'est un danger public que de croire que le marché est auto-équilibrant. C'est ça qui nous a mis dans la crise dans laquelle nous sommes aujourd'hui. Les grands économistes qui commencent à s'en rendre compte, à commencer par les Prix Nobel que sont Joseph Stiglitz, Paul Krugman ou Elinor Ostrom, sont considérés comme des déviants ou des subversifs. C'est pourtant eux qui sont en train de développer une pensée économique qui nous débarrasse du monétarisme. C'est la condition pour que les politiques soient dotés d'instruments de travail dont ils ne disposent pas aujourd'hui. Ils ne peuvent pas se transformer en chercheurs universitaires. Une fois que nous aurons trouvé ces nouveaux Keynes qui rebâtiront la pensée économique, alors nous pourrons peut-être entreprendre une gestion des politiques publiques qui permette de faire baisser le chômage et de réduire la précarité. Dans ces conditions, il n'est pas exclu que les électeurs reprennent goût à la politique. Auquel cas, Emmanuel Macron aura toute sa place. Mais, aujourd'hui, on ne commente que le bal des ambitions, ce qui a de quoi dégoûter absolument tout le monde. » Bref, la France connaît peut-être un « moment Macron » depuis sa nomination à Bercy, mais ce n'est pas encore « l'heure Macron », celle de l'accomplissement du destin présidentiel que beaucoup lui prédisent.

19

EXTENSION DU DOMAINE DE MACRON

« On a confondu les libertés politiques ou économiques avec le capitalisme financier. Cette confusion a tout embrouillé. On régule beaucoup trop de choses. On a donné une place beaucoup trop forte aux pouvoirs publics. La réalité aujourd'hui c'est que, si nous voulons pouvoir avancer, nous devons redonner de la liberté aux individus en recréant des égales opportunités pour chacun. La liberté est ce qui permet à un individu de s'émanciper. À la fin des fins, il s'agit de mettre les individus en capacité d'atteindre leur autonomie. C'est l'idée que je me fais de la gauche. Ma gauche, elle est ouverte, ambitieuse, elle recrée des opportunités d'égalité pour tous. Je ne crois pas à la gauche égalitariste qui place au-dessus de tout sa volonté de niveler. »

Entretien avec Emmanuel Macron,
11 décembre 2015

François Rebsamen a du mal à en croire ses yeux. Il lit et relit le SMS qu'Emmanuel Macron vient de lui envoyer. « Excuse-moi ma poule. » Décidément, il a de plus en plus de mal à supporter sa désinvolture. Le ministre du Travail sort tout juste des locaux de Radio Classique, où il vient une nouvelle fois de rappeler à l'ordre son collègue du gouvernement. « Le travail, c'est moi. Lui, il s'occupe d'économie. Il a le droit de s'exprimer mais c'est moi qui m'occupe de ces sujets. » Dans un entretien accordé la veille au journal économique *Les Échos*, Emmanuel Macron avait une nouvelle fois empiété sur les plates-bandes de François Rebsamen. « Nous devons continuer à réformer en profondeur le marché du travail », y assurait-il crânement, alors que sa loi venait de passer au Parlement à coup de 49-3. Ce n'est pas la première fois qu'Emmanuel Macron tente une incursion en dehors de son territoire. Au regard de la pensée macronienne, il n'est en réalité pas étonnant qu'il s'autorise à déborder de ses strictes attributions à Bercy. Pas de calcul politique dans ces déclarations, il s'agit juste de tenter de mettre en cohérence l'action du gouvernement. Car, pour lui, l'économie et le social sont indissociables dans la lutte contre le chômage. Le CICE visait à redonner des marges de manœuvre aux entreprises, la loi Macron à débloquer les contraintes réglementaires les empêchant de se développer, la réforme du marché du travail doit désormais rassurer les entrepreneurs terrorisés à l'idée d'embaucher face à la complexité de la réglementation. C'est un tout. C'est sa solution pour redonner de la visibilité aux entreprises, pour recréer de la confiance. Au début de l'examen de sa loi, Emmanuel Macron avait déjà tenté de glisser quelques mesures d'assouplissement dans son texte, notamment sur le Smic, les 35 heures ou les seuils sociaux. Une provocation pour les frondeurs, et Manuel Valls avait prestement évacué ces sujets pour les renvoyer à la future loi sur le dialogue social. Emmanuel Macron a bien essayé de s'en emparer un moment. Mais c'est finalement François Rebsamen qui a conduit le chantier et même donné son nom à ce texte, avec l'assentiment de Matignon. À côté de la loi Macron, il y aura désormais la loi Rebsamen et pas, comme l'aurait souhaité Emmanuel Macron, une loi Macron 2. Ou pas celle-là, en tout cas.

Ce thème de la réforme du marché du travail obsède Emmanuel Macron. Il en parle dès qu'il a l'occasion de s'exprimer sur le sujet. Alors forcément, quand François Rebsamen décide, au cœur de l'été 2015, de quitter son ministère pour retourner à Dijon après le décès du maire de la ville, le ministre de l'Économie a soudain l'œil qui brille. Voilà l'occasion de mettre la main sur ce dossier essentiel. Plutôt que de quitter Bercy, il envisage de rapatrier le travail dans son ministère, un peu comme Nicolas Sarkozy l'avait fait à la fin de son mandat, sans grand succès il est vrai. Réalisé par la gauche, ce rapprochement des deux ministères ennemis serait un puissant signal politique. Celui qu'au traitement social du chômage cher à la gauche François Hollande a définitivement substitué la priorité aux entreprises. Un geste dans la suite logique de son virage social-démocrate, mais un geste lourd d'un point de vue politique. En cas d'inversion de la courbe du chômage, confier le ministère du Travail à Emmanuel Macron, c'est aussi lui offrir une tribune hors du commun. Il faut imaginer le bénéfice qu'il pourrait en retirer si, tous les mois sur les écrans de télévision, à l'occasion de la publication des chiffres mensuels du chômage, on le voyait annoncer une baisse et se réjouir que sa politique porte ses fruits. Un cadeau en or. Une sorte de poste de vice-Premier ministre. Pour François Hollande, il est trop tôt ; pour

Manuel Valls, il n'en est pas question. Le président de la République a prévu un remaniement d'envergure après les élections régionales. La démission de François Rebsamen l'a pris de court et il ne veut pas donner à son remplacement une dimension politique trop forte. Emmanuel Macron est l'une de ses cartes maîtresses pour la campagne de 2017, il veut la garder en main. Et puis Manuel Valls tique aussi à l'idée de voir Emmanuel Macron monter encore en puissance. Si bien que c'est le Premier ministre qui aura finalement gain de cause en obtenant la nomination de Myriam El Khomri, l'une de ses proches. Ce qui ne va pas empêcher Emmanuel Macron de continuer à s'exprimer sur le sujet, tout comme sur l'Europe d'ailleurs, le troisième pilier de son triptyque après l'économie et le marché du travail. Là aussi, il s'est offert de sérieuses passes d'armes avec ses collègues du gouvernement, principalement Michel Sapin.

À l'été 2015, en pleine crise grecque, alors que l'Europe est au bord de l'implosion et que le ministre du Budget ne cesse d'enchaîner les réunions à Bruxelles pour tenter de trouver une solution, Michel Sapin débarque à Bercy dans une salle où Emmanuel Macron est attablé avec une trentaine de journalistes à discourir sur le sujet. Il a du mal à cacher son agacement. « Ah, c'est ici la conférence de presse sur la Grèce ? », lance-t-il sur le ton de l'humour. « Tu tombes bien, on vient de m'interroger sur le budget, ils trouvent qu'on ne réduit pas assez le déficit… », lui répond perfidement Emmanuel Macron. La scène ne va pas arranger les relations entre les deux hommes. Il n'a pas échappé à Michel Sapin qu'Emmanuel Macron s'exprime à tout bout de champ sur l'Europe. Qu'il défend l'idée ambitieuse d'un « New Deal européen ». Ce n'est pas une lubie. Depuis dix ans déjà, Emmanuel Macron développe son réseau à l'étranger. Dès la campagne présidentielle, il a noué des contacts à Bruxelles, Londres et Berlin. Et quand François Hollande a pris ses fonctions en 2012, alors que le dossier grec commençait à devenir brûlant, c'est lui que le président de la République a envoyé jouer les émissaires vis-à-vis de l'entourage d'Angela Merkel. Il discutait alors directement avec Nikolaus Meyer-Landrut, le conseiller aux Affaires européennes de la chancelière, et Jörg Asmussen, son secrétaire d'État au Travail. Il a également beaucoup discuté avec Sigmar Gabriel, alors patron du SPD, le cousin allemand du PS. Les deux hommes ont sympathisé et beaucoup réfléchi sur la question européenne. Après les élections allemandes de la fin 2013, lorsque Angela Merkel a dû composer une grande coalition pour diriger le pays et nommer Sigmar Gabriel à la tête du ministère de l'Économie et de l'Énergie, ils sont restés en étroites relations. Au point de publier une tribune commune en juin 2015 dans l'ensemble des journaux européens : *Le Figaro*, *Die Welt*, *Le Soir*, *La Tribune de Genève*, *La Repubblica* et *El País*. « Dix ans après le non au référendum européen, il est temps de rouvrir le débat économique et politique. Il est temps de renforcer la zone euro dans le cadre d'une réforme plus vaste de l'UE », écrivent-ils. Sur fond de critiques de plus en plus dures à l'égard de l'Europe, de montée des populismes un peu partout sur le continent et de dérive technocratique de Bruxelles, les deux hommes plaident pour la mise en place d'un budget commun à l'échelle de l'Europe, pour la restructuration des dettes nationales, pour la création d'une « formation zone euro » au sein du Parlement européen. « Notre objectif commun doit être de rendre impensable pour tout État membre défendant légitimement ses intérêts d'envisager son avenir en dehors de l'Union, ou au sein d'une Union amoindrie », expliquent-ils. On est loin des autocars Macron, du travail le dimanche ou de la question du temps de travail, mais c'est justement ce grand écart dont Emmanuel Macron veut faire sa marque de fabrique. Réussir à entrelacer dans une même action les grands sujets macro-économiques et les petites actions pragmatiques sur le terrain.

Et si, en France, il subit toujours les critiques et attaques récurrentes des frondeurs, il s'attire en revanche des soutiens inattendus sur la scène européenne. Comme celui de Yanis Varoufakis, le ministre des Finances grec, exclu du gouvernement par Alexis Tsipras pendant la crise pour faciliter les discussions avec Bruxelles. « J'apprécie beaucoup Macron et je peux vous dire que dans mes discussions avec lui, nous sommes d'accord sur 80 % des choses dont on parle », assure l'ancien ministre. Ces 80 % devraient être suffisants pour garantir à Emmanuel Macron l'image d'un homme de gauche. Mais le problème, ce sont les 20 % restants. Du libéralisme résiduel. Ils brouillent son image et continuent à entretenir sa réputation d'homme de droite égaré à gauche.

En dehors de ces trois sujets qu'il maîtrise, Emmanuel Macron ne s'autorise aucune incursion dans d'autres domaines. Ou alors quand cela se justifie. Sa loi l'a ainsi amené à collaborer avec Christiane Taubira pour la réforme des prud'hommes. Mais il s'est montré d'une prudence de sioux avec la garde des Sceaux. Pas question de provoquer la moindre anicroche avec cette figure emblématique de la gauche. Trop de coups à prendre et aucun bénéfice à espérer. Sur l'éducation, la santé ou la sécurité, les grands sujets régaliens, il ne s'exprime jamais. S'il est une personnalité prometteuse, il demeure encore un peu court. Mais son domaine de compétences, élargi au social et à l'Europe, il s'efforce de l'exploiter au maximum. Comme durant sa participation à « Des paroles et des actes ». De ces émissions politiques, il ne reste souvent dans l'esprit des spectateurs qu'une petite phrase. Du passage d'Emmanuel Macron, c'est une séquence complète qui, plusieurs mois après sa diffusion, reste encore dans la mémoire de ceux qui l'ont regardée : son débat face à Florian Philippot. Ce soir-là, le numéro deux du Front national le provoque sur l'Europe et la loi Macron « qu'on devrait plutôt nommer la loi de Bruxelles parce qu'elle reprend toutes les dispositions qui sont demandées par l'Union européenne depuis des années : toujours plus de privatisations, de dérégulations pour les gros contre les indépendants, le travail du dimanche, etc. Ce ne sont pas des réformes, c'est une adaptation à un modèle ultralibéral sans frontières ». Il vaut mieux éviter de chercher Emmanuel Macron sur ce terrain, Florian Philippot va l'apprendre à ses dépens. La discussion a beau être hachée, il s'efforce de démontrer en quoi il se trompe. Explique qu'instaurer du protectionnisme au niveau de la France revient à lui donner le destin de l'Argentine, ruinée par cette politique. Démontre que taxer les produits chinois importés se traduit immédiatement par des destructions d'emplois dans l'Hexagone. Bref, Emmanuel Macron tient la route face à ce bretteur redouté qu'est Florian Philippot. Si bien que ce dernier n'a finalement d'autre choix que de tenter de sauver la face en rappelant le passé de « banquier d'affaires » d'Emmanuel Macron et en soulignant qu'il n'a jamais été élu. Le cliché commence à être un peu éculé. « Cette émission et son débat face à Philippot, c'est le moment où il montre qu'il est vraiment entré sur le terrain politique. Les gens se demandaient si le petit Macron, qui jusqu'à présent était là dans le paysage comme un Bisounours de l'économie, aurait suffisamment d'habileté et de force pour affronter l'idéologue à casque dur du FN. Ce soir-là, oui, il l'a fait et il a réussi », assure Jean-Marie Le Guen. Mais pas question pour l'heure de sortir de son champ de compétence. Une fois la loi Macron votée, le ministre va poursuivre sur sa lancée et commencer à préparer sa deuxième grande loi, consacrée au développement de l'économie numérique. Mais sans s'interdire de continuer à dire ce qu'il pense, partout, tout le temps. Les socialistes n'en ont pas fini avec lui, ni lui avec eux. En arrière-plan de son action, c'est le chantier de la refondation de la gauche qu'il poursuit. Cette fois, il va vraiment falloir faire de la politique.

20

LA VOIE ROYAL

« Ce sont les idées et la dynamique des gens qui recomposeront le paysage politique, ce ne sont pas des jeux d'appareil. Les structures partent du bas, pas du haut. C'est l'erreur constamment faite. Ce n'est pas parce que vous allez suturer le bout d'un parti avec le bout d'un autre, débaucher trois personnes ici et trois personnes là, que vous allez changer la vie politique. Cela doit venir du pays, pas des partis. »

Entretien avec Emmanuel Macron,
11 décembre 2015

Il est incollable, Emmanuel Macron. Seul sur la petite scène qui avance au milieu du public, micro en main, il enchaîne les réponses. Sur tous les sujets. Réforme des prud'hommes, « ubérisation » de la société, financement de la ligne de train « Charles-de-Gaulle Express », secret des affaires, politique minière de la France... Il a réponse à tout. Et le public apprécie. Ce sont ses amis Facebook. Emmanuel Macron les a invités à Bercy pour une séance de questions-réponses. « Je donne rendez-vous à ceux qui le souhaitent pour échanger de manière totalement informelle sur l'actualité économique en France et en

Europe », avait proposé le ministre dans un message posté sur le réseau social. Assez vite, il a fallu clôturer les inscriptions. Plus d'un millier de personnes avait postulé, cinq cents ont été retenues. S'agissant d'un exercice inédit pour lui, Emmanuel Macron n'a pas ouvert les portes aux journalistes. Il est encore en rodage et veut pouvoir parler librement, sans que ses réponses puissent faire l'objet d'une petite phrase malheureuse qui, reprise en boucle, fera polémique. En la matière, il a eu son compte.

À l'heure dite, les participants se pressent à l'entrée de Bercy, en chemise pour la plupart, avec une veste pour certains, une cravate pour d'autres, plus rares. Jeunes hommes et femmes autour de la trentaine, quelques seniors… une foule qui ne ressemble en rien aux militants traditionnels du PS. À l'arrivée dans le grand amphithéâtre de Bercy où se déroule la réunion, la salle Pierre-Mendès-France, chacun se voit remettre un fascicule rouge d'une centaine de pages qui détaille les mesures de la loi Macron. C'est son bilan. Il ne compte pas s'arrêter là. Pour l'heure, Emmanuel Macron n'a toujours rien dit de ses ambitions futures. Mais, s'il est vrai qu'avant de se livrer à de grandes conquêtes politiques il faut auparavant avoir remporté la bataille des idées, le ministre de l'Économie ne fait aucun mystère de son envie de vouloir partir au combat sur ce terrain. Il revendique même un certain goût pour l'idéologie, face à un étudiant qui l'interpelle : « Je voudrais citer ce que vous avez écrit en 2011 dans la revue *Esprit* ("Les labyrinthes du politique") : "Contrairement à ce qu'affirme une critique postmoderne facile des grands récits, nous attendons du politique qu'il annonce de grandes histoires." J'aimerais savoir, maintenant que vous êtes ministre, comment on arrive à diffuser son idéologie dans son action politique. » Emmanuel Macron sourit au rappel de ses écrits, hésite un moment avant de répondre. « Le problème quand on écrit des choses, c'est qu'il y a des gens qui les lisent et qui, après, vous demandent des comptes », badine-t-il. Le public rit, amusé de voir le ministre un peu embarrassé par la question. Il a tort, la philosophie, c'est son domaine de prédilection. Celui qui lui permet de mettre son action en perspective, de démontrer que la loi Macron n'est pas qu'un monstre froid de mesures techniques et administratives. « Faire de la politique, c'est construire un discours de sens et de volonté de transformation à plusieurs échelles sur le réel. L'idéologie, c'est ce frottement entre un concept et la réalité. C'est dire clairement comment on veut transformer cette réalité. Avoir une idéologie, c'est dire comment on pense qu'il faut transformer le pays, c'est dire comment il faut transformer certaines réalités économiques, sociales et politiques et pour quoi faire. Oui, je crois profondément en l'idéologie. » Cela peut sembler très théorique, c'est en réalité très concret. Explosif même lorsque Emmanuel Macron expose ce que cela implique : la remise en cause des acquis du Conseil national de la Résistance de 1945 par exemple, la nécessité de faire passer le goût prononcé de la France pour le recours à la loi en tout et pour tout, le nécessaire abandon de souveraineté pour préserver l'Europe. Tout cela est dit posément, comme une évidence, sans aucune retenue, puisque de toute façon la presse n'en rendra pas compte. Mais c'est dit. Ce sont ses convictions profondes qu'Emmanuel Macron expose là. « Ce que je dis est un peu brutal, reconnaît-il d'ailleurs. Mais si aujourd'hui nous considérons que l'on peut continuer avec la zone euro telle qu'elle est, alors dans dix ans, nous verrons d'autres Grèce. Il faut avoir l'honnêteté de l'expliquer à nos peuples et prendre les engagements qui vont avec. Le *statu quo* ou l'ambiguïté, c'est une forme de lâcheté avec laquelle nous n'avons pas intérêt à vivre parce que sinon nous aurons des crises démocratiques à répétition, parce que ce sont des règles intenables que l'on fait subir à des peuples, sans sens et sans les solidarités qui vont avec. »

Dans cet exercice de démocratie participative, Emmanuel Macron rappelle Ségolène Royal. Il y a chez lui l'embryon de ce qui avait fait le succès de la candidate surprise de 2007. La même ambition de briser les tabous de la gauche. Un public de fans plus que de militants. Une même volonté de se tenir à l'écart du PS. Une popularité qui le rend incontournable dans le parti. La comparaison s'arrête là, toutefois. « Tous deux partent sans doute du même constat que le PS ne représente plus qu'une petite partie de la société française, qu'il tourne en vase clos et qu'il faut pousser les murs, explique le spécialiste de l'opinion Jérôme Fourquet. Après, la question est de savoir dans quel sens pousser ces murs. Avec sa démocratie participative, ses forums citoyens et ses références iconoclastes, Ségolène Royal essayait de s'adresser à tous ceux qui ont décroché du politique, notamment dans les classes populaires. Sa cohérence consistait à s'adresser à eux en disant qu'il n'y avait pas de tabous et qu'il fallait des réponses fortes sur les questions que posaient les Français les plus modestes, notamment en termes de pouvoir d'achat, de justice sociale, d'ordre et d'identité. Emmanuel Macron part du même constat d'un PS dévitalisé mais sa cible première, ce ne sont ni les mères célibataires ni les catégories populaires. Et puis la vraie différence avec Ségolène Royal, c'est surtout qu'elle avait un vrai ancrage : elle avait été députée, elle était patronne de région et avait incarné la vague rose de 2004. » Tout ce qui manque encore à Emmanuel Macron. Sans oublier l'instinct pour « se mettre en situation » et le talent pour utiliser les circonstances politiques. Car si Ségolène Royal avait réussi à s'imposer face aux caciques du PS, c'est aussi parce qu'eux-mêmes s'étaient neutralisés. Lors du référendum sur le traité de Constitution européenne, l'affrontement entre François Hollande et Laurent Fabius avait ruiné les chances des deux hommes de pouvoir se présenter, ouvrant ainsi la voie à Ségolène Royal. Celle qui était alors présidente de la région Poitou-Charentes avait entamé son irrésistible ascension vers la candidature à l'élection présidentielle de 2007, se débarrassant sans encombre de Dominique Strauss-Kahn et de Laurent Fabius lors de la primaire organisée par le parti. L'opinion publique contre les militants, les Français contre le parti, les idées nouvelles contre les dogmes socialistes, c'était la tactique de Ségolène Royal. Et c'est donc d'un œil averti qu'elle observe Emmanuel Macron, qui semble épouser sa stratégie.

Avec elle, il a commencé par prendre toutes les précautions pour éviter de créer des tensions, notamment en organisant des rendez-vous réguliers. Au début, ça marche. « Il a du talent, ce petit. Et en plus, il est bien élevé », juge d'abord Ségolène Royal en privé. Mais elle se méfie, aussi. Elle voit bien chez le jeune ministre les germes de la popularité qui l'avait portée jusqu'à la candidature en 2007. Pour le député Christophe Caresche, c'est évident, « le phénomène médiatique très fort qui porte Emmanuel Macron se rapproche beaucoup de celui qu'avait connu Ségolène Royal ». Ce n'est pas tout. Pour avoir conseillé la candidate socialiste pendant la campagne de 2007 et pour s'être rapproché d'Emmanuel Macron en 2014, Julien Dray est bien placé pour comparer les deux phénomènes de la gauche. « Ils ont un point commun, celui de ne pas être dans les dogmes, dit-il. S'il faut prendre des risques pour avancer et briser quelques tabous au passage, ils sont prêts à le faire. La force de Ségolène était là. » Celle d'Emmanuel Macron aussi. Alors elle l'observe, elle le teste même. Elle déplore que le jeune ministre soit otage de son administration à Bercy, sans doute à cause de son manque d'expérience politique. Elle regrette qu'il ait souvent tendance à se ranger aux avis des industriels et des lobbies. Elle n'a pas digéré l'épisode d'Air France, lorsque la compagnie a annoncé la suppression de près de trois mille postes à l'automne 2015. Les violences qui se sont ensuivies, avec le quasi-lynchage du directeur des ressources humaines par des syndicalistes, elle les attribue au patron de la compagnie, Alexandre de Juniac, à sa brutalité, son peu d'appétence pour le dialogue social. Elle l'aurait viré sans ménagement. Pourtant, Emmanuel Macron l'a défendu : « Mais si, il est très bien », avait-il plaidé lorsque la question s'était posée au sommet de l'État.

Au fil du temps, Ségolène Royal se montre de plus en plus circonspecte. Mais elle prend bien garde de ne pas s'en prendre ouvertement au jeune ministre.

Elle connaît la mécanique : attaquer frontalement une personnalité aussi populaire, c'est s'attirer en retour les reproches de ses partisans et contribuer à le rendre encore plus populaire. Elle a connu ça. « Plus les socialistes lui tapent dessus, plus il grimpe dans les sondages, il a raison de continuer », observe-t-elle. Mais à quoi bon grimper dans les enquêtes d'opinion si cette popularité ne sert à rien, comme promouvoir la croissance verte et la transition énergétique par exemple. Deux sujets dont elle déplore qu'Emmanuel Macron ne s'occupe pas assez. En s'appuyant sur sa popularité, Ségolène Royal avait à l'époque brisé beaucoup de dogmes socialistes. Le tournant sécuritaire du PS, c'est elle. Les 35 heures « qui auraient défavorisé les plus modestes », c'est elle aussi. *La Marseillaise* dans les meetings et les drapeaux français aux fenêtres pour le 14 juillet, c'est elle encore. Autant de sujets qui ne font plus débat aujourd'hui chez les socialistes, mais qui avaient alors provoqué de vives polémiques. Après elle, Manuel Valls s'en était emparé à son tour, aujourd'hui c'est Emmanuel Macron. Rien de nouveau donc. « Il ne casse pas tant les codes que ça, minimise toutefois Ségolène Royal. Qu'est-ce qu'il brise comme dogme ? Qu'est-ce qu'il dit de nouveau ?.... » Finalement, Ségolène Royal se juge plus progressiste qu'Emmanuel Macron, qu'elle trouve en réalité assez conservateur. Lui aussi se méfie. Il la trouve un peu trop « exotique » à ses yeux. « Mais il reconnaît en même temps qu'elle a du sens politique, qu'elle sait faire et qu'elle est même assez forte », assure Julien Dray. Est-il tenté de s'inspirer de Désirs d'Avenir, ce mouvement bâti en marge du PS qui avait porté

Ségolène Royal ? Emmanuel Macron laisse en tout cas ses partisans s'organiser.

Parmi les amis Facebook du ministre conviés à Bercy pour échanger avec lui, quatre supporters sont déjà à l'œuvre pour tenter d'organiser la « macronmania ». Ils ont monté une association baptisée « Les jeunes avec Macron » qui dispose d'un site Internet dont la fréquentation ne cesse de progresser. Ils ont un projet de think-tank pour faire émerger de nouvelles idées et des propositions de réformes. Derrière cet embryon de mouvement politique, ses initiateurs ne sont pas tout à fait innocents. Anciens du syndicat étudiant Unef pour certains, anciens du Mouvement des Jeunes socialistes pour d'autres, encartés au PS pour les derniers, ils connaissent les arcanes du parti. Autour d'Emmanuel Macron, on les observe avec intérêt, sans toutefois s'impliquer officiellement. Trop dangereux, du moins pour l'instant. « Emmanuel en a sans doute la tentation mais il doit faire attention à ne pas organiser tout de suite sa petite armée, prévient Julien Dray. S'il fait ça, il va s'en prendre plein la tête. Que des gens qui l'apprécient commencent à s'organiser, c'est une chose. Qu'il en fasse une machine de guerre contre les autres, c'en est une autre. Le problème quand vous commencez ce genre de rassemblement, ce sont les gens qui parlent et qui créent forcément des conflits. Pour l'instant, il vaut mieux éviter. » Il n'empêche, les troupes de réserve s'organisent. Prêtes à partir au combat, s'il le faut. Après tout, il faudra bien qu'à un moment, si Emmanuel Macron décide de continuer en politique, il se fasse élire quelque part. Cette question-là, elle intrigue tous les socialistes.

21

TERRES D'ÉLECTION

« Je n'ai jamais voulu être candidat. Parce qu'il faut aller à une élection pour exercer les fonctions qu'on veut exercer au moment où vous les exercez. Beaucoup de gens qui disent ça, disent ou vous le présentent comme tel, pour être dans la vie politique, pour peser au parti, pour être qui ministre, qui Premier ministre, qui président de la République, il faut être député, mais ça, c'est le cursus honorum d'un ancien temps. »

Emmanuel Macron, 27 septembre 2015,
Le Monde Festival

Comme à son habitude, Emmanuel Macron s'est montré fort courtois. Une lettre pour inviter Jean Glavany à dîner et lever le malentendu apparu entre les deux hommes. C'était au début du quinquennat de François Hollande et le député des Hautes-Pyrénées commençait à s'agacer de voir partout dans la presse que le jeune prodige de l'Élysée lorgnait sur sa circonscription. Jusqu'alors, il ne s'en préoccupait guère. Ancien directeur de campagne de Lionel Jospin pour l'élection présidentielle, Jean Glavany en a vu d'autres. Jusqu'au jour où, rendant visite à son ami Éric Abadie, patron de L'Étape du berger, une auberge réputée en haut du col du Tourmalet, ce dernier l'interpelle : « Tiens, j'avais Emmanuel Macron à déjeuner il n'y a pas longtemps. Alors ? Il va venir ici ? » Cette fois, Jean Glavany s'inquiète un peu plus. Le restaurateur est un ami très proche d'Emmanuel Macron. Ils se sont rencontrés dans leur jeunesse, à l'époque où le futur ministre venait régulièrement skier à La Mongie. Des attaches familiales dans la région par ses grands-parents, originaires de Montgaillard. De la famille, des amis, une bonne connaissance du coin, voilà en tout cas de quoi justifier une implantation électorale. Et donc de solliciter un dîner avec le jeune secrétaire général adjoint de l'Élysée pour s'expliquer. « Si ma circonscription t'intéresse, parlons-en », écrit en substance Jean Glavany à Emmanuel Macron pour lui proposer de lever un éventuel malentendu. La rencontre a lieu dans un restaurant de Montparnasse où Emmanuel Macron a ses habitudes. « Je ne vais pas te dire que passer de l'Élysée aux Hautes-Pyrénées est impossible, je l'ai fait, commence Jean Glavany. Mais, d'une part, je n'ai pas décidé de m'arrêter et ensuite il y a du monde sur place qui serait intéressé par ma succession. » Emmanuel Macron coupe court et rassure son interlocuteur : « Je n'ai aucun projet de ce type. » De façon un peu maladroite, c'est lui-même qui alimentait les spéculations sur son possible parachutage en Hautes-Pyrénées en faisant régulièrement état de son attachement à la région. Le problème est réglé mais Jean Glavany prévient tout de même Emmanuel Macron : « Si tu penses à la politique durablement, il faut que tu penses à l'élection. Tu peux entrer dans un gouvernement mais c'est fugace. Si tu veux durer en politique, il faut être élu, il faut l'onction du suffrage universel, c'est incontournable. » Ce ne sera pas la seule fois qu'Emmanuel Macron entendra ce conseil.

Sous la Ve République, le passage par la case électorale fait figure de passeport pour le monde politique. Elle confère à l'élu une légitimité et une assise sans lesquelles il est difficile de s'imposer. C'est le point faible d'Emmanuel Macron. Il s'en est bien rendu compte lors de l'examen de sa loi à l'Assemblée nationale. Même s'il a réussi à séduire les députés par son travail et son application, il y avait toujours entre eux cette barrière du suffrage universel. « On devient un homme politique le jour où on est élu, le jour où le peuple vous transmet une part de sa souveraineté, tranche le député de Paris Pascal Cherki. Aujourd'hui, Emmanuel Macron est quelqu'un de nommé, de "coiffé" comme on disait avant. Tant qu'il ne sera pas élu, il lui manquera cette part de légitimité. Le bonhomme est certes sympathique mais la légitimité, vous l'acquérez quand le peuple vous accorde sa confiance. Et cela n'a rien à voir avec une quelconque question de compétence économique, sociale ou financière. » L'argument n'est pas brandi que par les opposants d'Emmanuel Macron. Dans son propre camp, face à sa réussite éclair et son installation fracassante dans le monde politique, on le renvoie souvent à cette question de l'élection, à cette ligne qui manque sur son CV, comme pour souligner qu'il n'a pas tout à fait la trempe des vrais politiques, de ceux qui ont arpenté des années durant les marchés et les cages d'escaliers, tracts à la main, qui ont sillonné les Fêtes de la rose socialistes et les banquets républicains, qui ont battu les estrades par gros et petit temps électoral, qui ont connu l'ivresse des soirs de victoire et la solitude des lendemains de défaite. « S'il y a un reproche que l'on ne peut pas adresser à Emmanuel, c'est bien celui de ne jamais avoir été élu. Il n'était pas dans le monde politique avant d'arriver à l'Élysée, et ensuite il est devenu ministre, tempère Bruno Le Roux. En revanche, il sait qu'il aura un choix à faire à un moment. S'il veut rester au cœur du système politique, cela passera nécessairement par l'élection. Aujourd'hui il peut encore relativiser les choses, mais pour continuer sur sa lancée il devra, et sans attendre, passer par la case suffrage électoral. J'espère qu'il le fera. » Même en dehors de la politique, ses amis en conviennent, à l'instar d'Alain Minc. « Si Macron veut rester en politique pour faire de grandes choses, il sera obligé de passer par le scrutin, assure-t-il. Si François Hollande perd en 2017, il ne pourra pas tenir pendant cinq ans sans mandat à coup de tribunes dans les pages débats du *Figaro* ou du *Monde*. » Bref, tout le monde s'évertue à lui faire comprendre qu'il est encore un peu vert et qu'il lui reste encore beaucoup de chemin à parcourir avant de prétendre, comme il le fait aujourd'hui, jouer dans la cour des grands. « Sa légitimité a été contestée à l'Assemblée mais c'est assez classique chez les députés puisqu'ils sont eux-mêmes issus du scrutin », tempère toutefois Michel Sapin. Question ancrage électoral, lui-même s'y connaît bien pour avoir été élu député de l'Indre, des Hauts-de-Seine, maire d'Argenton-sur-Creuse et président du conseil régional du Centre. Michel Sapin poursuit : « Si Emmanuel Macron a une ambition politique, il doit savoir que cela passe en France par un terrain qu'on laboure, une terre que l'on conquiert et un territoire qui vous reste fidèle. Il est là le vrai combat politique. Ce qui a donné de la force à François Hollande, c'est la Corrèze. » Et avant lui l'Auvergne pour Valéry Giscard d'Estaing, la Nièvre pour François Mitterrand, la Corrèze déjà pour Jacques Chirac, Neuilly et les Hauts-de-Seine pour Nicolas Sarkozy même si, dans ce dernier cas, l'ancrage dans la France rurale et authentique saute moins aux yeux.

Très vite, la direction du PS s'est inquiétée de lire un peu partout dans les journaux que le jeune conseiller de François Hollande cherchait une circonscription. Jusqu'à ce que Christophe Borgel, le Monsieur Élections du PS, finisse par croiser Emmanuel Macron par hasard à l'Élysée. Les deux hommes ne se connaissent pas, même pas de vue. Christophe Borgel hésite un instant en lui serrant la main : « Vraiment désolé, mais je ne vous remets pas… – Emmanuel Macron, enchanté. Ça serait bien qu'on se voie. – Je comptais justement t'appeler parce qu'il y a des papiers partout dans la presse sur Glavany. – Voyons-nous, mais on aura bien d'autres sujets à aborder que ça. – Si c'est un projet pour toi, je suis disponible pour en parler. – Ça n'est pas mon sujet. » Fermez le ban. Emmanuel Macron a pourtant bien envisagé un moment de se faire élire. C'était avant l'Élysée, au Touquet, dans la ville où il possède une maison avec son épouse. « Mais c'était un panier de crabes effroyable. Ça l'a dissuadé », raconte Marc Ferracci. Le désir de mandat s'est encore plus émoussé depuis qu'il s'est installé à Bercy. Difficile d'imaginer se frotter à des problématiques locales après avoir agi au niveau des enjeux nationaux. Et puis Emmanuel Macron a un problème avec l'onction du suffrage universel. Selon lui, la légitimité ne provient plus tant de l'élection que de l'efficacité des politiques mises en œuvre. Sa légitimité, il veut la tirer de son action, de sa loi qui, si elle marche et produit des résultats, sera le seul juge de paix pour lui permettre d'aller plus loin. Mais il a un peu de mal à se faire entendre. À tel point que les propositions d'implantation électorale arrivent de partout. Après les Hautes-Pyrénées, on le voit atterrir à Amiens ou au Touquet pour les municipales, à Paris pour les législatives, dans la circonscription de Cécile Duflot. Une vengeance à l'égard de la leader écolo, qui avait préféré quitter le gouvernement et la majorité quand Manuel Valls était arrivé à Matignon. François Loncle lui propose de s'implanter en Normandie. Même François Rebsamen y va de sa proposition de le pistonner pour un mandat de député à Dijon. Une façon aussi de rappeler son statut de non-élu. « On le balade partout, dans toutes les circonscriptions de France. On le voit s'implanter ici, là ou encore là-bas. Mais je ne le vois pas s'engager sur un exécutif local. Je n'ai pas l'impression que ça soit son truc, raconte Pascal Terrasse. C'est un vrai réformateur. Il se sent bien à Bercy parce qu'il voit qu'il peut faire bouger les choses mais il n'aime pas les longueurs, il déteste que les choses traînent, c'est un impatient. »

Là encore, Emmanuel Macron veut réussir à imposer son point de vue, seul contre tous. Alors il répète, en public avec des mots choisis, en privé de façon un peu plus offensive, que le statut d'élu ne correspond plus au monde tel qu'il va. Comme en cette fin septembre 2015, lorsqu'il rencontre à huis clos les étudiants du master en Droit des activités économiques de l'université Panthéon-Sorbonne. Chaque année, la nouvelle promotion se trouve un parrain. Il y a déjà eu Robert Badinter, cette fois c'est Emmanuel Macron que les étudiants ont choisi. Lui a accepté et doit donc les retrouver pour discuter un peu plus d'une heure avec eux. L'affaire a provoqué quelques remous dans cette université encore assez ancrée à gauche. Si bien que le ministre s'offre une arrivée des plus discrètes, accompagné seulement de son officier de sécurité et de sa conseillère en communication. Ils sont une trentaine à l'attendre, disposés en arc de cercle autour du bureau du professeur. « Vous représentez pour nous le parrain idéal à cause de votre volonté de faire avancer le pays. Votre générosité, votre dynamisme nous ressemblent », lui explique l'un d'entre eux en guise de mot d'accueil avant de lui offrir un sweat-shirt à capuche. La discussion s'engage, un peu guindée au début, mais Emmanuel Macron sait animer une classe, il a donné des cours. Les échanges roulent, sur la philosophie, la banque d'affaires, l'Élysée et s'arrêtent un moment sur le système politique français. « Il ne se renouvelle pas suffisamment, commence Emmanuel Macron. Regardez en Angleterre, les principaux leaders changent très souvent. Chez nous, il faut faire cinq, six fois les choses avant d'être légitime. On prend son ticket et on attend dans la file. » Il se penche sur une feuille posée sur son bureau et se met à mimer le politicien en train de griffonner son plan de carrière sur un coin de table. « Alors… en 2017, il faudrait que je sois député. Ensuite, en 2020, ça ne serait pas mal que je me fasse élire dans un exécutif local pour me présenter ensuite en 2021 à la primaire mais je serai peut-être encore un peu jeune. Alors juste un tour de piste pour me chauffer et engranger, ensuite on arrive en 2027… » Il s'interrompt un instant, puis reprend, un peu énervé : « Mais si vous raisonnez comme ça, vous êtes mort ! Vous vous placez dans la chaîne alimentaire politique, ça n'a pas de sens. Cela implique que vous ne prendrez jamais de risques. Si vous raisonnez comme ça, l'objectif de l'élection n'est plus de changer les choses ni de produire des idées mais de rester concentré sur l'accession au pouvoir. Une des conditions pour prendre plus de risques, c'est de ne faire ce métier que pour un moment. Je vous le dis clairement, je ne veux pas faire de la politique jusqu'à soixante ans. » À l'évidence, sa réflexion a évolué depuis sa participation à « Des paroles et des actes », lorsqu'il assurait que « bien sûr, je serai sans doute amené un jour à être élu ». À moins qu'il n'ait fait allusion à une autre élection, plus prestigieuse, la présidentielle. Il nourrit une réflexion bien particulière sur le sujet, et encore une fois de nature à hérisser le poil de ses camarades socialistes qui, historiquement, se sont toujours opposés à la personnification du régime qu'implique la Constitution de la Ve République. « La démocratie comporte toujours une forme d'incomplétude, car elle ne se suffit pas à elle-même, explique-t-il un jour à l'hebdomadaire *Le 1*. Il y a dans le processus démocratique et son fonctionnement un absent. Dans la politique française, cet absent est la figure du roi, dont je pense fondamentalement que le peuple français n'a pas voulu la mort. La Terreur a creusé un vide émotionnel, imaginaire, collectif : le roi n'est plus là ! On a essayé ensuite de réinvestir ce vide, d'y placer d'autres figures : ce sont les moments napoléoniens et gaullistes notamment. Le reste du temps, la démocratie ne remplit pas l'espace. On le voit bien avec l'interrogation permanente sur la figure présidentielle, qui vaut depuis le départ du général de Gaulle. Après lui, la normalisation de la figure présidentielle a réinstallé un siège vide au cœur de la vie politique. Pourtant, ce qu'on attend du président de la République, c'est qu'il occupe cette fonction. Tout s'est construit sur ce malentendu. » Autant dire qu'Emmanuel Macron a déjà longuement réfléchi à l'Élysée. Un autre avant lui s'est retrouvé dans la même situation. À un poste plus élevé certes, puisqu'il s'agissait de Matignon, mais avec la même problématique, celle de ne jamais avoir été élu. C'est Dominique de Villepin qui n'a finalement jamais pu assouvir son ambition d'accéder à l'Élysée. « Je crois qu'il y a un honneur et une vertu au suffrage universel, assure-t-il sur BFMTV. Mais chacun sa vocation. Ce n'était pas mon chemin. Ce n'est manifestement pas celui d'Emmanuel Macron. Est-ce que cela veut dire qu'il faut se passer d'un talent comme le sien ? Certainement pas. Vouloir en faire une règle, je crois que c'est absurde. » Encore un soutien de droite ? Pas seulement. Une fois n'est pas coutume, c'est un frondeur qui vole aussi à son secours sur cette question de l'élection, en l'occurrence Benoît Hamon. « S'il veut être élu, il le sera. Est-ce qu'il le faut ? Non. On ne peut pas réclamer plus de modernité dans la vie politique et lui imposer d'être élu pour lui accorder du respect. »

Emmanuel Macron se débrouille pourtant bien sur le terrain. Ceux qui l'ont accompagné jurent en tout cas qu'il n'aurait aucun problème à mener campagne. Il s'y est essayé à plusieurs reprises. Comme pour les élections départementales du début 2015. Pascal

Terrasse l'avait fait venir sur ses terres ardéchoises. Les militants socialistes locaux s'étaient inquiétés de la présence d'Emmanuel Macron : « Quoi ? Tu fais venir Macron ? Mais tu es fou ! Les communistes vont nous tuer, et je ne te parle même pas des Verts. » Finalement accueilli par une foule importante à Privas, le ministre de l'Économie s'y était fait applaudir avant d'aller boire un café dans un bar. Un peu plus loin une cinquantaine de militants de la CGT avaient organisé une manifestation contre lui. Alors qu'il est accoudé au comptoir à discuter, on lui apporte un petit mot : « Monsieur Macron, la CGT veut vous voir. » Tout le monde lui recommande chaudement de refuser. Laissant le bar se vider, il s'éclipse quand même avec Pascal Terrasse par une porte dérobée pour rejoindre la petite manifestation. « Macron, démission ! », scandent les syndicalistes. « Vous voulez que je démissionne ? On va discuter », répond-il avant de rentrer dans la foule avec juste son officier de sécurité à son côté. « Ça s'est terminé avec tous les gars de la CGT qui lui ont demandé de faire des selfies avec lui. Il est reparti sans problème », raconte Pascal Terrasse. Le personnage a de l'empathie. En campagne électorale, c'est une qualité. Mais, pour l'heure, il n'a rien de prévu sur son agenda et laisse planer le mystère sur ses intentions.

22

LE FOSSOYEUR DES QUINQUAS

« La maladie de la France, s'il fallait la nommer, ce serait pour moi celle des blocages, celle de la défiance, celle des intérêts particuliers constitués. Ce que nous devons défendre, c'est ceux qui n'ont pas de voix, ceux qui ont de l'énergie, ceux qui ont envie de faire, ceux qui ne demandent qu'une chose : qu'on les laisse faire et qu'on les libère. C'est aujourd'hui ça ma responsabilité, et c'est la seule façon d'en sortir. »

Emmanuel Macron, 10 octobre 2014, au 69e congrès de l'ordre des experts-comptables (Lyon)

Benoît Hamon rend les armes. Ce n'est pourtant pas faute d'avoir bataillé ferme contre ce jeune ministre qui, en moins d'un an, s'est installé au cœur du jeu politique et dans les têtes des Français. Invité de l'émission dominicale du « Grand Jury RTL-LCI-*Le Figaro* » en ce matin d'octobre 2015, il soupire, agacé et désabusé à la fois : « C'est la nouvelle coqueluche du Tout-Paris. Il faut qu'il se prépare au fait que ça puisse passer un jour. » Il n'est pas le seul à désespérer. Avec lui, c'est toute une génération qui assiste impuissante à l'envolée d'Emmanuel Macron.

Celle qui a longtemps bataillé dans l'opposition après le 21 avril 2002, lorsque Lionel Jospin fut éliminé dès le premier tour de l'élection présidentielle au profit de Jean-Marie Le Pen. Pendant dix ans, ceux que l'on appelait alors les quadras du PS ont rêvé du pouvoir, s'y sont préparés, se sont parfois abîmés dans les batailles internes du PS pour asseoir leur position. Ils ont finalement accédé « aux responsabilités » un soir de mai 2012 avec la victoire de François Hollande. Benoît Hamon donc, mais aussi Arnaud Montebourg, Pierre Moscovici, Vincent Peillon, Aurélie Filippetti... Ils étaient les espoirs de la gauche. Ils ont échoué. Tous. Et dans les grandes largeurs.

De son passage au ministère de l'Éducation nationale, Benoît Hamon restera comme le seul ministre à n'avoir vécu aucune rentrée scolaire. À Bercy, Arnaud Montebourg ne laisse que l'intitulé baroque qu'il aura donné à son ministère le temps de son passage : celui du « Redressement productif », dont le pays attend toujours qu'il se réalise. Son prédécesseur, Pierre Moscovici, avait lui aussi marqué les esprits en instaurant les importantes hausses d'impôts du début du quinquennat de François Hollande puis en reconnaissant, à peine un an plus tard, le « ras-le-bol » fiscal des Français. Même échec pour Vincent Peillon, qui avait fait du ministère de l'Éducation l'aboutissement de sa carrière politique. Elle s'est achevée sous les lazzis du corps enseignant, malgré les 60 000 postes qu'il devait créer dans les écoles. Quant à Aurélie Filippetti, elle n'aura laissé au ministère de la Culture que le souvenir de ses passes d'armes avec le ministre du Budget Jérôme Cahuzac pour augmenter ses crédits. « Ils se sont montrés d'une rare ingratitude à l'égard du président de la République. C'est quand même lui qui les a nommés à ces postes à responsabilités, alors qu'ils n'étaient pas forcément brillants, comme la suite l'a montré, raconte Pascal Terrasse. Benoît Hamon numéro trois du gouvernement... même pas en rêve. Arnaud Montebourg ministre de l'Économie... pareil. Tous ces gens ont eu la chance de pouvoir représenter la France et se sont montrés ingrats à l'égard du pouvoir en place et de ceux qui les ont faits. Ils ont pris des libertés, mais à un moment ils ont poussé le bouchon tellement loin qu'ils se sont fait virer. Ils sont devenus aigris. » De cette génération d'espoirs du PS, il ne reste désormais que Manuel Valls. Les quadras sont dorénavant des quinquas, ou en passe de le devenir. Ils ont laissé passer leur chance, le savent, et observent avec rancœur l'envolée d'Emmanuel Macron, leur fossoyeur. « Les deux premières années du quinquennat ont été marquées par le naufrage de cette génération, à l'exception de Manuel. À part lui, tous ont échoué. Non seulement ils ont tous quitté le gouvernement, mais aucun n'a réussi à sortir par la grande porte. Cela a quand même causé beaucoup de dégâts », observe Jean-Marie Le Guen. Leur opposition permanente à la ligne politique du chef de l'État, leurs coups d'éclat récurrents, leurs prises de position n'ont pas aidé l'Élysée. Et entretenu le sentiment diffus d'un amateurisme persistant à la tête du pays. Si bien qu'au gouvernement on est désormais prêt à les faire tous passer par pertes et profits. « Il est maintenant temps de faire monter la nouvelle génération », balaie Jean-Marie Le Guen. Ce à quoi s'emploie François Hollande, qui a commencé à promouvoir les jeunes.

Comme François Mitterrand en son temps avec Laurent Fabius, Lionel Jospin ou Pierre Joxe, le président de la République a semé ses jeunes pousses, celles de la génération Hollande. Emmanuel Macron en est le fer de lance, mais derrière lui c'est une armée de nouveaux hommes et de nouvelles femmes politiques qui se prépare. Najat Vallaud-Belkacem à l'Éducation, Fleur Pellerin à la Culture, Myriam El Khomri au Travail, Matthias Fekl au Commerce extérieur, Axelle Lemaire au Numérique, Sylvia Pinel au Logement. Ils approchent tous de la quarantaine. Pas de passé au PS, pas de lien avec tel ou tel courant, pas d'allégeance à tel ou tel poids lourd du parti, une approche de l'exercice du pouvoir plus pragmatique que liée aux grands débats théoriques de la gauche. En dehors d'Emmanuel Macron, ils entrent rarement dans le débat sur la ligne politique. Pas de bruit de fond en sourdine, une carrière politique à construire, une loyauté indéfectible à l'égard du chef de l'État ; avec eux, François Hollande a les mains libres. Contrairement à l'ancienne génération des quadras, qui pouvait revendiquer une part de la victoire de 2012, le président de la République ne leur doit rien. C'est même tout l'inverse. S'ils nourrissent des ambitions politiques, elles passent par le respect du chef de l'État. Entre eux et lui, en somme, c'est du sérieux.

François Hollande compte sur cette génération pour s'afficher à ses côtés dans sa campagne de 2017. À défaut d'avoir significativement amélioré le sort de la jeunesse durant son quinquennat, sa principale promesse de 2012, il veut pouvoir afficher à ses côtés de nouveaux visages. Comme pour donner le gage qu'il n'a rien oublié de son engagement. « Ce gouvernement sera la preuve en 2017 que François Hollande a fait confiance à la jeunesse, qu'il n'a pas hésité à confier des responsabilités à une nouvelle génération », explique Najat Vallaud-Belkacem dans *Le Monde.* Ce dont le PS se réjouit. « L'idée que, pour entrer en politique, il faille prendre son ticket dans la file d'attente avec sa date de naissance écrite dessus est une idée lunaire. C'est très bien de faire monter une nouvelle génération. C'est même un enjeu pour nous, assure Christophe Borgel. Est-ce que cette génération sera à la hauteur ? Elle a incontestablement du talent, de la volonté et de la détermination, même si certains ont montré qu'ils avaient encore des éléments à apprendre. »

Comme Emmanuel Macron, par exemple. Les polémiques qu'il provoque en permanence sont restées en travers de la gorge de beaucoup de socialistes. Dans la génération des quinquas bien sûr, mais aussi au sein même du gouvernement où des ministres d'expérience ont profité de l'occasion pour remettre à sa place le jeune ministre. Là aussi, sa montée en puissance suscite agacement et inquiétude. « Cela crée assez naturellement un réflexe de défense chez ceux qui sont en place, mais c'est ça, la politique. Les gens ne vont pas se laisser piquer leur place comme ça. La politique, c'est la bataille pour le pouvoir. Donc que des gens qui sont en poste, souvent après avoir attendu longtemps, ne veuillent pas se laisser déloger, cela me paraît assez normal », élude Christophe Borgel. C'est surtout la suite qui inquiète, la séquence qui commence avec l'élection présidentielle de 2017. Que François Hollande la remporte et se posera alors la question du casting gouvernemental. Qui, pour accompagner le président de la République dans son second quinquennat ? « Que le renouvellement s'opère de façon naturelle, c'est tout à fait normal. Si François gagne en 2017, il y aura forcément une place plus grande accordée à la nouvelle génération. Ça la confortera et il y aura même très certainement de nouveaux jeunes qui arriveront », prévient Bruno Le Roux. Qui précise toutefois : « Mais il y aura toujours ce mélange avec une partie de ceux qui ont pu accompagner le président à un moment et qui continueront. »

Il n'a pas échappé aux anciens que la nouvelle génération n'était pas forcément très versée dans l'idéologie. Que beaucoup de ses membres, à commencer par Emmanuel Macron, n'avaient jamais été élus. Qu'à se concentrer sur l'aspect technique des dossiers ministériels, le volet politique lui échappait souvent. Ni qu'elle pouvait aussi aspirer à évoluer ailleurs que dans ce milieu. Là aussi, c'est Emmanuel Macron qui représente le mieux cette tentation des jeunes ministres du gouvernement de ne rester qu'un court moment en politique. « La nouvelle génération est de passage. Elle est très techno. Elle n'est pas là pour enterrer les anciens », assure Pascal Terrasse. Des anciens qui, de toute façon, ont appris à s'accrocher. C'est même une des caractéristiques de la vie politique française que de voir des responsables exercer depuis si longtemps. En 1989, sur le plateau de « L'Heure de vérité », Alain Juppé le jurait : « Moi, ce qui me panique c'est de passer trente ans, quarante ans, cinquante ans de ma vie dans des fonctions électives. Je vois – je ne veux critiquer personne, mais… – un certain nombre d'élus qui, à soixante-quinze ans, quatre-vingts ans, ont du mal à décrocher. Alors ça, c'est ma terreur absolue, je ne vous le cache pas. » Trente ans plus tard, il est toujours là, aux premiers postes. Tout comme Laurent Fabius. Lorsqu'il fut nommé à Matignon par François Mitterrand en 1983, il n'avait que trente-sept ans. Il n'a jamais quitté la politique depuis. Un poison violent et addictif, qui peut faire passer toutes les « tentations de Venise ». Emmanuel Macron peut bien penser qu'il pourra faire autre chose si ça ne marche pas pour lui, plus grand monde n'y croit, désormais. Inhalé à grande bouffée à Bercy, le virus de la politique est en train de s'installer en lui. « Il est capable de s'éloigner un moment, mais ça ne durera pas définitivement, assure Marc Ferracci. Je ne vois pas comment il pourrait renoncer à ça, compte tenu de l'emprise, du plaisir, de l'adrénaline que suscite ce travail de ministre. Il faudrait une sacrée cure de désintoxication pour passer à autre chose. »

Reste la question du potentiel d'avenir. Et en la matière, Emmanuel Macron est celui qui dispose du plus grand capital. « Est-ce que le fait qu'Emmanuel apparaisse aujourd'hui comme quelqu'un de nouveau, de très populaire, efface quelqu'un comme Laurent Fabius ? Bien sûr que non. Mais c'est vrai que, pour les Français, Laurent est plus vu comme une personnalité d'expérience que comme quelqu'un qui peut viser les plus hautes responsabilités dans quinze ou vingt ans », observe Bruno Le Roux. Ce qui pourrait sauver l'ancienne génération, en revanche, ce serait une défaite de François Hollande en 2017. Renvoyé dans l'opposition, le PS sombrerait alors à nouveau dans les luttes de pouvoir. Avec un avantage de poids en faveur des Benoît Hamon, Arnaud

Montebourg ou Aurélie Filippetti, celui d'avoir prévenu la catastrophe et d'avoir payé de leurs postes au sein du gouvernement leurs mises en garde répétées contre la ligne politique de François Hollande. C'est peu ou prou ce qu'ils attendent désormais puisque seule cette configuration peut leur permettre de revenir sur le devant de la scène. Or, sur ce terrain des combats d'appareil, ils bénéficient tous d'une longueur d'avance sur Emmanuel Macron et les autres représentants de la nouvelle génération.

23

LE PROVOCATEUR

« Mon discours devant le Medef n'est pas une maladresse. Si vous considérez que c'en est une, ne soyez pas étonné que je continue à en faire parce que c'est totalement assumé. Cela consiste juste à parler du fond et à ne pas s'attarder sur ce que les uns ou les autres veulent entendre. Mais à aucun moment je n'ai voulu provoquer qui ou quoi que ce soit. Ces polémiques, elles instruisent surtout sur l'état de névrose collectif. Je n'ai jamais dit qu'il fallait remettre en cause les 35 heures, j'ai dit que la valeur travail était une valeur centrale pour la gauche et qu'on avait eu tort de laisser penser que nous l'avions abandonnée. Je l'assume totalement. Je ne dis pas ça pour mettre le feu et ce n'est pas une maladresse. C'est assumé. »

Entretien avec Emmanuel Macron,
11 décembre 2015

Emmanuel Macron n'a jamais mis les pieds au siège du PS, ce n'est pas aujourd'hui qu'il va commencer. Si Jean-Christophe Cambadélis l'a convoqué pour « une explication amicale, franche et déterminante sur un certain nombre de sujets », c'est en réalité le patron du PS qui se déplace à Bercy, protocole oblige.

Dommage. Emmanuel Macron aurait pu voir, devant le grand escalier qui mène au bureau du premier secrétaire, la galerie de photos des grands hommes du parti. François Mitterrand, Michel Rocard, Lionel Jospin, François Hollande, Martine Aubry… comme l'illustration de l'histoire agitée des socialistes, de leurs éternelles querelles entre aile gauche et aile droite, le rappel en somme qu'Emmanuel Macron est loin d'être le premier à se retrouver impliqué dans le débat permanent sur la modernisation du parti. À défaut, c'est donc Jean-Christophe Cambadélis qui passe devant la galerie de portraits à l'entrée du ministère. Celle où figurent tous les anciens ministres de l'Économie, dont bon nombre de socialistes. Jacques Delors, Pierre Bérégovoy, Laurent Fabius, Dominique Strauss-Kahn… comme pour lui rappeler aussi qu'une fois au pouvoir le PS est bien obligée de gérer, de se « compromettre » avec le système capitaliste qu'il continue de dénoncer rue de Solférino. La gauche de gouvernement dans toute sa splendeur.

L'entrevue entre les deux hommes est programmée depuis l'université d'été de La Rochelle de la rentrée 2015. Comme l'année dernière, Emmanuel Macron y a fait grand bruit en s'en prenant aux 35 heures. Sauf qu'un an après sa nomination la nouvelle attaque du ministre de l'Économie n'est plus perçue comme une maladresse mais comme un acte délibéré. À quoi joue Emmanuel Macron ? se demande-t-on dans les rangs de la gauche. Devant les patrons du Medef, réunis eux aussi pour leur université d'été annuelle de Jouy-en-Josas, il s'est lâché, encore une fois : « La gauche a pu croire à un moment, il y a longtemps, que la politique se faisait contre les entreprises, ou au moins sans, qu'il suffisait de décréter et légiférer pour que les choses changent. Qu'il n'était pas nécessaire de connaître le monde de l'entreprise pour prétendre le régenter, que la France pourrait aller mieux, en travaillant moins. C'était de fausses idées », déclare-t-il à la tribune. Il n'en faut pas plus pour exciter les socialistes et les voir entamer leur danse rituelle autour du totem des 35 heures. D'autant qu'Emmanuel Macron en a un peu rajouté. Plutôt que d'assister à l'université d'été du parti, il a préféré se rendre, la veille, à la réunion des réformateurs du PS à Léognan. Le matin, ils ont visité la maison de Montaigne à Bordeaux, écrivain, grand philosophe et engagé politique. Ça en a fait sourire certains, qui ont fait le parallèle. Surtout en voyant Emmanuel Macron s'attarder dans toutes les pièces pendant que la guide parlait de Montaigne, de sa vie amoureuse particulière, de sa passion pour le travail, de son obsession de mettre de la philosophie dans la politique… Dans l'après-midi, Emmanuel Macron a tenu une sorte de discours programme, un exposé long et précis du fond de sa pensée politique. « Je ne suis pas un homme d'appareil, j'ai très peu d'expérience en la matière et je ne cherche pas à en acquérir », avait-il prévenu avant de détailler sa vision du monde. La mondialisation inévitable à laquelle la France doit bien s'adapter, l'innovation indispensable pour rester au niveau, la « disruption » que cela provoque – « ça fait disparaître des pans entiers de l'économie pour en recréer d'autres » –, et enfin les inégalités que ces mouvements entraînent. Face à cela, pas d'autre choix que le réformisme, quitte à bousculer les habitudes. « Il y en a beaucoup chez nous qui sont du bon côté du conservatisme, qui sont dans des professions réglementées et, en quelque sorte, la politique fait parfois office de profession réglementée. La haute fonction publique aussi est une forme de profession réglementée. Pendant trop longtemps, on a considéré que l'on était finalement entre nous, que ce monde nous arrangeait, qu'il fallait le réguler à la marge. C'est fini, la vague est partie », expose-t-il sans que cela ne provoque le moindre soubresaut. Pas plus d'ailleurs que les interrogations qu'il exprime sur le code du travail. « Je ne fais pas partie de ceux qui sont obsédés par la taille du code du travail, commence-t-il. Mais si tout marchait bien, pourquoi aurions-nous 10 % de chômeurs depuis trente ans, depuis trente ans… ! Pourquoi dans les quartiers défavorisés un jeune sur deux n'a aucune perspective de trouver un emploi ? Pourquoi 90 % des contrats signés dans une année sont des contrats courts ou de l'intérim ? […] L'hyper-rigidification du travail, ça n'est pas aider le travail. » Pendant un peu plus d'une heure, Emmanuel Macron va ainsi exposer le fond de sa pensée, à contre-courant des dogmes socialistes, avant de conclure en citant Pierre Mendès France : « Ceux qui disent la vérité sont les optimistes. » « En tant qu'optimiste, je sais que mon pays veut entendre la vérité car il a pris la décision irrévocable de guérir, et il guérira. » Applaudissements nourris, salle conquise. Mais son intervention ne rencontre alors que peu d'écho. Beaucoup moins en tout cas que sa sortie sur les 35 heures quelques heures plus tard devant le Medef. Pour résumer l'état d'esprit de l'aile gauche du PS à cette nouvelle charge du ministre de l'Économie, il faut écouter le député Yann Galut. « La bataille de la réduction du temps de travail est une bataille historique, rappelle-t-il sur le parvis de l'espace Encan à La Rochelle. Emmanuel Macron a insulté Jaurès, Blum, Mitterrand, Jospin et Aubry. » Rien de moins. Un crime de lèse-socialisme, donc. C'est cela qui lui vaut le rappel à l'ordre de Jean-Christophe Cambadélis et un premier entretien officiel après une série de rendez-vous manqués.

Pendant l'examen de la loi Macron à l'Assemblée nationale, le premier secrétaire du PS avait proposé par deux fois à Emmanuel Macron de venir s'expliquer devant le bureau national du parti. Il avait toujours décliné, arguant de la charge de travail liée à sa loi. Une excuse comme une autre mais qui n'avait pas vraiment convaincu les cadres du parti. D'autant que, dès la nomination d'Emmanuel Macron à Bercy, Jean-Christophe Cambadélis avait proposé à Emmanuel Macron de venir s'exprimer au PS, pour se présenter, expliquer sa politique et lever les malentendus entre les deux parties. C'est François Hollande qui avait encouragé le patron du PS à voir très vite Emmanuel Macron. Il s'était efforcé de faire comprendre deux-trois choses au petit nouveau. Qu'il fallait ménager le PS par exemple. Ou qu'il était normal que le parti ne bénisse pas toutes les initiatives de Bercy en matière de politique économique. Ou encore qu'il n'était pas question de faire d'Emmanuel Macron un militant socialiste. Bref, chacun dans son rôle. Au PS celui de gardien de l'orthodoxie socialiste, à Emmanuel Macron celui de l'avant-garde moderniste. « Il y avait des éléments de distances qui nous allaient très bien à l'un et à l'autre », raconte Jean-Christophe Cambadélis. Quand les tensions étaient trop fortes, les deux hommes s'appelaient régulièrement, jusqu'à plusieurs fois par semaine lorsqu'il y avait un problème sur un sujet particulier comme le travail du dimanche, par exemple. Histoire de caler les réactions de part et d'autre pour éviter les polémiques inflammables. Un dialogue suivi qui n'a pourtant pas empêché les sorties fracassantes, comme celle sur les 35 heures en pleine Rochelle. « J'essayais alors de faire en sorte que l'université d'été se concentre sur l'union de la gauche », raconte Jean-Christophe Cambadélis. Il s'agissait de préparer les élections régionales de la fin de l'année et essayer d'éviter la Bérézina annoncée pour le PS. « J'avais obtenu que l'ensemble des courants et sous-courants du parti ne se réunissent pas dans la ville pour éviter de donner du grain à moudre aux polémiques, poursuit le patron du PS. Lui a accepté d'aller chez les réformistes, j'étais à peu près persuadé de ce qui allait se passer... » Bingo !

Lorsqu'ils se rencontrent à Bercy, il s'agit donc surtout d'éviter que ce genre d'épisode ne se reproduise. Le patron du PS explique à Emmanuel Macron que son positionnement politique pose un problème au parti. Que, s'il s'agit de s'adresser à des électeurs auxquels le PS ne parle pas ou plus, pour élargir la majorité, il n'y a pas de problème. « Je défendrai ce que pense le PS mais je peux comprendre l'intérêt d'un ministre qui s'adresse à un certain nombre d'acteurs qui ne sont pas socialistes, lui explique Jean-Christophe Cambadélis. En revanche, s'il s'agit de créer un rapport de forces de l'extérieur du parti pour changer la gauche, la critiquer ou la ringardiser, je ne pourrais pas l'accepter », prévient-il. Emmanuel Macron approuve. Il n'a qu'une seule revendication, pouvoir conserver sa liberté de parole et de pensée. C'est justement le risque. Alors, pour bien lui faire comprendre qu'il ne s'agit pas d'une petite affaire sans importance ni conséquences, Jean-Christophe Cambadélis lui expose l'ensemble de sa stratégie à la tête du PS pour les deux ans qui mènent à l'élection présidentielle. Que faire du PS ? Comment le dépasser ? Pourquoi rassembler la gauche ? Comment affronter la montée du FN ?.... « Il a trouvé ça passionnant et m'a assuré qu'il fallait qu'on se voie beaucoup plus souvent, tous les quinze jours. Bon... c'est peut-être un peu trop mais je lui ai dit de ne pas hésiter à m'appeler chaque fois qu'il aura un souci. » Ça ne tarde pas. À peine quinze jours plus tard, coup de téléphone angoissé d'Emmanuel Macron au patron du PS : « Les journalistes sont en train de partir en vrille. » Encore une fois, il a cherché. Encore une fois, il a trouvé.

À sa façon habituelle, Emmanuel Macron a laissé s'exprimer le libre cours de sa pensée. Invité à débattre devant le think-tank de gauche En temps réel, il s'en est pris au statut des fonctionnaires. « Je ne vois pas ce qui justifie que certains cadres de mon ministère bénéficient d'un emploi garanti à vie, et pas le responsable de la cyber-sécurité d'une entreprise... », explique-t-il. Et il ajoute que le statut des fonctionnaires n'est « plus adapté au monde tel qu'il va » et « surtout, n'est plus justifiable compte tenu des missions ». L'attaque n'est pas d'une violence inouïe mais Emmanuel Macron sous-estime une nouvelle fois le poids qu'a acquis sa parole. Lorsqu'il parle, les journalistes qui l'écoutent ne guettent plus tant le fil d'une réflexion politico-philosophique censée remettre la France d'aplomb que le propos polémique qui mettra à nouveau la majorité sens dessus dessous. Cette fois, le départ de feu est immédiat. Les fonctionnaires, c'est le fonds de commerce électoral du PS. Les provoquer, à trois mois des élections régionales, c'est une faute lourde. À tel point que François Hollande lui-même se trouve contraint de recadrer son ministre, depuis Tulle où il est en déplacement. À l'occasion d'une remise de décoration dans son fief corrézien, il glisse dans son discours un hommage à « un fonctionnaire d'État, un fonctionnaire attaché à son département de la Corrèze et, comme je le suis, attaché à son statut ». Cela pourrait servir de leçon. Mais non. Emmanuel Macron va en rajouter quelques jours plus tard, lors d'un forum organisé par le journal *Le Monde.*

Va-t-il s'arrêter de provoquer polémique sur polémique ? « Je vais continuer », répond-il crânement en expliquant que selon lui « il faut rénover la pensée profonde de la gauche ». Et il en rajoute même dans la provocation en assurant que « le libéralisme est une valeur de gauche » et que lui-même se revendique donc comme « libéral ». Un aveu assez lourd. Se présenter comme libéral au Parti socialiste, cela revient à entrer dans une boucherie en hurlant qu'on est végétarien. Au mieux, on se fait poliment raccompagner vers la sortie et inviter à changer d'établissement. Demandez à Bertrand Delanoë. Il est le dernier à avoir essayé. C'était en 2008, avant le congrès de Reims. À en croire les sondages, celui qui était alors maire de Paris devait s'imposer haut la main à la tête du PS. Jusqu'à la publication de ce livre programmatique, titré *De l'audace !*, dans lequel il se revendique « socialiste et libéral ». L'argumentation est charpentée et les idées pas tellement éloignées de celles d'Emmanuel Macron. Comme lorsque Bertrand

Delanoë explique que « la gauche doit assumer les contraintes de la gestion. C'est la condition première pour réaliser l'utopie ! Les deux sont indissociables. C'était aussi l'idée de Pierre Mendès France… » Sauf que voilà, l'histoire s'est mal terminée pour l'ancien maire de Paris, éliminé sans gloire, humilié même au soir du congrès de Reims, après être arrivé en troisième position derrière Ségolène Royal et Martine Aubry. Pour peser au PS, il ne faut pas se revendiquer libéral. Jamais. Jean-Christophe Cambadélis le sait bien, qui observe Emmanuel Macron du haut de ses plus de trente ans d'expérience dans le parti, avec le regard de celui qui en a vu d'autres. « Il y a toujours eu, dans le PS ou à côté, des personnalités qui rappelaient au parti la réalité de l'économie et l'impératif de gestion lorsque nous sommes au pouvoir, explique-t-il. Macron percute parfois les dogmes du parti mais ce n'est pas nouveau. C'est une tradition qui a toujours existé. » Bref, le phénomène de mode finira bien par passer. D'ici là, Jean-Christophe Cambadélis s'efforce de maintenir un équilibre subtil. Attaquer Emmanuel Macron quand il dérape pour contenir l'aile gauche, le ménager le reste du temps pour ne pas se l'aliéner. Car le nouvel homme fort de la gauche peut se révéler un atout de poids dans le jeu du premier secrétaire du PS. « On dit qu'il y a un axe qui se constitue entre lui et moi… mais c'est n'importe quoi, balaie Jean-Christophe Cambadélis. Je m'entends très bien avec Manuel, même s'il y a parfois de la friture sur la ligne. » Mieux vaudra tout de même avoir Emmanuel Macron dans sa main lorsqu'il s'agira de garder le contrôle du parti après l'élection présidentielle. Surtout si, comme tout le monde s'y prépare, François Hollande est éliminé. Il n'a pas échappé à Jean-Christophe Cambadélis que Manuel Valls lorgnait lui aussi sur le parti pour assouvir son ambition élyséenne. Pour le Premier ministre, la route de 2022 passe par le PS. Mais le patron du parti se verrait bien y rester pour achever le « dépassement du parti » qu'il a entrepris depuis son élection au poste de premier secrétaire. Ménager Emmanuel Macron, c'est embarrasser Manuel Valls. Alors il essaie de s'y employer. Ça ne va pas être simple, pourtant. En cette rentrée 2015, la foudre va s'abattre de partout sur le ministre de l'Économie.

24

HARO SUR LE MACRON

« Quand on réforme l'État, les fonctionnaires ne sont pas contents. Quand on fait des économies, les collectivités publiques ne sont pas contentes. Quand on touche à la famille, les familles ne sont pas contentes. Si, à chaque fois, le critère, c'est un critère à l'applaudimètre ou aux réactions, je peux vous le dire, dans le pays qui est le nôtre, qui a ses qualités et ses défauts, à ce moment-là, on ne fera plus rien. »

Emmanuel Macron, 5 décembre 2014,
discours devant l'UNAPL

Le yaourt s'écrase mollement à quelques centimètres du pupitre d'Emmanuel Macron. Il s'interrompt, recule un peu, jette un regard inquiet vers la salle. Une bronca ? Une femme hurle dans le public : « Tu assassines les chômeurs ! Licencieur ! Licencieur ! » Le geste est isolé. À sa façon habituelle de gérer l'imprévu, Emmanuel Macron tente un moment d'engager le dialogue avec la perturbatrice. Sans succès. Elle lui hurle d'aller voir son blog, qu'elle y dit tout sur le Tafta, le très contesté accord de libre-échange entre les États-Unis et l'Europe, alors en pleine négociation. Le propos n'est pas très clair, un peu confus, mais Emmanuel Macron l'assure de sa voix un peu haut perchée : « Eh bien, j'irai lire votre blog, madame. » Elle est rapidement évacuée par le service d'ordre. L'agression n'a rien de spectaculaire, elle est en revanche hautement symbolique de ce qu'est devenu le ministre de l'Économie aux yeux d'une partie de la gauche. Après deux mois de polémiques incessantes sur les 35 heures et le statut des fonctionnaires, Emmanuel Macron participait à une table ronde sur les « nouvelles opportunités économiques » à la bourse du travail de Lyon. Accueilli en cette mi-octobre 2015 par le maire de la ville Gérard Collomb, personnalité emblématique elle aussi de l'aile réformatrice du PS, le ministre avait prévu de poser les bases idéologiques de sa loi à venir sur le développement de l'économie numérique. Un propos de fond, sans provocation ni déclarations inflammables. Non pas qu'il se soit calmé, juste que ce n'était ni le lieu ni l'endroit ni le moment pour en rajouter une couche dans la provocation. Car ses propos iconoclastes commencent à produire des dommages collatéraux.

À deux mois des élections régionales, les sorties de route d'Emmanuel Macron mettent les candidats socialistes en difficulté. Les fonctionnaires sont le cœur de cible de la rue de Solférino, son électorat captif en quelque sorte. Et ils se détournent des bulletins de vote PS. Ne comprennent pas qu'un membre du gouvernement puisse s'en prendre à eux sans que cela provoque plus de réaction que cela au sommet de l'État. Au mieux ils s'abstiendront, au pire ils voteront ailleurs. Le scrutin s'annonce déjà cataclysmique pour les socialistes, inutile d'en rajouter. Ce que chacun dans le parti s'efforce de faire comprendre à sa manière à Emmanuel Macron. Depuis quelques semaines, pas un jour ne passe sans qu'un membre de l'aile gauche du PS, qu'un cadre du parti ou qu'un ministre du gouvernement n'y aille de son recadrage. C'est Martine Aubry qui a ouvert le bal, dans son style habituel : abrupt. « Macron ? Comment vous dire ?.... Ras le bol ! Voilà. Ras le bol ! Je supporte de moins en moins l'arrogance, notamment sur les fonctionnaires, de la part d'un ancien fonctionnaire certes devenu banquier d'affaires, et une ignorance de ce que vivent les gens aujourd'hui. » La maire de Lille est furibarde. Elle avait prévu son coup. Depuis un an, les socialistes la pressent de se présenter aux élections régionales dans le Nord-Pas-de-Calais-Picardie pour contrer la menace d'une victoire de Marine Le Pen. Depuis un an, elle refuse. Mais elle voit bien à qui ses ennemis socialistes comptent faire porter le chapeau d'une éventuelle victoire de l'extrême droite dans la région. Pour elle, Emmanuel Macron représente le bouc émissaire parfait. En orientant sur lui la responsabilité d'une défaite à venir, en lui faisant porter le chapeau des divisions de la gauche, elle s'exonère de sa propre responsabilité. L'avantage, c'est que la stratégie fonctionne bien au-delà de sa seule région. Paniquée à la perspective de connaître une nouvelle déroute électorale, la gauche a érigé Emmanuel Macron en symbole de la défaite annoncée. Et dans le sillage de la maire de Lille, tout le monde a embrayé. « La formule de Martine était raide mais je la crois partagée, y compris dans l'exécutif », approuve Jean-Christophe Cambadélis. Jamais en retard d'un commentaire désagréable, Michel Sapin y va aussi de sa mise en garde : « Quand on est ministre, on n'est pas libre de sa parole. » Même Ségolène Royal s'y met, expliquant qu'« il faut maintenant éviter tous les mots qui blessent ».

Lui a mis du temps à voir le coup venir. D'abord, il a essayé de s'expliquer. Mettant en cause la presse, qui aurait rapporté des propos tenus en *off* dans le cadre d'un cercle de réflexion, il nie : « À aucun moment je n'ai parlé d'une réforme du statut de la fonction publique que le gouvernement envisagerait. Les propos partiels rapportés donnent une vision déformée de ma pensée. Il ne peut y avoir aucune polémique à ce sujet. » La faute aux médias encore, qui semblent décidément avoir bien du mal à s'orienter dans la complexité de la réflexion macronienne. Mais c'est quand même devant ces mêmes médias qu'il tente de faire la traduction de son discours. « Je n'ai jamais dit : il faut supprimer le statut de la fonction publique. J'ai dit : il est important de réfléchir collectivement au cadre d'emploi, à ce qu'est la fonction publique aujourd'hui. Est-ce qu'on pense bien la fonction publique ? Je ne crois pas, même si elle a évidemment son intérêt et sa pertinence. J'ai fait le choix d'être fonctionnaire ! Je suis d'une famille de fonctionnaires, je ne vais pas la fouler au pied », raconte-t-il lors d'un colloque organisé par *Le Monde.* Devant ses proches, il se montre plus qu'agacé par la tempête qu'il a provoquée. « On nage en plein délire. S'il est interdit de réfléchir et de proposer, alors mieux vaut aller se coucher », confie-t-il, un rien bravache. C'est son style. « C'est quelqu'un qui tient désespérément à sa liberté de parole, explique son ami Marc Ferracci. Il connaît les risques que cela comporte, mais il prend trop de plaisir à être dans le verbe et à tenter de convaincre pour renoncer à ça. Je sais comment il peut se comporter sur une estrade. Il y a une forme d'accomplissement à être dans la joute oratoire. Il n'a pas envie de renoncer à cela. »

Mais ses mises au point sont inaudibles. Emmanuel Macron est dans la lessiveuse. Ses petites phrases ricochent dans le « flipper » qu'il dénonçait après ses débuts maladroits à Bercy. « Rien ne lui sera épargné, prévient Bruno Le Roux. Alors, il faut qu'il fasse attention aux réflexions trop pointues. Il n'y a pas toujours de la place pour les choses trop fines. Il doit faire preuve de prudence. » Tout occupé à justifier ses propos, à expliquer que sa réflexion était bien plus profonde que ce que les médias en avaient retranscrit, à tenter de replacer sa démonstration dans le contexte, Emmanuel Macron en a oublié de faire de la politique. Encore une fois. Jamais élu, jamais confronté aux électeurs, jamais engagé en première ligne dans une campagne, il n'a pas vu l'enjeu des élections régionales à venir. C'est Julien Dray qui l'a alerté. « Les machines politiques existent et elles ont un calendrier. Tu dois apprendre à en tenir compte. Tu as un potentiel énorme mais on ne devient pas leader politique en vingt-quatre heures. » Depuis sa nomination à Bercy, c'est la deuxième fois qu'un scrutin s'inscrit en toile de fond de son action. Un peu naïvement, il pensait pouvoir conserver sa liberté de ton. Il n'avait pas encore mesuré que, sur fond de campagne électorale, l'impact de sa parole serait démultiplié. Ni qu'à trop vouloir se poser en ministre libre et décomplexé, c'est son poste à Bercy qu'il mettait en jeu. L'équation est simple, qui relève de la mécanique politique de base : si le PS enregistre une défaite historique, les appels à la démission d'Emmanuel Macron se multiplieront. François Hollande a annoncé un remaniement après les régionales, l'occasion sera trop belle pour ses adversaires de tenter de le rendre responsable. Le ministre de l'Économie et ses propos iconoclastes ? « On a fait partir Arnaud Montebourg pour moins que ça », menace le frondeur Laurent Baumel. De son côté, Benoît Hamon en remet une couche. « Nous qui nous présentons aux élections enregistrons dans les urnes les conséquences des choix politiques qu'il défend. » Signe qu'il est allé trop loin, François Hollande lui-même y va de son recadrage et dénonce une « polémique inutile », une « communication mal maîtrisée ». Manuel Valls aussi se fend d'un coup de fil à son ministre pour lui remonter les bretelles. Même ses partisans commencent à le mettre en garde. Au sein du mouvement des réformateurs, le député du Val-d'Oise Philippe Doucet lui recommande « une petite cure médiatique pendant au moins deux mois », et l'implore : « Emmanuel, ne mets pas le souk ! » Au PS aussi, ses rares soutiens commencent à s'inquiéter. « Il est gentil, Emmanuel, mais ses propos sur les fonctionnaires, on m'en a parlé partout, raconte Christophe Borgel. Sur les marchés, dans ma circonscription… Je l'ai soutenu sur les illettrées, je l'ai défendu à La Rochelle sur le temps de travail mais là, sur les fonctionnaires, il doit faire attention. On est en pleine campagne électorale donc c'est bien le moins qu'il soit recadré. » Plus personne ne veut le voir sur le terrain. Candidat à la tête de la région Ile-de-France, Claude Bartolone a fait passer le mot à ses troupes : pas question de voir Emmanuel Macron participer au moindre meeting. Dans toutes les régions, les candidats socialistes réagissent de même. Il est plus que jamais *persona non grata* en territoire socialiste.

À l'échéance électorale, s'ajoute un climat social tendu. Le jour même où Emmanuel Macron se faisait agresser à coup de yaourt à Lyon, le président de la République voyait un syndicaliste refuser de lui serrer la main dans un chantier naval qu'il visitait à Saint-Nazaire. Quelques jours plus tôt, des salariés d'Air France menacés d'un plan social avaient poursuivi deux cadres de l'avionneur et réduit leurs vêtements en lambeaux devant les caméras de télévision. La scène avait été diffusée dans le monde entier et jeté une lumière crue sur l'état d'un pays en pleine révolte contre ses dirigeants. D'ailleurs, à Lyon, pendant qu'Emmanuel Macron s'exprimait à la tribune, une manifestation de la CGT se déroulait à quelques pas de la Bourse du travail. Le bâtiment était cerné par les CRS, et c'est par une porte dérobée que le ministre s'était éclipsé à la fin de son intervention, sous la protection des forces de police. S'il n'avait rien lâché sur le fond, Emmanuel Macron avait toutefois pris soin de ne pas manier les mots qui fâchent. Pas d'allusion au temps de travail ni au statut des fonctionnaires, juste un propos suffisamment complexe sur l'assouplissement du marché du travail pour que tout le monde n'y voie que du feu. Il a compris qu'il était scruté, que chacune de ses paroles était guettée et que le moindre faux pas pouvait provoquer l'embrasement. Et pourtant, en dépit de cette position inconfortable, il continue à progresser dans l'opinion. À la mi-octobre 2015, il devient même la deuxième personnalité préférée des Français, juste derrière Alain Juppé, mais devant François Bayrou. Dans le même temps, les deux rivaux de l'élection présidentielle de 2012, François Hollande et Nicolas Sarkozy, voient leur cote s'effondrer. Comme si, au fur et à mesure que se rapprochait l'échéance essentielle de 2017, la demande de renouveau des Français s'incarnait de plus en plus en Emmanuel Macron. Comme si le pays se montrait imperméable aux préventions des socialistes à son égard. Pour lui, ce n'est pas tout à fait une surprise. Depuis un an, il a eu le temps de voir que, chaque fois qu'il se démarquait du PS, il progressait dans l'opinion. Que chaque fois qu'il s'attaquait à un tabou, la séquence se répétait à l'identique : tollé général dans la vieille gauche, circonspection à droite, acclamations des Français dans les sondages. Son positionnement est payant, pourquoi en changer ? Sa ligne, c'est le socialisme moderne, en prise avec son époque, souvent plus social que tous ceux qui, à gauche, se posent en défenseurs des dogmes du parti. La même qu'un certain Manuel Valls, qui commence d'ailleurs à s'inquiéter sérieusement de la concurrence d'Emmanuel Macron sur son créneau.

Troisième partie

LE TRIANGLE DES BERMUDES

25

UN FAUTEUIL POUR DEUX

« Le 49-3 ne doit pas masquer la réalité du débat parlementaire, qui a été éminemment politique. Sur le travail du dimanche, le désaccord est politique. C'est d'ailleurs ce qui justifie qu'à la fin Benoît Hamon explique qu'il ne votera pas le texte après un véritable débat de nature politique. La politique, c'est la vraie vie des gens. On fait de la politique quand on s'occupe de ça. Le reste, les jeux d'appareil, la tactique, c'est le fait de personnes qui ne sont pas sérieuses, qui utilisent la vie des gens comme décor pour servir leurs ambitions personnelles. »

Entretien avec Emmanuel Macron,
11 décembre 2015

Ce n'est jamais arrivé. Pour la deuxième fois en six mois, Emmanuel Macron est invité à « Des paroles et des actes ». Il n'est pas l'invité principal. En cette rentrée de septembre 2015, la place d'honneur est réservée au Premier ministre, c'est à lui qu'est consacrée l'émission de France 2. Emmanuel Macron, lui, est dans le public, sagement installé aux côtés des membres du gouvernement en rang d'oignons, contraint de jouer les plantes vertes pendant près de trois heures. Manuel Valls les a convoqués pour assister à sa prestation. Lui devant et eux derrière, c'est l'idée. Mais, après tout, peu importe la place, il n'est quasiment question que du ministre de l'Économie, de ses provocations récentes et de sa propension à ne jamais tenir sa langue. Au point d'agacer Manuel Valls qui, interrogé sur les déclarations récentes d'Emmanuel Macron à propos du statut des fonctionnaires, se retourne vers son ministre pour lui demander, sur un ton apparemment amusé : « Tu n'as pas dit ça, Emmanuel ? » À Matignon, on ne sait plus comment traiter Emmanuel Macron, cet enfant turbulent qui n'en fait qu'à sa tête et n'écoute jamais rien. Le ministre de l'Économie les rend tous fous. Alors va pour le paternalisme. Une façon comme une autre de le ramener à son rang de politique débutant. Lui s'en amuse. Il sourit, comme souvent. Il sait de toute façon qu'il va encore en profiter.

Peut-être Manuel Valls repense-t-il parfois à l'avertissement que lui avait lancé Arnaud Montebourg juste après s'être fait virer du gouvernement, quand l'ex-ministre du Redressement productif l'avait mis en garde contre le risque de voir Emmanuel Macron s'emparer du totem de la rénovation et de la modernité. Il avait vu juste. Coincé à Matignon par les pesanteurs de la fonction et son rôle de garant de la cohésion de la majorité, le Premier ministre s'est affadi. Emmanuel Macron, c'est la mauvaise conscience de Manuel Valls. Celui qui lui rappelle par ses déclarations fracassantes ce à quoi il a renoncé en s'installant à Matignon. C'est toujours la même histoire. Tant qu'on n'a pas les manettes en main, on prospère sur la modernité et le réformisme puis, une fois qu'on se les voit confier, on comprend que la machine de l'État est bien plus complexe à manœuvrer qu'on ne le pensait. Et on déçoit. Manuel Valls en est là, à observer depuis Matignon son jeune ministre s'installer sur le créneau qui avait fait sa force. Au regard des prises de position tonitruantes d'Emmanuel Macron, c'est lui qui apparaît désormais comme le fer de lance de la rénovation du PS, plus Manuel Valls. « On sent quand même un certain agacement du Premier ministre à l'égard de Macron, observe Julien Dray. Mais c'est logique puisqu'il est en train de lui piquer sa place sur le terrain de l'incarnation de la modernité. Valls n'avait pas anticipé ça, parce qu'il ne voyait en Macron qu'un brillant techno. Le problème, c'est qu'il le pense encore aujourd'hui. » Mais le Premier ministre n'est pas complètement surpris par l'envolée de la popularité du ministre de l'Économie. Les enquêtes d'opinion confidentielles que réalise le Service d'information gouvernemental (SIG) l'ont alerté dès le début. Très vite, il a vu la popularité de son ministre progresser et les Français saluer son action. Un détail l'a particulièrement agacé : entendre des sondés comparer Emmanuel Macron à Barack Obama en le jugeant « sympa » et « accessible ». Pour avoir lui-même usé jusqu'à la corde ce rôle de briseur des tabous de la gauche, il sait jusqu'où cela peut mener.

Les prémices de la rivalité entre les deux hommes sont apparues à la fin de l'examen de la loi Macron au Parlement, lorsque Manuel Valls a brandi le 49-3 pour faire adopter le texte sans vote. « Cet épisode a été assez révélateur du sentiment de menace qu'il pouvait ressentir à l'égard d'Emmanuel, assure Marc Ferracci. Dans son entourage en tout cas, tout le monde a interprété le geste comme une forme de crainte du Premier ministre vis-à-vis de lui. » Un acte d'autorité pour ne pas laisser le jeune ministre engranger tout le bénéfice du travail réalisé sur sa loi ? Déjà, Manuel Valls avait bataillé ferme pour que la loi ne porte pas le nom de Macron. « Nous ne voulions pas associer ce texte à Emmanuel, pour éviter que l'un serve à caricaturer l'autre, que l'on dise que cette loi était libérale pour montrer que Macron l'était ou que l'on accuse Emmanuel d'être libéral pour démontrer que le texte l'était », explique Bruno Le Roux. Manuel Valls avait ainsi tenté d'imposer l'appellation « loi pour la croissance, l'activité et l'emploi ». « Bon. Rien qu'en le disant, on a très vite compris que ça ne serait pas possible », se souvient Bruno Le Roux. Va donc pour la loi Macron. Quant à l'utilisation du 49-3, tous ceux qui ont participé à la décision l'assurent : les incertitudes qui pesaient sur le vote étaient trop fortes pour prendre le risque. Pour Manuel Valls, c'était fromage et dessert : un acte d'autorité sur sa majorité et, au passage, une petite leçon de politique au jeune présomptueux. Histoire de montrer qui est le patron. Sauf que depuis, Emmanuel Macron est prêt à rendre coup pour coup. Manuel Valls l'a contraint à passer en force. Dont acte. Lui aussi va passer en force. Le ressort de ses provocations régulières est aussi là. Quitte à laisser courir toutes les spéculations sur ses ambitions, Matignon, l'Élysée… Tant que ça agace le Premier ministre, c'est toujours ça de pris.

Les deux hommes auraient pourtant tout pour s'entendre. Seulement, en politique, lorsque deux poids lourds se partagent le même positionnement, cela se termine rarement par des embrassades. Surtout qu'Emmanuel Macron ne fond pas d'admiration pour Manuel Valls. Avant la primaire, ce n'est d'ailleurs pas lui qu'il avait rejoint, alors qu'il était le candidat le plus proche de ses idées. En réalité, Emmanuel Macron ne croyait pas en Manuel Valls. Il ne lui voyait pas d'envergure intellectuelle, ou pas suffisamment à ses yeux. S'il lui trouvait un talent, c'était surtout celui de réussir à mettre en cohérence les idées des autres plutôt qu'à produire les siennes. Trop de fiches et de notes techniques, pas assez de profondeur ni de vision. Beaucoup d'énergie certes, un vrai talent de communicant, d'accord, mais une pensée pas assez charpentée aux yeux d'Emmanuel Macron. Celui qui travaille alors chez Rothschild trouve qu'au moment de donner un projet au pays, et une stratégie à la gauche, Manuel Valls atteint ses limites. Le choix de rejoindre François Hollande lui apparaît somme toute assez naturel. Pas pour assouvir une ambition, mais plutôt parce que celui qui est alors surnommé « Monsieur 3 % » – pour moquer ses sondages calamiteux – est le plus en phase avec ses idées. Cela peut paraître étonnant, mais il trouve que François Hollande est celui qui incarne le mieux les valeurs de la gauche.

« Emmanuel n'est pas du tout un calculateur politicien, assure Gaspard Gantzer. Il ne raisonne pas comme beaucoup peuvent le faire en politique, en se demandant quel est le meilleur cheval sur lequel miser. Il a ses idées, il les suit. » Ce qui n'a pas échappé à Manuel Valls qui, plutôt que d'entretenir l'idée d'une rivalité avec son ministre, va s'appuyer sur lui pour se renforcer. C'est l'épisode de La Rochelle de 2015, et la polémique lancée par Emmanuel Macron sur les

35 heures. « Quand il va parler du temps de travail au Medef, il ne le fait pas par hasard, assure Pascal Terrasse. Tout cela est parfaitement coordonné avec Matignon. Macron ouvre le bal sur les 35 heures. Le lendemain, Valls dit que c'est un scandale. Il le recadre et, dans le même temps, réussit à se faire applaudir en faisant passer la réforme du code du travail, alors que personne ne veut en entendre parler, au PS. Si Macron n'avait rien dit, s'il était resté calme, s'il n'y avait pas eu ce moment médiatique avant La Rochelle, qui devenait la bête noire de La Rochelle ? Manuel Valls. Macron a un rôle beaucoup plus stratégique qu'on ne le pense. » Il servirait ainsi de catalyseur de la grogne de l'aile gauche du PS, une sorte d'électron libre destiné à détourner l'attention des contempteurs de la ligne politique du Premier ministre. Habile mais risqué. Car à chacune de ses sorties, à chaque polémique qu'il provoque, Emmanuel Macron renforce son image de réformateur aux yeux des Français. Au point de ringardiser tout le monde à gauche, à commencer par Manuel Valls. Tout cela pour le plus grand bonheur de François Hollande, pas mécontent de voir ce Premier ministre qui s'est imposé à lui et qui ne cache pas son ambition de s'installer un jour à l'Élysée se faire mordiller les mollets par ce petit jeune ambitieux. « Que le président de la République ait distillé un peu de Macron pour entraver Manuel Valls au cas où… je veux bien le croire », reconnaît Christophe Borgel.

Complexes rapports, décidément, que ceux qui lient le président de la République, son Premier ministre et celui de l'Économie. Comme s'en amuse Alain Minc, « les relations entre François Hollande, Manuel Valls et Emmanuel Macron, c'est le triangle des Bermudes. Les rivalités sont déjà là ». L'avenir de chacun dépendra de l'élection présidentielle de 2017. Pour l'heure, François Hollande et Manuel Valls ne se méfient pas trop de « la nouvelle coqueluche du Tout-Paris ». « Il n'y a pas chez eux l'idée d'une concurrence avec lui, assure Jean-Marie Le Guen. Du fait qu'il n'a jamais été élu, Emmanuel Macron n'a pas encore franchi le pas de la densité politique sur l'ensemble des sujets. On ne le voit jamais sortir de son couloir. Il n'a pas un point de vue global et n'a pas encore de savoir-faire politique. Il ne le prétend pas, d'ailleurs. Il reste sur ses dossiers, pas dans la politique générale. » Mais, le problème de Manuel Valls, c'est qu'il a un calendrier. Bien sûr, il peut tenter de provoquer un clash hasardeux avec François Hollande pour concourir directement à l'élection présidentielle de 2017. « S'il veut s'en sortir, il doit tuer des gens, maintenant, à la Chirac. Mais il n'aime pas ça, il ne sait pas faire. Il peut s'énerver très fort, piquer des colères mémorables. Mais, dans le fond, c'est un gentil », assure un socialiste qui l'a longtemps pratiqué. Son échéance, ce serait donc plutôt l'élection présidentielle de 2022. Mais comment continuer à exister jusque-là ? En prenant le PS ? Là aussi, la manœuvre est hasardeuse. Ses adversaires rappellent souvent qu'il n'a obtenu qu'un petit score de 5 % à la primaire du PS de 2011. Et assurent que son courant d'idées n'est pas majoritaire dans le parti. « Sans doute Manuel Valls a-t-il commis une faute politique considérable, observe Alain Minc. Il aurait dû quitter Matignon pour se présenter à la région Ile-de-France. Il aurait vraisemblablement gagné et se serait retrouvé dans la situation de Jacques

Chirac à la Ville de Paris. Confortablement installé sur un gigantesque paquebot, sur le pont duquel il avait tout loisir d'attendre l'élection présidentielle. Il n'y a qu'à regarder François Fillon pour s'en convaincre. Ancien Premier ministre, député de Paris et contraint d'attendre cinq ans. C'est très long. » Surtout qu'en face Emmanuel Macron est en pleine ascension. Et qu'il ne laisse rien transpirer de ses ambitions réelles.

Pour les nerfs de ses adversaires, c'est encore même pire puisqu'il entretient l'idée qu'à tout moment il peut arrêter la politique pour faire autre chose. Cette liberté revendiquée agace d'autant plus Manuel Valls que cela contribue à entretenir le flou. C'est inconfortable. Et ça amuse Jean-Christophe Cambadélis, qui se demande, de façon un peu ironique, « mais pourquoi Manuel devrait-il s'inquiéter ? Il est Premier ministre, il a une cote de popularité appréciable et, quoi qu'on en dise, il a de bonnes relations avec certains écologistes et communistes… Il est déjà très loin devant. Il faut quand même intégrer l'idée que, pour l'instant, s'il n'y a pas de possibilité pour lui de déboîter, il y en a encore moins pour Macron ». Sauf à tenter l'aventure personnelle, une candidature sauvage dès 2017 pour prendre tout le monde de vitesse. La perspective est tellement improbable qu'elle inquiète tout le monde. « Attention de ne pas sombrer dans la folie ! s'emporte Bruno Le Roux. Il y en a un aujourd'hui qui est totalement préparé à l'exercice du pouvoir et il y en a un qui commence sa construction politique. Si j'avais un conseil à donner à Emmanuel, ce serait de faire attention. Ce qui fait la capacité à agir, ce n'est pas la dimension personnelle, c'est la construction dans un cadre collectif. Quand il n'y a qu'une construction personnelle, ça ne marche pas, ça ne va jamais au bout. » Même Michel Rocard y va de sa mise en garde à Emmanuel Macron sur les risques qu'une telle tentation ferait courir non pas tant à la gauche qu'au courant d'idées qu'il représente. Et l'invite d'ailleurs à mettre un terme à cette rivalité avec le Premier ministre. « La principale chance pour qu'Emmanuel puisse défendre ses idées, c'est d'avoir une bonne intelligence avec Manuel, assure-t-il. Dans sa situation, la bizarrerie c'est une amitié humaine, personnelle, avec le président de la République, lequel partage beaucoup moins ses idées que ne le fait Manuel Valls. Hollande appelle ça la gauche. Mais moi, l'adjudantisme, le commandement préfectoral sur l'économie, je n'appelle pas ça la gauche, je n'y arrive pas. » Dans l'opposition entre les deux hommes, il y a effectivement un autre paramètre à prendre en compte : le trouble jeu du président de la République. Car dans ces tensions entre Manuel Valls et Emmanuel Macron, il est loin d'être innocent.

26

LE CHOUCHOU DU PATRON

« Bien sûr que je souhaite que François Hollande soit candidat à la présidence de la République (...). Avant août 2014, je n'étais pas dans la vie politique. Je suis là pour agir, pour faire. J'aime la chose publique. J'ai deux loyautés. L'une à mon pays et mes idées. Je ne l'ai jamais lâchée, je ne la lâcherai jamais. Et puis j'ai des principes personnels. Je sais à qui je dois le fait d'être là. C'est François Hollande. Il est le candidat légitime (...). Je me suis habitué à ce que l'on me prête beaucoup d'intentions, à ce que l'on me fasse beaucoup de reproches, certains justifiés sans doute, d'autres injustifiés aussi. »

Emmanuel Macron,
16 mars 2016, sur Europe 1

C'est un privilège rare que François Hollande n'accorde qu'à peu de ses ministres. Parfois le soir, il invite Emmanuel Macron à l'Élysée pour un dîner en petit comité, loin du cadre protocolaire qu'impose la République entre le président et son ministre des Finances. Autour de la table il y a Ségolène Royal, Jean-Pierre Jouyet, Gaspard Gantzer, parfois Najat Vallaud-Belkacem. « Emmanuel Macron, c'est l'enfant caché de Hollande et Royal, plaisante un proche de l'ex-couple. Tous l'adorent, parce qu'ils se reconnaissent tous en lui. Ce n'est pas le gendre idéal, comme peut l'être Bernard Cazeneuve, non. Macron c'est l'enfant idéal, qui demande toujours la permission à papa et maman avant de faire quelque chose. » Ces invités réguliers du Palais, c'est la jeune garde du président, ceux qu'il compte mettre en avant dans la campagne de réélection, à laquelle il pense depuis le jour de son élection. Mais, parmi eux, Emmanuel Macron bénéficie d'un statut particulier. Il vient souvent aussi voir le chef de l'État en tête-à-tête le week-end, lorsque la pression de l'actualité immédiate se relâche, que le temps donne l'impression de se dilater et que le calme du Palais invite aux confidences. Ces dîners et rencontres avec François Hollande sont l'occasion d'aborder l'actualité politique de façon plus détendue qu'à l'ordinaire. François Hollande évoque les dossiers du moment, discute stratégie, se moque souvent. En réalité, il fait ce qu'il fait le mieux : analyser et commenter la vie politique française.

Le président de la République apprécie beaucoup Emmanuel Macron. Entre eux, un lien s'est créé depuis que le jeune homme a décidé de le rejoindre en 2008, quand l'ancien premier secrétaire du PS était au fond du trou, laminé par ses onze années passées à la tête du parti. Il en a vu passer, des types brillants, dans sa carrière. Mais des types brillants avec le sens de l'humour, beaucoup moins. Pour lui, ce n'est pas un détail. Savoir rire ou sourire, c'est aussi prendre de la distance, de la hauteur. Rien n'est si grave après tout que l'on ne puisse dédramatiser par une bonne boutade. C'est même devenu la marque de fabrique de François Hollande. Cela en agace certains, est insupportable pour d'autres, mais souvent, quand le trait fuse, c'est irrésistible. Comme ce jour où il débarque chez Julien Dray, qui fête son anniversaire chez lui, et fait rigoler tous les convives lorsqu'il aperçoit Emmanuel Macron qui traîne un peu plus loin : « Mais je croyais qu'on était entre amis. Personne ne m'a dit que la droite aussi était invitée ! »

Pour avoir beaucoup côtoyé les deux hommes à l'Élysée, Christian Gravel a observé de près cette complicité d'esprit entre François Hollande et Emmanuel Macron. « Il n'a échappé à personne que le président était assez sensible à l'humour, raconte-t-il. Du coup, avec Emmanuel, ça colle. À partir du moment où il y a de l'engagement, de la loyauté et ce point de convergence qu'est l'humour, il va de soi que cela conforte une relation de proximité. Il y a en plus une espèce de rapport affectif lié à l'âge. Lorsqu'il est arrivé à l'Élysée, Emmanuel n'avait que trente-quatre ans, c'était le benjamin de l'équipe. Avec lui, le président s'est peut-être montré un peu paternel, mais jamais paternaliste, contrairement à beaucoup d'autres. » D'ailleurs, François Hollande ne tarit pas d'éloges sur le jeune homme. Il se réjouit de sa « jeunesse », loue sa « fraîcheur », encense sa « compétence » et admire son « culot ». « Emmanuel Macron est un fidèle, un loyal et un homme sincère. Je sais qu'il se dévouera, qu'il travaillera pour faire réussir son pays. J'ai de l'affection pour lui car il est généreux, assure le chef de l'État selon des propos rapportés dans *Les Échos.* Il faut qu'il garde son identité pour ne pas devenir un homme politique comme les autres. Sa liberté est un atout… Jusqu'à un certain point. Il a un langage imagé. Il a compris que la vie politique et parlementaire a des règles. » Emmanuel Macron, c'est un peu le miroir narcissique de François Hollande. « Un politique qui a de l'expérience est forcément heureux d'observer la réussite de quelqu'un qu'il a choisi et imposé, explique Michel Sapin. Il a une vraie tendresse et une vraie admiration pour lui. Une volonté aussi de se valoriser lui-même par la réussite de celui à qui il a donné sa chance. » Bref, il n'en faudrait pas beaucoup plus pour que François Hollande qualifie Emmanuel Macron de « meilleur d'entre nous », comme Jacques Chirac l'avait fait en son temps avec Alain Juppé.

Mais le président de la République s'en garde bien. Il sait le poids qu'un tel jugement fait peser sur les épaules de l'heureux élu. Et puis l'admiration n'est pas réciproque. De son passage à l'Élysée, Emmanuel Macron ne garde pas que de bons souvenirs. Certes, tous deux partagent la même orientation politique. Comme le rappelle Aquilino Morelle, « ils sont exactement sur la même ligne. Avec lui, Hollande a trouvé un exécutant fidèle ». Mais c'est bien ce qui a fini par agacer Emmanuel Macron. Partager les mêmes idées que le président de la République et le voir si peu enclin à trancher dans le vif. Il se sent frustré. Le manque d'action lui pèse. Vu de l'extérieur du Palais, on lui prête beaucoup de pouvoir. Ce qu'il explique d'ailleurs aux étudiants qui ont donné son nom à leur promotion : « La différence entre banquier d'affaires et secrétaire général adjoint de l'Élysée, c'est la même qu'entre prostituée et femme de chambre. Ce sont des métiers de prestation de services. À l'Élysée, vous gagnez moins bien votre vie, ce sont toujours les mêmes draps que vous changez, vous n'avez pas de week-end. Mais, quand vous ouvrez la porte, les gens pensent que le président de la République, c'est vous. » Ça compense un peu, mais pas assez. Et puis ça peut donner des idées. Au cœur de l'Élysée, Emmanuel Macron a l'impression d'avoir du sable entre les mains. Sous François Hollande, les conseillers n'ont pas autant de pouvoir qu'avec Nicolas Sarkozy, quand les ministres tremblaient devant un commentaire de Claude Guéant, alors secrétaire général. Pire, lorsque des membres du gouvernement contestent un arbitrage ou une décision les concernant, ils envoient directement des textos au chef de l'État pour tenter d'infléchir la décision. Auprès de ses proches, Emmanuel Macron se plaint parfois de François Hollande. « C'est quelqu'un avec qui il est extrêmement difficile de travailler. C'est usant. Très usant », confie-t-il, un peu désemparé. Auprès de Michel Rocard, il déplore le côté poussiéreux de la pratique du pouvoir du président : « J'ai l'impression qu'on fait une politique des années 1980. Une politique qui aurait pu marcher il y a trente ans. » « Pourquoi n'essaies-tu pas de le convaincre d'en changer ? », lui demande l'ancien Premier ministre. Réponse désabusée d'Emmanuel Macron : « Parce qu'on ne change pas un homme. »

Avec François Hollande, le rôle de conseiller du prince n'est donc pas très enthousiasmant. S'il écoute beaucoup, il reste toujours dans l'ambiguïté lorsqu'il s'agit de prendre des décisions. Au fil du temps, cela finit par générer une frustration énorme chez ses conseillers. Ce n'est pas un hasard si la plus grande partie de ceux qui ont accompagné son installation à l'Élysée après son élection ont fini par quitter le Palais, y compris Emmanuel Macron. Mais c'est tout de même grâce à François Hollande qu'il revient dans le jeu et retrouve des couleurs en s'installant à Bercy. « Il est difficile de mesurer le degré d'amitié et d'affection qui les lie, raconte un proche. Mais Emmanuel sait ce qu'il doit à Hollande. Il est encore dans la loyauté et la gratitude. » Pour combien de temps ? Avant de devenir ministre de l'Économie, c'est sur le ton de la plaisanterie qu'Emmanuel Macron évoquait l'idée de devenir un jour président de la République. Désormais, il est plus sérieux lorsqu'il aborde le sujet. « La loi Macron lui donne la légitimité pour aller plus loin, assure un ami du ministre. Comme il a exclu l'idée d'entrer dans le processus classique en devenant un député lambda, ça veut dire Matignon ou l'Élysée. » Ses propres ambiguïtés entretiennent le doute sur ses intentions. Il dénonce le statut d'élu et la tradition bien française de devoir prendre son ticket dans la file d'attente pour enchaîner les postes avant de pouvoir prétendre aux plus hautes responsabilités. Mais, dans le même temps, il glorifie « la verticalité du pouvoir », défend l'idée que les responsables politiques doivent agir de haut en bas pour plus d'efficacité dans l'action publique. Cela passe par l'élection et la légitimité qu'elle confère pour agir. L'Élysée ? À l'observer, certains s'interrogent sur ses ambitions. « Peut-être que ça le titille, s'interroge Christophe Borgel. Il y a un côté fulgurant dans sa progression, alors peut-être qu'il se dit "Pourquoi pas ?". » Les interrogations sur une aventure personnelle d'Emmanuel Macron sont alimentées par le climat de défiance à l'égard des partis politiques. « Pour se lancer dans une bataille électorale, les machines que sont les partis sont utiles, voire indispensables, tranche d'abord Christophe Borgel. Mais à un moment donné, face au désarroi des

Français à l'égard de la politique, quelqu'un peut-il lever un mouvement, entraîner les choses ? Est-ce que c'est totalement impossible ? Regardez Beppe Grillo, en Italie… En France je n'y crois pas, mais j'avoue avoir tout de même une interrogation sur le sujet. »

Et si François Hollande ne se représentait pas ? Il suffit de se pencher sur les prévisions de croissance pour voir que l'hypothèse n'est pas absurde. Selon les calculs des économistes, il faut atteindre au moins 1,6 % pour que l'économie recommence à créer des emplois. Pour l'instant, la France en est loin. François Hollande ayant lié une nouvelle candidature de sa part à « l'inversion de la courbe du chômage », il est permis de réfléchir au scénario. C'est ce qui tourmente surtout Manuel Valls. C'est lui qui a le plus grand intérêt à un renoncement du chef de l'État. Si François Hollande décide de se représenter, qu'il gagne ou qu'il perde, quel avenir pour lui ? Cela fait déjà longtemps qu'il a inscrit son désir d'Élysée dans l'opinion. Il s'est préparé, il a coché la case Matignon et c'est bien là le problème. Si François Hollande renonce, c'est parce qu'il aura échoué. Et Manuel Valls avec lui. Alors que pour Emmanuel Macron, la responsabilité est plus lointaine. Certes il n'a pas encore d'équipe. Mais en s'appuyant sur sa popularité, dès lors que les Français le verront se mettre sur orbite, les talents ne manqueront pas d'affluer. Surtout chez ceux qui, au PS, n'entretiennent pas une admiration démesurée pour Manuel Valls, comme la plupart des anciens strauss-kahniens et une bonne partie des réformateurs. Si François Hollande ne se représente pas, ou si ses détracteurs réussissent à lui imposer une primaire, toutes les options sont ouvertes pour Emmanuel Macron. Dans cette hypothèse, il lui faut se désolidariser très vite de la méthode Hollande. « Dans la relation entre Hollande et Macron, il y a quelque chose qui rappelle celle entre Mitterrand et Fabius, observe un visiteur du président. S'il veut poursuivre en politique, Macron devra tuer le père à un moment. Comme Fabius l'avait fait avec Mitterrand à l'Assemblée nationale en 1985 en déclarant "Lui c'est lui et moi c'est moi", pour critiquer la réception à l'Élysée du dictateur polonais Wojciech Jaruzelski. Mais comment rompre avec François Hollande, qui lui a tout donné ? »

Emmanuel Macron ne se pose pas la question en ces termes. Si l'occasion se présente, il y réfléchira et décidera vite. Pour être « dans la vérité du moment », selon l'expression-valise qui lui sert à éluder les sujets qui fâchent. Pour l'heure, il observe de très près la réforme du marché du travail qui se prépare en cet automne 2015. Il voit bien que la ministre qui a succédé à François Rebsamen, Myriam El Khomri, n'a pas suffisamment de bouteille ni de poids politique pour défendre un texte ambitieux qui rompt avec des dizaines d'années de consensus mou. François Hollande ayant fermé la porte à l'idée de toucher au contrat de travail et aux 35 heures, il estime que l'impact sera mineur sur l'emploi. C'est une fenêtre de tir pour orchestrer son départ éventuel de Bercy puis, dans un second temps, une éventuelle candidature aux primaires que le PS ne manquera pas d'organiser. C'est surtout de la politique-fiction. Jamais personne n'a vu un président de la République en exercice renoncer à se représenter. Et François Hollande est aussi maître dans l'art d'embobiner tout son petit monde. Quand François Rebsamen avait décidé de quitter le ministère du Travail, Emmanuel Macron avait un moment pensé récupérer le portefeuille. Pour l'intégrer à Bercy ou pour exercer à plein temps rue de Grenelle, peu importe. Il voulait alors pouvoir réformer le marché du travail. Et avait cru un moment le scénario crédible. « Hollande te balade, il ne le fera jamais », l'avait alors mis en garde Alain Minc. Tout comme il l'avait prévenu de se méfier du chef de l'État : « Hollande est un nihiliste. Pour lui, en dehors de ses enfants et de Jean-Pierre Jouyet, toute relation est utilitaire. S'il avait besoin de te tuer, il te tuerait. Il t'aime bien, il est un peu paternel avec toi mais il n'hésitera pas une seconde. »

Emmanuel Macron sait François Hollande capable de tout, y compris de se représenter même si la courbe du chômage ne s'inverse pas. En cet automne 2015, l'hypothèse la plus probable reste, quoi qu'il arrive, une nouvelle candidature du président de la République. Et tout indique qu'il s'y prépare. Avec Emmanuel Macron comme élément-clé de son dispositif de campagne. « Avec sa popularité, Macron est "invidable", assure Alain Minc. Si Hollande s'en sépare, cela veut dire qu'il a renoncé à toute chance d'être président. Cela veut dire qu'il estime ne pas avoir besoin de cultiver les modérés. Et s'il estime ça, cela veut dire qu'il a décidé d'aller mourir en martyr de la gauche. Ce n'est pas le style de Hollande. Il pense qu'il y a toujours une chance. » Dès lors, il n'y a que deux scénarios pour Emmanuel Macron : soit François Hollande est réélu et il y a alors de grandes chances qu'il le nomme Premier ministre, soit François Hollande est battu et tout est à refaire.

Poursuivre en politique, cela suppose de se faire élire. Retourner à ses petites affaires, cela implique d'abandonner momentanément toute ambition nationale. Emmanuel Macron n'a pas toutes les cartes en main. Ce n'est pas ce qu'il préfère.

27

LE GAUCHISTE

« S'il fallait mettre les choses dans des cases, je dirais que mon discours le plus à gauche est sans doute celui que j'ai prononcé devant le Medef à la rentrée 2015. Les gens ne l'ont pas lu mais j'y appelle à la responsabilité des entreprises (...). Depuis que je pousse ces idées, la valeur travail est revenue dans le discours de gauche comme une valeur centrale. Donc, j'ai bien fait de le faire. C'est comme cela que l'on reprend l'hégémonie culturelle. La gauche n'osait plus parler de travail. Je constate que depuis plusieurs mois elle se remet à le faire. »

Entretien avec Emmanuel Macron,
11 décembre 2015

Emmanuel Macron arrive un peu en avance, le débat n'est pas terminé. Discrètement, il s'installe dans l'hémicycle du Conseil économique, social et environnemental. C'est là que l'association de gauche libérale Les Gracques a organisé son université. Le ministre de l'Économie doit y prononcer le discours de clôture. Ce n'est pas dans les habitudes des socialistes d'arriver en avance, ce que souligne avec humour le président de séance, le politologue Roland Cayrol : « Emmanuel Macron a voulu nous montrer que, décidément, il n'était pas membre du Parti socialiste. » Le ministre de l'Économie sourit. Effectivement, ce n'est qu'un début. Cela fait maintenant une semaine qu'il se tait. Une semaine que les attentats du 13 novembre, les plus meurtriers jamais connus en France, ont « ensangloté » le pays, selon le lapsus du président de la République dans un discours prononcé devant les maires de France au palais des Congrès de Paris. Une semaine donc que François Hollande a engagé le tournant sécuritaire de son quinquennat pour faire face à la menace djihadiste qui plane sur le pays. Une semaine qu'aux côtés du président de la République, Manuel Valls, Bernard Cazeneuve et Jean-Yves Le Drian occupent le devant de la scène. Le pays est en guerre, l'état d'urgence est en vigueur pour trois mois, les Français sont sous le choc. Plus encore qu'au début de l'année, après les attaques terroristes contre *Charlie Hebdo* et l'Hyper Cacher de la porte de Vincennes. Cette fois, c'est l'ensemble de la population qu'ont visé les terroristes : cent trente morts, des centaines de blessés. Un traumatisme national. Dans ce climat anxiogène, Emmanuel Macron n'a pas sa place. Du moins dans l'immédiat.

Dès le lendemain des attaques, il a stoppé l'offensive médiatique dans laquelle il s'était lancé. Elle était d'envergure. Il s'agissait alors d'assurer le lancement de la loi Macron 2, baptisée cette fois « Noé », pour Nouvelles opportunités économiques. Un ensemble de mesures destinées à favoriser l'innovation et aider au développement des nouveaux métiers dans l'économie numérique. En filigrane, transpire aussi la question de l'assouplissement du marché du travail.

Emmanuel Macron le reconnaît d'ailleurs, lorsqu'il explique qu'au chômage il préfère un contrat de travail plus fragile. Pour défendre ces idées iconoclastes à gauche, il avait participé à toute l'émission matinale d'Europe 1 – deux heures d'antenne non-stop –, accordé un long entretien à France 2, un autre au *Parisien Magazine.* Et tout au long de la semaine, il s'était affiché partout. Le titre d'un long portrait du *Monde* avait résumé le climat ambiant autour du ministre : « Le fantasme Macron. » Ou comment les attentes placées en lui dépassaient toute logique politique. Pour emballer le tout, un sondage Odoxa publié dans *Paris Match* achevait d'installer Emmanuel Macron dans le rôle d'homme providentiel à l'aube des élections régionales et du remaniement annoncé par François Hollande pour aborder la dernière ligne droite de son quinquennat. Selon cette enquête, 54 % des Français voyaient en lui un bon Premier ministre. Rien que le fait de se demander s'il serait efficace à Matignon accrédite l'idée qu'il figure désormais dans la *short list* des « premier-ministrables ». Dans le cœur des Français, Emmanuel Macron est le nouveau chouchou, juste devant Manuel Valls. De quoi envenimer encore un peu plus les relations entre les deux hommes. Publié le jour des attentats, le sondage était logiquement passé inaperçu. Désormais, toutes les cartes sont redistribuées.

La violence des attaques terroristes et la vigueur de la réaction de l'État ont conforté à leurs postes les ministres en première ligne. La perspective d'un remaniement gouvernemental de grande ampleur s'éloigne temporairement. Et avec elle l'hypothèse, jugée farfelue par beaucoup, d'installer Emmanuel Macron à Matignon, pour finir le quinquennat. Contre toute attente, c'est dans ce climat que le ministre de l'Économie va se révéler beaucoup plus à gauche qu'attendu. Sa réputation de dynamiteur des codes socialistes n'est plus à faire, il va pourtant renouer avec le discours traditionnel du PS, voire celui de la gauche morale. Et, dans un audacieux exercice de grand écart, tenter de relier les attaques terroristes aux dysfonctionnements du marché du travail. « Nous devons nous demander comment nous en sommes arrivés là, commence-t-il. Si l'état d'urgence se justifie parce qu'il est momentané, il devient insupportable si nous ne traitons pas les causes profondes. » Selon lui, elles s'expliquent par l'abandon progressif, durant ces quarante dernières années, des valeurs de la République par les élites du pays. À commencer par celle de l'égalité. « Le terreau sur lequel ces terroristes ont réussi à nourrir la violence, c'est celui de la défiance, c'est celui d'une perte de repères dans nos propres représentations politiques, explique-t-il. Ce sont les injustices, les discriminations et surtout l'échec de la mobilité sociale. Nous sommes dans une société toujours plus endogame, où les élites se ressemblent et ferment la porte. Lorsqu'on étouffe la société, on nourrit l'amertume, l'exclusion et, au bout du compte, la folie totalitaire. Notre premier devoir, ce n'est donc pas seulement de prendre des mesures sécuritaires mais d'ouvrir la société. Sinon, elle ne tiendra pas. » Le ton est posé, didactique. Emmanuel Macron parle lentement, pour bien se faire comprendre. C'est une prise de position, sans doute la plus tranchée qu'il ait adoptée jusque-là. « Tout cela s'est délité progressivement, insidieusement, année après année, par une série d'insécurités que nous avons subies et construites », poursuit-il. Il évoque ensuite les « territoires perdus de la République », ces zones de non-droit républicain dénoncées par des enseignants dès le début des années 2000 dans un ouvrage collectif. Ces zones où les habitants se sentent relégués au rang de citoyens de deuxième catégorie. Ces zones où « parce que quelqu'un, sous prétexte qu'il porte une barbe ou un nom à consonance que l'on pourrait croire musulmane, a quatre fois moins de chance qu'ailleurs d'avoir un entretien d'embauche ». « Des injustices se sont installées, poursuit-il en dénonçant ces discriminations qui sont dans notre société et cette mobilité sociale qui n'a cessé de décroître année après année. Pourtant, nous sommes une société qui a mis au cœur de son pacte l'égalité. Or, nous avons progressivement abîmé cet élitisme républicain qui permettait à chacun de progresser, d'où qu'il vînt. Nous avons arrêté la mobilité alors qu'elle est le meilleur allié contre toutes les frustrations économiques, sociales ou politiques. Elle est ce qui permet à toutes celles et ceux qui prendront des risques et qui se battront de pouvoir accéder aux plus hautes fonctions, quelle que soit leur condition initiale. Ça, nous l'avons perdu. » Le propos n'est pas si éloigné de celui que tenait Manuel Valls au début de l'année 2015 après les attaques terroristes contre *Charlie Hebdo*. Le Premier ministre avait alors dénoncé l'existence en France d'un « apartheid territorial, social, ethnique ». « Les émeutes de 2005, qui aujourd'hui s'en rappelle ? Et pourtant… les stigmates sont toujours présents », avait-il souligné en insistant sur « la relégation périurbaine, les ghettos ». Dans la bouche du Premier ministre, le mot « apartheid » avait alors choqué. Et déclenché une polémique à la française : beaucoup de bruit, peu de suites.

À sa façon, c'est exactement ce qu'explique Emmanuel Macron lorsqu'il assure que les élites du pays ont abandonné la valeur de l'égalité. « Je ne suis pas en train de dire que tous ces éléments sont la cause première du djihadisme, prend-il soin de préciser. C'est la folie des hommes et l'esprit totalitaire et manipulateur de quelques-uns. Mais il y a un terreau que nous avons laissé se constituer. Notre devoir, c'est d'accepter que nous avons aussi une part de responsabilité. » Et c'est là que ça coince. En établissant un lien aussi direct entre les échecs de la société française et le développement du terrorisme djihadiste, Emmanuel Macron s'attire les foudres de Manuel Valls. Interrogé à l'Assemblée nationale sur les déclarations de son ministre, il le recadre à nouveau. Avec cette fois plus de virulence qu'à l'ordinaire. « Aucune excuse ne doit être cherchée, aucune excuse, tranche-t-il. Aucune excuse sociale, sociologique et culturelle car, dans notre pays, rien ne justifie qu'on prenne des armes et qu'on s'en prenne à ses propres concitoyens. » Le climat est au tournant sécuritaire, la culture de l'excuse n'y a pas sa place. Paradoxalement, c'est cet engagement de l'exécutif sur le terrain de la droite qui fait apparaître Emmanuel Macron comme profondément de gauche.

Dans la devise de la République « Liberté, Égalité, Fraternité », il existe une sorte de répartition non écrite qui veut que la droite se préoccupe plutôt de la liberté et la gauche de l'égalité. Quant à la fraternité, Ségolène Royal avait tenté un moment de s'en emparer, mais sans grand succès. Il ne s'agit pas d'une valeur autonome dans la devise républicaine, mais d'une valeur qui sert à faire le lien entre liberté et égalité, à concilier ces deux contraires. Depuis toujours, Emmanuel Macron est, comme l'ensemble de la gauche, dans la recherche de l'égalité. Le problème, c'est que pour y parvenir, il préconise l'utilisation d'instruments d'ordinaire employés par la droite pour atteindre la liberté. C'est par exemple la libéralisation du marché des transports en autocar ou celle du travail le dimanche. D'où la méprise d'une partie des socialistes à son égard sur son engagement à gauche. « Notre devoir, c'est de ne rien transiger sur nos principes et donc oui, lorsque l'on fait partie de l'élite, d'ouvrir, de réformer, de laisser venir les plus jeunes, ceux qui sont les plus éloignés du cœur de la République. Nous devons casser les corporatismes où ils sont, ne céder en rien à la défiance, à l'obscurantisme de certaines institutions ou à des organisations que nous avons nous-mêmes créées. Ça sera difficile, ça sera long, ça sera périlleux », avait-il assuré en conclusion de son discours devant le Conseil économique et social. À en juger par les réactions, ça l'est effectivement. Car l'heure n'est plus à ce type de discours. Et dans la séquence, Emmanuel Macron est complètement à contretemps. Il apparaît enfin à gauche au moment où, sur fond de menace terroriste et de crise des migrants, son camp n'a jamais été aussi à droite. La conversion a été actée par Manuel Valls en personne, qui a dit tout haut ce que François Hollande ne pouvait exprimer publiquement, notamment à propos de la crise des réfugiés. « L'Europe doit dire qu'elle ne peut plus accueillir autant de migrants. Ce n'est plus possible, a confié le Premier ministre à des journalistes. Le contrôle des frontières extérieures de l'Union européenne est essentiel pour son futur. Si nous ne le faisons pas, alors les peuples vont dire "Ça suffit l'Europe !". » Au même moment, Emmanuel Macron proposait avec son homologue allemand Sigmar Gabriel la création d'un fonds européen de 10 milliards d'euros pour venir en aide aux réfugiés. Question timing, il ne pouvait tomber plus à côté de la plaque. Et se voyait d'ailleurs opposer immédiatement une fin de non-recevoir par Michel Sapin : « Dans une période comme celle que nous connaissons, les initiatives individuelles, aussi intelligentes soient-elles, on doit les laisser de côté. On doit agir tous ensemble. » La donne a changé. Emmanuel Macron n'est plus en phase. « D'ailleurs, lorsque deux mois plus tard, en février 2016, François Hollande remanie son gouvernement, le ministre de l'Économie perd deux places dans l'ordre protocolaire. Une petite humiliation de la part de Manuel Valls, qui s'efforce tant bien que mal de reprendre la main. Cela ne décourage pourtant pas Emmanuel Macron. Arrêtée à cause des attentats, sa grande offensive reprend en mars. Il est de nouveau partout dans les médias. Notamment à la une de *L'Express*, le magazine de Jean-Jacques Servan-Schreiber qui avait soutenu à l'époque la candidature de Pierre Mendès France au nom du réformisme. "Macron, ce que je veux pour 2017" titre le magazine qui inaugure sa nouvelle formule avec le ministre. "C'est lui qui incarne le plus l'esprit de réforme en France aujourd'hui, avec modernité", résume le patron du journal, Christophe Barbier. En France, en ce mois de mars 2016, on ne parle plus que d'Emmanuel Macron pour s'interroger sur ses ambitions quant à l'élection présidentielle de 2017. Pour lui qui aime casser les codes, se présenter dès cette date reviendrait à briser le tabou ultime : briguer l'Élysée, sans parti et contre son camp. Plus sûrement évoque-t-on l'échéance de 2022. C'est déjà un exploit. Jamais une personnalité politique n'avait jusqu'alors réussi à passer du stade de total inconnu à celui de présidentiable en puissance. »

28

EN ATTENDANT MACRON...

Retour quatre ans en arrière, le 14 mai 2012. François Hollande a été élu président de la République depuis une semaine mais il n'a pas encore été officiellement investi. Plus candidat, pas encore complètement président. Ce jour-là, il reçoit à son QG de campagne les journalistes qui ont suivi sa campagne pour une sorte de discours d'au revoir. « Je suis tout à fait triste que le "Hollandetour" s'achève, mais là nous en prenons pour cinq ans. Ce sera un long voyage qui commence demain », lance-t-il. Son mandat n'a pas encore débuté qu'il a déjà 2017 en ligne de mire. Sa campagne de réélection pour un second mandat. C'est de cela qu'il s'agit. À peine élu, François Hollande pense déjà à la suite. Bien sûr, elle ne se dessine pas encore. « Normalement, un président est jugé à la fin, mais tout dépend du début », explique-t-il. Pour lui, tout a commencé en s'éloignant de la gauche du PS, contraint mais pas vraiment forcé. Jean-Marc Ayrault à Matignon, Martine Aubry qui refuse d'entrer au gouvernement... Le début d'une lente glissade vers le centre gauche, voire le centre droit. Priorité aux entreprises, tournant social-démocrate, Manuel Valls

Premier ministre… Jusqu'à déboucher sur Emmanuel Macron, l'aboutissement logique des virages successifs de François Hollande. Toujours en pensant à 2017, il avait prévenu : « Une campagne, c'est quelque chose d'exceptionnel qui ne peut être reproduit. Elle se situe à un moment, dans des circonstances, avec des personnalités, et c'est passionnant et inédit. L'erreur, c'est de reproduire ce qui a été. Je ne sais pas s'il y aura une autre campagne, vous verrez bien, mais rien ne peut être prolongé. Nous avons vécu des moments ensemble et avec le pays. Ce sont des moments qui vont s'arrêter, qui ont une histoire, qui ont une fin, qui resteront pour vous comme pour moi gravés dans notre mémoire et qu'on ne revivra jamais de la même façon. » Celle de 2012 s'était jouée en grande partie sur le rejet de Nicolas Sarkozy. Les rares et habiles coups de barre à gauche de François Hollande avaient fait le reste. Plus question de cela en 2017. Pour lui, la campagne qui s'annonce se jouera au centre, avec Emmanuel Macron en carte maîtresse.

Les élections régionales de décembre 2015, dernière photographie précise du corps électoral avant l'élection présidentielle, ont fixé les rapports de force. Un Front national en progression mais qui ne parvient pas à franchir la dernière marche du second tour. Une droite à la peine qui ne bénéficie pas de l'affaiblissement du PS. Une gauche qui résiste mieux que prévu. Les enseignements pour 2017 ? Chacun pense que Marine Le Pen se qualifiera pour le second tour et qu'il suffira donc d'arriver en finale face à elle pour l'emporter. Dès lors, le premier tour devient essentiel. D'abord on rassemble son camp, ensuite on élargit. C'est la stratégie de base. Pour François

Hollande, elle ne fonctionne plus. Quatre années de marche forcée vers le social-libéralisme ont convaincu la gauche du PS et une partie des socialistes qu'il n'y avait plus rien à attendre de lui. Sauf quand il s'agit de faire barrage à l'extrême droite. Alors là, oui, les alliés traditionnels du PS reviendront vers François Hollande. À condition qu'il se qualifie. Pour y parvenir, le président de la République s'inspire de son illustre prédécesseur, François Mitterrand, et de sa campagne de réélection de 1988. Il avait alors misé sur « La France unie », au-delà des clivages partisans et s'était largement imposé face à Jacques Chirac. Une fois élu, il avait nommé Michel Rocard à Matignon.

En 2017, François Hollande vise l'électorat du centre, voire la droite modérée. Et pour lui parler, qui de mieux qu'Emmanuel Macron ? Avec la loi qui porte son nom, la première, il fut à un cheveu de dépasser les clivages traditionnels. Si elle s'était montrée cohérente avec elle-même, la droite aurait dû voter son texte. Seraient alors apparus à l'Assemblée nationale les contours d'une nouvelle majorité, celle que les Français s'efforcent de faire percer à coup de boutoir dans les urnes dès qu'ils sont appelés à voter. Une droite dure d'un côté, une gauche archaïque de l'autre, un vaste centre social-libéral et pro-européen entre les deux. C'est là que se situe Emmanuel Macron, au centre de gravité des attentes des Français.

Sa popularité en témoigne mais il n'y a pas que cela. En un peu plus d'un an à la tête de Bercy, le ministre de l'Économie a imprégné le pays. Au point de voir son nom passer dans le langage courant et être accommodé à toutes les sauces. Il a libéralisé les transports en bus ? On parle des « autocars Macron ».

Ses idées pour dynamiser le pays ? C'est la « Macron-économie ». Son école de pensée ? Le « macronisme ». Ses provocations vis-à-vis des socialistes ? Des « macronades ». Ses maladresses et ses bourdes ? Des « macronneries ». Il s'est installé dans le paysage, il est attendu. François Hollande l'a compris, Emmanuel Macron est son meilleur atout pour se faire réélire. Il suffira de faire miroiter aux Français la perspective de l'installer à Matignon en cas de nouvelle victoire. Votez pour moi, vous aurez Macron. C'est l'idée. Une façon de siphonner la popularité de son ministre, alors que la sienne a stagné au plus bas tout au long de son quinquennat. Matignon et après ?

Emmanuel Macron, c'est aussi l'histoire de l'homme providentiel, celui qui vient sauver la gauche, voire le pays. Il n'est pas le premier à susciter une telle attente des Français, au-delà des socialistes. Pour la campagne présidentielle de 1995, une partie du pays attendait Jacques Delors ; il n'est jamais venu. Pas plus que Dominique Strauss-Kahn en 2012. Avec ce profil, populaire auprès des Français mais contesté dans son camp, il n'y a en réalité qu'une seule personnalité qui ait réussi à s'imposer aux socialistes, Ségolène Royal. Le PS le lui a fait payer, et lourdement. D'abord en ne la soutenant que du bout des lèvres durant la campagne électorale de 2007, ensuite en l'empêchant de s'emparer du parti lors du congrès de Reims en 2008. À gauche, le chemin de l'Élysée passe par le PS. Aucun doute qu'Emmanuel Macron se sente à la hauteur de la fonction présidentielle. Aucun doute non plus qu'il ne se sente pas d'affronter le parti pour l'obtenir. Une autre voie s'ouvre, pourtant. Dans le chaos de la recomposition politique qui s'annonce, il peut jouer un rôle central. À condition de le vouloir, de le décider et de l'assumer. En clair, de partir au combat.

29

COMMENT TE DIRE ADIEU

« Nous avons plusieurs différences. Nous n'avons pas la même vie. Le bois des hommes n'est pas le même. Je ne sais pas quel est le programme de Manuel Valls. Nous avons de vraies différences sur le plan économique et social, nous n'avons pas défendu les mêmes choses. J'ai souhaité aller plus loin dans les réformes, il ne m'a pas suivi en tant que Premier ministre. (...) Nous n'avons pas le même rapport à la société française, à la République. Je crois dans une république ferme, je crois à la laïcité de 1905. Je crois en l'autorité de l'État, mais pas en l'autoritarisme. Nous avons eu des désaccords sur la déchéance de nationalité et le traitement de la question du terrorisme. »

Emmanuel Macron,
11 décembre 2016 sur TF1

Parfois, Emmanuel Macron repense à ce coup de téléphone de François Hollande de la fin août 2014, à ce jour où son destin s'est noué, à cette question qu'il lui avait posée avant d'accepter de devenir ministre de l'Économie. « Je pourrai faire des réformes ? » Le président de la République l'avait rassuré, la suite l'avait confirmé avec l'adoption de la loi Macron, même passée sous les fourches caudines des frondeurs de la majorité. Mais maintenant ? Peut-il encore réformer ? L'année 2016 qui commence ne lui laisse pas grand espoir de réussir à imposer les changements radicaux qu'il défend. Le climat ne s'y prête guère. À un an de l'élection présidentielle, ce serait agiter un chiffon rouge à la tête de la gauche que de le laisser à nouveau monter à la tribune de l'Assemblée nationale pour y défendre une loi.

Emmanuel Macron en a pourtant une en stock, il l'a baptisée Noé, l'acronyme de Nouvelles Opportunités économiques. Un texte qui vise à simplifier la vie des entreprises du numérique. Il a commencé à en présenter les grandes lignes à la fin 2015. À sa façon. Lumière bleue tamisée, podium qui s'avance au milieu d'un parterre d'étudiants et de chefs d'entreprise de la nouvelle économie, discours sans notes, Emmanuel Macron déroule sa démonstration. Il s'agit de faire entrer la France dans l'ère de l'économie numérique. Incitations fiscales pour attirer les talents dans les start-up du pays, plan d'action pour financer l'innovation, formation des salariés dont les emplois sont appelés à disparaître pour les orienter vers ce nouveau secteur… le ministre de l'Économie esquisse des pistes, mais sans dévoiler de contenu précis. Début janvier 2016, il se rend à Las Vegas pour participer à un salon sur l'économie numérique et y défendre ses idées, notamment celle d'un assouplissement des règles du marché du travail. Dans cet eldorado de l'économie libérale, il fait un tabac. Il n'attend plus que l'arbitrage de Matignon pour passer à nouveau à l'action. Mais Matignon, c'est Manuel Valls. Lequel ne veut pas offrir à son rival une nouvelle chance de s'afficher en réformateur résolu. Alors qu'Emmanuel

Macron devait voir son nouveau texte présenté en Conseil des ministres début janvier 2016, le projet est bloqué. Et les mesures qu'il propose sont réparties dans d'autres lois, dont la réforme du marché du travail confiée à la ministre Myriam El Khomri. Proche de Manuel Valls, cette dernière a été nommée rue de Grenelle après le départ de François Rebsamen. Lassé du ministère du Travail, il est retourné dans sa ville de Dijon pour y reprendre ses fonctions à l'hôtel de ville après le décès soudain du maire. Cette réforme du marché du travail qui arrive, ce sera le dernier grand texte du quinquennat de François Hollande. L'occasion pour Manuel Valls d'essayer de doubler Emmanuel Macron sur sa droite et de lui reprendre le flambeau du réformisme de gauche. Dans les équipes d'Emmanuel Macron, c'est la stupéfaction. La décision est perçue et vécue comme une attaque frontale contre le ministre de l'Économie. Lequel commence à comprendre qu'il ne pourra plus réformer.

À ce camouflet s'ajoute un désaccord avec l'exécutif. Fin novembre 2015, après les attentats de Paris, François Hollande avait réuni le congrès à Versailles. Devant les députés et sénateurs rassemblés, encore sous le choc des attaques terroristes contre le Bataclan, les terrasses de café et le Stade de France, il avait annoncé la mise en place de la déchéance de nationalité. La mesure visait à priver de leur nationalité française les auteurs d'attaques terroristes reconnus coupables et titulaires d'une double nationalité. Une mesure que demande la droite et l'extrême droite, mais qui révulse la gauche. François Hollande pense toutefois pouvoir réussir l'union nationale autour de lui. Un coup politique, mais un coup risqué. Dans un premier temps, les socialistes ne disent rien, l'émotion est trop forte. Seul Emmanuel Macron commence à faire part de ses doutes. Au détour d'une conférence organisée par la Fondation France-Israël, il déplore que l'on ait « prêté trop d'importance à ce débat ». Puis il prend ses distances encore plus clairement avec la mesure proposée par le chef de l'État. « J'ai, à titre personnel, un inconfort philosophique avec la place que ce débat a prise. On ne traite pas le mal en l'expulsant de la communauté nationale. » Le propos est conforme à ses déclarations prononcées au Conseil économique, social et environnemental après les attentats. Sauf que, cette fois, il est perçu comme un lâchage de François Hollande. Emmanuel Macron a beau tenter, comme d'habitude, de se justifier ensuite, d'expliquer qu'on ne l'a pas tout à fait compris, le mal est fait. Dans la foulée les socialistes aussi commencent à s'interroger publiquement sur la déchéance de nationalité. Un débat est né qui va profondément diviser la majorité. Au point de provoquer la démission de l'emblématique ministre de la Justice Christiane Taubira, fin janvier 2016. Ce départ du gouvernement de la dernière caution de gauche de François Hollande provoque un remaniement qui va donner lieu à une petite humiliation pour Emmanuel Macron. Alors qu'il pensait pouvoir bénéficier d'un ministère élargi au travail, il se retrouve rétrogradé de deux rangs dans l'ordre protocolaire. « Une énième perfidie de Valls », s'étrangle-t-on dans l'entourage du ministre de l'Économie. Emmanuel Macron lui-même s'agace de l'attitude du Premier ministre à son égard. « Valls est devenu dingue ! Il n'arrête pas de m'attaquer », confie-t-il à l'un de ses proches. Voilà une raison de plus pour lui de s'interroger sur son avenir. Pourquoi rester dans ce gouvernement qui ne lui apporte plus rien ? Pourquoi continuer à soutenir un chef de l'État qui s'affaiblit chaque jour un peu plus, notamment en renonçant piteusement à la déchéance de nationalité ?

Alors qu'il a besoin d'une majorité des trois cinquièmes au Congrès pour faire adopter la révision constitutionnelle qui instaure la mesure, le président de la République est forcé de constater que l'objectif est hors d'atteinte. La droite refuse de la voter, de même qu'une partie de la gauche. Dans une allocution retransmise depuis l'Élysée, il prend acte de son échec. « Je constate aujourd'hui que l'Assemblée nationale et le Sénat ne sont pas parvenus à se mettre d'accord sur un même texte et qu'un compromis paraît hors d'atteinte sur la définition de la déchéance de nationalité pour les terroristes. Je constate aussi qu'une partie de l'opposition est hostile à toute révision constitutionnelle, qu'elle porte sur l'état d'urgence ou sur la réforme de la magistrature », explique-t-il avant d'ajouter : « Je déplore profondément cette attitude, car nous devons tout faire, dans les circonstances que nous connaissons et qui sont graves, pour éviter les divisions et pour écarter les surenchères. C'est pourquoi j'ai décidé, en accord avec les présidents des assemblées, de clore le débat constitutionnel. » La décision pourrait rassurer Emmanuel Macron. Seulement voilà, à la déchéance de nationalité a succédé un débat tout aussi délétère sur la réforme du marché du travail. Les manifestations s'enchaînent, la contestation monte. Manuel Valls tente de résister, mais la menace de recourir à nouveau au 49-3 avant même la présentation de la réforme en Conseil des ministres a hystérisé l'opposition à la loi El Khomri. Emmanuel Macron en est persuadé, si le texte arrive jusqu'au bout, il ne sera pas à la hauteur des changements radicaux qu'il défend. Sans perspectives, sans espoir de pouvoir continuer à faire des réformes, il cherche une porte de sortie.

Mais le chemin vers l'élection présidentielle est en pente raide. S'il veut l'emprunter, il lui faut avant tout se doter d'une structure pour porter son éventuelle candidature. Il y a bien la perspective de se présenter à une primaire si le PS en organise une. Cependant, en ce début 2016, ce n'est pas encore le plus probable. Et puis Emmanuel Macron pense que l'appareil socialiste est épuisé, que ce processus de sélection du candidat à l'Élysée n'est qu'une façon de camoufler des désaccords de fond sur la ligne politique. Lui ne veut rien concéder. Mais quand même, créer un mouvement politique à un an de l'échéance électorale, seul, sans troupes, sans expérience, sans soutiens, sans argent, est presque une mission impossible. Le défi est tentant, toutefois. Il va donc le relever.

30

ATTENTION À LA MARCHE

« Je veux rassembler les progressistes de tous les camps pour pouvoir faire des propositions ambitieuses lors de la prochaine campagne présidentielle. »

Emmanuel Macron le 25 mai 2016,
entretien aux *Échos*

Les journalistes attendent sur un petit parking lugubre. Dans les voitures louées pour l'occasion, certains tentent de capter Dailymotion sur leur smartphone. La retransmission va débuter dans quelques minutes. L'espace Mégacités d'Amiens n'est qu'à quelques mètres de là, mais Emmanuel Macron en a réservé l'accès à ses militants. Ils sont un peu plus de deux cents à s'être inscrits sur Facebook pour assister à cette nouvelle rencontre citoyenne organisée par le ministre de l'Économie. Pas de presse, c'est la consigne. Toute la journée, les journalistes ont joué au chat et à la souris avec Emmanuel Macron dans les rues d'Amiens. C'est là, ce soir, dans sa ville natale, qu'il va poser la première pierre de sa grande et improbable marche vers l'Élysée. Le lancement d'un mouvement politique. Pour l'heure, ce n'est qu'une rumeur. Mais elle est suffisamment persistante pour que les principales rédactions parisiennes aient dépêché sur place leurs reporters. Un ministre en exercice qui crée un mouvement politique à un an de l'élection présidentielle, ce serait une première. Un défi lancé au président de la République qui stagne toujours dans les tréfonds de l'impopularité. Une provocation à l'égard de Manuel Valls dont le mandat à Matignon commence à éroder son capital de sympathie. Un pied de nez au Parti socialiste enfin, qui n'en finit plus d'encaisser les contrecoups du quinquennat chaotique de François Hollande. C'est la méthode Macron, celle de la transgression. C'est aussi sa stratégie, inspirée du monde de la nouvelle économie et des start-up. Elle se résume en un mot : disruptif. « Se dit de la décharge électrique qui éclate avec étincelle », explique le dictionnaire Larousse. Le mot désigne aussi la façon dont une jeune entreprise s'attaque à un marché verrouillé par de puissants acteurs installés depuis longtemps. En bouleversant les codes, en modernisant l'offre, en cassant les rigidités. C'est ce que va tenter Emmanuel Macron sur la scène politique. Celle sur laquelle il s'avance en ce soir d'avril 2016 en fendant la foule de ses partisans. Son épouse Brigitte est installée au premier rang. Costume sans cravate, micro en main, le jeune ministre de l'Économie commence son discours. Sur les smartphones des journalistes, la retransmission débute. L'image n'est pas excellente mais le son est correct. C'est l'essentiel, seuls les mots comptent. « J'ai mis du temps, j'ai réfléchi, j'ai consulté, j'ai associé beaucoup de gens, explique Emmanuel Macron. Et j'ai décidé qu'on allait créer un mouvement politique. Un mouvement politique nouveau qui ne sera pas à droite, pas à gauche ». Ce sera En Marche ! Une organisation en réseau à laquelle il suffit de s'inscrire sur Internet pour adhérer. Pas de cotisation, pas de carte de membre, une seule tête d'affiche. Emmanuel Macron, en l'occurrence, dont les initiales EM sont les mêmes que celles de son mouvement. Le projet c'est lui, le chemin c'est lui, l'objectif c'est lui. Un brin narcissique, sans doute, mais aussi un contre-pied à la grande tradition socialiste qui mise sur le collectif avant de parier sur les individus. Dans la foulée, Emmanuel Macron annonce le lancement d'une « grande marche ». Partout en France, ses militants sont invités à organiser une opération de porte-à-porte. Objectif : recueillir l'avis des Français pour établir un diagnostic du pays. C'est aussi une façon pour Emmanuel Macron de contourner l'un des reproches qui lui est constamment adressé par ses détracteurs, celui de ne jamais avoir été élu. Ce diagnostic du pays est également une manière de façonner la légitimité qui lui manque encore pour pouvoir prétendre parler au nom des Français. Mais, pour y parvenir, il lui faut recueillir le maximum de témoignages. Cela suppose de recruter des troupes : ce n'est pas le plus simple.

Dans les partis politiques en général et au PS en particulier, on ne croit pas que le jeune ministre puisse gagner son pari en si peu de temps. Son initiative inquiète, mais chacun est persuadé qu'Emmanuel Macron est une bulle qui finira bien par éclater. Que sa popularité est bâtie sur du vent et qu'elle ne résistera pas à l'épreuve du terrain. Et puis, ce positionnement politique… « Ni droite ni gauche, ça ne correspond à rien parce que la droite et la gauche, ce n'est pas la même chose », attaque Stéphane Le Foll lors d'un meeting socialiste organisé un peu plus tard. Pour ce proche de François Hollande qui l'a accompagné tout au long de sa carrière au PS, puis au sein du gouvernement au ministère de l'Agriculture, la politique ce sont avant tout des règles et des codes à respecter. Justement ceux qu'Emmanuel Macron veut briser avec son mouvement. Dans un pays aussi politique que la France, c'est un pari insensé. À moins que l'analyse d'Emmanuel Macron sur le système français ne soit juste. Selon lui, les partis sont épuisés et incapables de répondre à la crise qui secoue le pays à échéances régulières depuis plus de trente ans. Il veut casser leur « rente de situation ».

Face à cette offensive, les socialistes tentent de minimiser l'événement. « Ce qui compte, pour lui, c'est de durer. Mais il ne serait pas le premier à être populaire avant de disparaître des écrans radars », confie Pierre Moscovici, son prédécesseur à Bercy. Il ne faudrait pas toutefois que cela arrive trop tôt. Pour François Hollande, Emmanuel Macron peut être très utile. Il reste celui qui permet au président de la République de lorgner vers les électeurs du centre-gauche. Dans la perspective de l'élection présidentielle, ces renforts seraient d'autant plus indispensables que la rupture avec l'aile gauche du PS se confirme chaque jour un peu plus. La déchéance de nationalité et la loi Travail sont en train de couper définitivement l'Élysée des frondeurs, et rendent chaque jour un peu plus improbable une réconciliation dans la perspective de 2017. Pour l'heure, François Hollande choisit lui aussi de minimiser la portée du lancement d'En Marche !

« Je cours, moi, je cours », plaisante-t-il alors qu'il est interrogé sur l'initiative de son protégé. Mais, au sein du gouvernement, on se montre plus dubitatif. « Macron est un puceau des organisations politiques. Il n'y connaît rien. La stratégie, ce n'est pas son truc », assure un ministre de poids du gouvernement. Peut-être. Sauf que ces rodomontades cachent aussi une certaine inquiétude.

Car l'affaire a un précédent. Celui-ci remonte à 2006 et reste gravé dans les mémoires socialistes. C'est à cette époque que Ségolène Royal avait lancé Désirs d'avenir, mouvement politique en marge du PS visant à fédérer des sympathisants qui ne se reconnaissaient pas dans le vieux parti de la rue de Solférino. À son plus fort, le mouvement de la candidate de 2007 avait affiché jusqu'à 10 000 adhérents. Mais elle pouvait aussi compter sur le renfort des militants socialistes. Emmanuel Macron ne leur ferme pas la porte. Ni à ceux de droite, d'ailleurs. Chacun est laissé libre d'adhérer à En marche !, quel que soit son engagement politique. « De la réflexion, du participatif, du transversal, le tout en dehors des partis : voilà le nouveau club de Macron », résume le député Pascal Terrasse. Avec ce mouvement, le ministre de l'Économie veut revenir aux fondements de la Ve République tels que définis par le général de Gaulle. L'élection présidentielle, c'est la rencontre entre un homme et les Français, au-dessus des partis. Et si Emmanuel Macron nourrissait une ambition présidentielle bien plus affirmée que chacun veut bien le croire ? Si le doute s'installe, il reste toutefois beaucoup d'étapes à franchir avant d'en arriver à une candidature. Et notamment démissionner du gouvernement. Sans son ministère, que reste-t-il d'Emmanuel Macron ? Rien. Voilà ce que pensent ses adversaires, à commencer par Manuel Valls. Et puis, comment se porter candidat face à François Hollande, celui qui a façonné la créature Macron ? En ce début avril, personne chez les socialistes ne pense que l'« aventure individuelle » du jeune ministre ira à son terme. Et chacun va s'employer à lui savonner la planche. Ce que personne ne voit alors, c'est qu'Emmanuel Macron a en réalité élaboré une stratégie très précise. Persuadé que François Hollande ne pourra pas se représenter en 2017 à cause de sa très forte impopularité, il a un plan de bataille. D'abord démissionner, mais pas sous la contrainte. Ensuite déclarer sa candidature, pour pousser le président de la République à renoncer. Tout est prévu et le lancement d'En Marche ! n'est en fait que la première étape du plan. Mais, avec un pied dans l'élection présidentielle, Emmanuel Macron ne va pas tarder à découvrir les ennuis qui vont avec ce genre d'entreprise.

31

LA LESSIVEUSE

« Il y a des gens qui veulent créer des polémiques ; il y a manifestement une volonté qui arrive à un moment qui n'est pas innocent, après je ne sais pas d'où ça vient et j'ai autre chose à faire que de m'en préoccuper. »

Emmanuel Macron le 2 juin 2016,
en marge d'une visite de terrain à Lyon

Après le yaourt, les œufs et les légumes. Si, à Lyon, le projectile avait raté Emmanuel Macron de peu, cette fois, il les prend en plein visage. Plus il monte en puissance, plus les attaques se font précises. Ce sont des militants du parti communiste et de la CGT qui visent ainsi le ministre de l'Économie. Il a organisé une cérémonie au bureau de poste de Montreuil pour dévoiler le timbre qui célèbre les 80 ans du Front populaire. Dès sa sortie de voiture, les projectiles volent, les insultes aussi. « Casse-toi ! » « Ni chair à patron, ni chair à matraques ! » Un peu plus loin, une banderole se déploie : « Plutôt en grève qu'en costard. » Une allusion à la dernière polémique dans laquelle Emmanuel Macron s'est retrouvé impliqué et qui a provoqué la fureur de la gauche.

Une semaine plus tôt à Lunel, deux passants l'ont pris à partie alors qu'il déambulait dans les rues de la ville. Comme d'habitude, Emmanuel Macron a engagé le dialogue pour temporiser et tenter de faire redescendre la tension. Mais, au bout d'une vingtaine de minutes de discussion, il a perdu ses nerfs face aux deux hommes dont l'un lui reprochait, entre autres, de « s'acheter des costards avec son pognon ». « Vous n'allez pas me faire peur avec votre T-shirt. La meilleur façon de se payer un costard, c'est de travailler », lui répond-il pour tenter de clore l'échange houleux. Il n'en fallait pas plus pour que démarre « l'affaire du costard de Lunel ». Mépris des classes populaires, élites coupées du peuple, l'échange est filmé et diffusé sur les chaines d'information en continu… tout est réuni pour que cette altercation, somme toute anecdotique, se transforme en polémique. Le signe sans doute du nouveau statut d'Emmanuel Macron depuis le lancement de son mouvement politique. Il n'est plus seulement le ministre de l'Économie, il est désormais un présidentiable en puissance. Libéral, en plus, ce qui n'arrange rien pour la gauche de la gauche, voire une partie du PS. Comme Arnaud Montebourg, par exemple, qui se rue sur l'occasion pour critiquer son successeur à Bercy. « Quand on prétend susciter le suffrage de nos compatriotes, la première précaution à avoir, c'est de respecter ceux, et notamment les plus modestes, qui disent ne pas avoir les moyens de se payer un costume », s'agace-t-il. Cependant, dans les rangs du gouvernement et au sein du PS, on hésite à embrayer sur le même ton. L'incertitude flotte toujours sur les intentions réelles d'Emmanuel Macron. S'il ne se porte pas candidat, il sera forcément un atout pour François

Hollande. Alors les ministres temporisent. Stéphane Le Foll d'abord, Jean-Marie Le Guen ensuite qui, tous deux, déplorent une « polémique » artificielle. De son côté, Jean-Christophe Cambadélis prend lui aussi la défense du ministre de l'Économie et s'agace que les médias veuillent le dépeindre en Brutus, en traître qui s'apprête à poignarder François Hollande. Certes, Emmanuel Macron dit rarement la même chose que ses camarades socialistes, mais « nous, ce n'est pas le clonage, explique le patron du PS. On a des hommes et des femmes qui ont des opinions. Vous nous reprochez d'être dans la cacophonie, nous sommes dans la polyphonie ». En réalité, les analyses sont partagées chez les socialistes sur le cas d'Emmanuel Macron. Certains pensent qu'il prépare sa candidature, d'autres qu'il roule en sous-main pour François Hollande. Lui-même se garde bien de sortir de l'ambiguïté. Et, sur l'affaire du costard, il va d'ailleurs prendre tout son monde à rebrousse-poil en changeant de stratégie de défense. Habitué à rétropédaler dès qu'il provoque une polémique, il va cette fois maintenir et assumer son propos devant les manifestants de Lunel. « Le vrai respect est de les écouter et aussi de répondre ce que je pense, explique-t-il quelques jours après l'altercation. Je n'ai ni mépris ni démagogie, mais j'attends aussi d'eux qu'ils respectent les représentants des pouvoirs publics : on ne tutoie pas un ministre, on ne l'invective pas. » Agacé, donc. Comme à Montreuil lorsqu'il reçoit des œufs et des légumes et qu'il se voit à nouveau reprocher ses propos sur le costard. Mais ce n'est là qu'un avant-goût de ce qui l'attend. Après tout, Emmanuel Macron vient de mettre un pied dans la campagne présidentielle. Une épopée rude où tous les coups sont permis. Chez les politiques, on la surnomme d'ailleurs la lessiveuse. Elle vous secoue dans tous les sens en continu et à haute vitesse. C'est une épreuve à la fois intellectuelle et physique. Il faut savoir résister à tout. Notamment à l'enchaînement des polémiques. Celle qui attend Emmanuel Macron après l'épisode de Lunel va lui donner une idée de la détermination de ses adversaires à lui barrer la route.

À peine remis de son altercation avec les manifestants, *Le Canard enchaîné* et Mediapart révèlent que, contrairement à ce qu'il avait déclaré, le ministre est soumis à l'impôt sur la fortune et qu'il a en outre fait l'objet d'un redressement fiscal. L'attaque est violente, qui vise Emmanuel Macron sur son point faible : son image d'ancien banquier d'affaires, sa fortune, son patrimoine. Bref, l'argent. En France, en avoir est toujours suspect. En avoir beaucoup est carrément louche. Surtout lorsque, comme Emmanuel Macron, on se prononce régulièrement pour la suppression de l'ISF. Cette fois, la polémique vise à faire mal. Elle est politique.

Très vite, les proches du ministre s'interrogent sur l'origine des fuites. Ils tournent leurs regards vers Bercy où officie Michel Sapin, contempteur déclaré d'Emmanuel Macron. « Je ne suis dupe de rien, assure-t-il lui-même. Cette semaine, il y a une polémique sur à peu près tous les sujets pour essayer de me fragiliser ou, sans doute, de salir mon action. » Il en est persuadé, cette polémique est une opération de déstabilisation orchestrée par ses adversaires au sein de sa propre famille politique. « Bon courage à ceux qui tentent cela. Bonne chance », leur lance-t-il comme un défi. Et, cette fois, Emmanuel Macron va trouver des alliés inattendus pour prendre sa défense. À peine publiées les révélations sur son ISF, l'opposition vole à son secours. C'est de bonne guerre. Défendre le ministre de l'Économie, c'est aussi attaquer la majorité socialiste. « En France, le secret fiscal existe. Donc ce secret a été rompu, observe le patron des députés des Républicains Christian Jacob. Est-ce que ça a été fait par l'administration fiscale, ce qui serait très surprenant ? Ou bien y a-t-il eu des instructions d'un ministre pour le faire ? La question se pose. Moi, je serais Monsieur Macron, je m'interrogerais. » Lui n'a aucun doute, on cherche à l'abattre. « La chasse au Macron est ouverte. Une preuve supplémentaire qu'il dérange », s'agace le député Arnaud Leroy, ancien soutien d'Arnaud Montebourg rallié au ministre de l'Économie. Mais la polémique va faire long feu. Emmanuel Macron a bien sous-évalué sa fortune mais le redressement dont il fait l'objet atteint juste les 10 000 euros. Il les a payés et est en règle avec l'administration fiscale. Problème, cette nouvelle affaire est diversement appréciée au sein du gouvernement où certains redoutent que les attaques à répétition contre Emmanuel Macron contribuent à renforcer sa détermination. À l'Élysée, on prend même la défense du ministre. François Hollande a donné des instructions : « Il faut ménager Emmanuel. » Il est urgent de faire retomber la pression et surtout d'éviter une démission fracassante du ministre de l'Économie. Même Manuel Valls temporise. Comme si la menace Macron était désormais contenue. Car, en plus des polémiques à répétition, les sondages sont à la baisse. Beaucoup pensent alors que le « phénomène Macron » est en bout de course, que, confronté à la rudesse du jeu politique, le ministre de l'Économie a atteint ses limites, qu'il n'ira pas plus loin. La politique est une affaire de professionnels, pas d'amateurs entrés sur scène il y a moins de deux ans. Cette série d'affaires autour de lui, c'est bien la preuve qu'il ne tiendra pas la route. Bref, en ce début juin 2016, beaucoup pensent que l'heure est désormais aux hommes d'expérience, aux vrais. Et puis, Emmanuel Macron n'en a pas fini avec la lessiveuse. C'est aussi à ce moment-là que commencent à circuler des rumeurs sur sa vie privée.

32

LE TEMPS DES RUMEURS

« Je ne fais pas les unes de la presse people, la presse people fait des unes sur moi, c'est différent (...). On a là aussi, comme sur l'argent, en France, un rapport traumatique à la vie privée. J'ai décidé de ne pas la cacher, ma vie privée. Pourquoi ? Parce que oui, j'ai une femme, je pars en vacances avec ma femme parce que je l'aime, parce que ma famille est importante et parce que c'est le socle de ma vie. Donc je ne vais pas le cacher, je ne vais pas le mettre de côté, ça serait insincère. Mais je ne vais pas en vacances pour poser dans les magazines people. (...) Ça me gêne, parce que ma démarche, elle est politique, elle n'est pas frivole. »

Emmanuel Macron sur France Info,
5 septembre 2016

Dans le Falcon de la République qui l'amène à Tulle pour visiter une caserne de gendarmerie, François Hollande feuillette *Paris Match* d'un air amusé. Emmanuel Macron et son épouse Brigitte s'y étalent sur cinq pages. « Vacances en amoureux avant l'offensive », affiche le magazine sur sa une avec une photo du couple les pieds dans l'eau sur une plage. « C'est où ? » demande ingénument le chef de l'État, pas alarmé le moins du monde par cette histoire d'« offensive ». C'est à Biarritz, et c'est pourtant là qu'Emmanuel Macron prépare le coup qui va marquer sa rentrée politique. Mais François Hollande a toujours confiance en son jeune protégé. Il ne croit pas à sa démission, pas plus qu'à sa candidature à l'élection présidentielle. Après tout, il l'a déjà recadré le mois dernier. C'était à l'occasion du 14 Juillet, deux jours après le grand meeting d'Emmanuel Macron à la Mutualité. Il avait alors appelé son ministre à tenir compte des règles de « solidarité et d'esprit d'équipe ». « Respecter ces règles, c'est rester au gouvernement, ne pas les respecter c'est ne pas y rester », avait-il ajouté sans s'appesantir. Suffisant pour calmer les ardeurs d'Emmanuel Macron ? François Hollande le pense. Dans l'article qui accompagne la série de photos, il y a toutefois de quoi s'alarmer. Même s'il affirme qu'il conserve « toujours de l'affection » pour le chef de l'État, celui qui est désormais le leader d'En Marche ! ne cache pas sa « divergence stratégique » avec lui. Et puis, son mouvement monte en puissance. Depuis son lancement en avril, les « marcheurs » ont déjà organisé 75 réunions publiques. Les adhésions affluent sur le site, la barre des 100 000 membres est à portée de main. L'activité des équipes ne cesse de croître. À tel point qu'il va déjà falloir déménager pour des locaux plus grands. Voilà tout ce qu'Emmanuel Macron confie dans *Paris Match*. Il y a cinq mois pourtant, il avait une nouvelle fois connu une période de tension avec la rédaction.

Son épouse Brigitte avait accordé un entretien à l'hebdomadaire pour parler de son couple. Ils avaient tous deux fait la une et provoqué les ricanements. Notamment pour les commentaires décalés qu'elle portait sur Emmanuel Macron. « Mon mari, addict au travail, est un chevalier, un personnage d'une autre planète qui mêle une intelligence rare à une humanité exceptionnelle », y expliquait-elle entre autres choses tout aussi baroques. Immédiatement accusé par ses détracteurs de céder aux sirènes de la presse people et aux vieilles ficelles de la politique-spectacle, Emmanuel Macron faisait immédiatement machine arrière : « Mon couple, ma famille, c'est la chose à laquelle je tiens le plus, ce n'est pas une stratégie de l'exposer, c'est sans doute une maladresse, je l'assume pleinement et ce ne sera pas une stratégie que l'on reproduira. » Fini *Paris Match* donc. D'où la surprise de le retrouver cinq mois plus tard en couple à la une du même journal, encore une fois avec son consentement tacite. La dernière fois, il s'agissait de couper court à la curiosité croissante de la presse sur Brigitte Macron. Mais, cette fois, c'est autre chose. Depuis quelque temps, les rumeurs se multiplient sur la vie privée d'Emmanuel Macron. Dans son propre camp comme chez ses adversaires, on se plaît à raconter qu'il aurait une double vie. En couple avec Brigitte Macron à la ville, en couple avec un homme en coulisse, telle est la rumeur. Après les polémiques sur son patrimoine, voilà que les boules puantes changent de nature. Poser dans *Paris Match* avec son épouse, c'est une façon de les démentir. Déjà, en avril dernier, elle avait évoqué le sujet en dénonçant des « rumeurs de caniveau ». Elles lui étaient parvenues aux oreilles comme elle le confiera plus tard dans le livre *Emmanuel Macron. En marche vers l'Élysée*[1]. Elle y raconte avoir reçu des coups de téléphone malveillants : « Votre mari se trouve

1. Nicolas Prissette, *Emmanuel Macron. En marche vers l'Élysée*, Plon, 2016.

en ce moment en compagnie d'un publicitaire. » Sur le coup, elle décide de ne pas y prêter attention. Le couple qu'elle forme avec Emmanuel Macron a toujours intrigué. Leur différence d'âge provoque la suspicion. Tous deux sont habitués à vivre avec le regard interrogateur que les autres portent sur eux. Ils savent qu'à la longue tout le monde finit par accepter. Ça s'est toujours passé comme ça. Mais, cette fois, c'est différent. C'est de politique qu'il s'agit, et au plus haut niveau. S'exposer en une de *Paris Match* n'avait pas suffi la première fois, cela ne suffit toujours pas la deuxième. La rumeur persiste et circule sans qu'il lui soit possible de l'arrêter. En parler publiquement, même pour la démentir, revient à l'alimenter encore plus. C'est justement le principe et le piège de la rumeur. Inextricable. Il lui faut bien pourtant réagir pour ne pas la laisser s'installer dans les dîners en ville comme une vérité inavouable. Dans l'équipe d'Emmanuel Macron, on s'inquiète aussi. « Ça va être très violent et très moche. Préparez-vous, serrez vos tripes, ils vont le détruire », confie un soutien du ministre au site Atlantico. Un autre prévient : « Bien sûr, ils veulent le flinguer. L'affaire fiscale était un avertissement, maintenant ils vont plus loin, ils attaquent sur sa vie privée. Mais on a de quoi riposter. » Pour l'heure, il s'agit surtout de désamorcer. Emmanuel Macron pense avoir identifié la source. Il l'« a fait dire à Nicolas Sarkozy : les rumeurs sur sa vie privée qui courent dans Paris, il en a identifié l'origine. Il sait qu'elles viennent d'un proche de l'ancien chef de l'État. Ce dernier a nié sans convaincre », écrit l'hebdomadaire *L'Express* dans son numéro de la fin septembre 2016. Qui rapporte également un propos

« très ambigu » de Nicolas Sarkozy sur Emmanuel Macron : « Il est cynique. Un peu homme, un peu femme, c'est la mode du moment. Androgyne. » Voilà pour celui qu'il pense être l'émetteur principal de la rumeur. Quant au fond, il ne va consentir à s'exprimer qu'une seule fois sur le sujet. Invité du journal en ligne Mediapart pour une émission retransmise sur Internet, Emmanuel Macron va tenter de couper court une bonne fois pour toutes. « Je considère que la vie politique est faite de coups, elle n'est pas civilisée. J'ai accepté ça, ma famille non, commence-t-il. Ceux qui s'amusent à créer des rumeurs me fatiguent. Moi, en tout cas, je ne changerai pas de vie pour eux. Je n'ai pas de double vie, et je tiens plus que tout à ma vie familiale et à ma vie maritale. » Elle a débuté à Amiens il y a près d'une vingtaine d'années. Ensemble, Emmanuel et Brigitte Macron ont relevé le défi d'affronter les regards, d'imposer leur couple, de le faire accepter. C'est une aventure à deux qu'ils ont entreprise et qu'ils poursuivent encore aujourd'hui. Sur la route qui mène à l'Élysée, ces rumeurs ne sont qu'une épreuve de plus, ils en ont vu d'autres. Mais pas forcément de l'ampleur d'une élection présidentielle. Si les attaques sur son patrimoine avaient déjà donné à Emmanuel Macron un avant-goût de ce qui l'attendait, celles qui portent sur sa vie privée sont d'une autre nature. Cette fois, ce sont les coups bas qui l'attendent. Paradoxalement, ces rumeurs vont produire sur lui l'effet inverse de celui qui est recherché. Plutôt que de le faire douter, elles le renforcent dans sa conviction qu'il gêne. Que le « système » est perturbé par son épopée solitaire. Qu'il s'organise pour le neutraliser. C'est donc qu'il est sur la bonne voie. Il va persévérer.

33

LA TUNIQUE DE BRUTUS

« Quand j'ai quelque chose à dire, je le dis moi-même. Je ne parle pas par le biais des autres, je ne fais pas dire les choses et je ne suis pas dans l'indécence qui consisterait à menacer de démissionner (…). Si j'étais dans une telle situation, j'aurais la discussion avec la seule personne avec qui j'ai à avoir cette discussion, c'est le président de la République : et je ne l'ai pas eue. Je suis là, j'irai jusqu'au bout, je serai dans le gouvernement de Manuel Valls aussi longtemps que François Hollande le voudra. Je ne suis candidat à aucun poste ministériel, je ne suis candidat à aucun texte de loi, mais je suis farouchement accroché à la réforme radicale et à ce qu'on avance dans le pays. (…) Si je pensais que je n'avais pas les mains libres, je ne serais pas devant vous. »

Emmanuel Macron sur BFM,
20 janvier 2016, sept mois
avant sa démission

Jamais expédition fluviale n'aura été autant scrutée avec autant d'attention. Dans quelques instants, Emmanuel Macron va embarquer sur le petit bateau de Bercy qui permet aux ministres de se rendre aisément à l'Assemblée nationale. La Seine, pour éviter les bouchons. Un trajet que le ministre de l'Économie a si souvent emprunté pour défendre sa loi devant les députés. Mais il ne s'agit pas de cela aujourd'hui. Emmanuel Macron embarque pour l'Élysée. Au bout de sa croisière, c'est la fin de son aventure ministérielle qui l'attend. En ce 30 août 2016, deux ans presque jour pour jour après sa nomination, Emmanuel Macron va présenter sa démission à François Hollande. C'est le chef de l'État qui a insisté pour que l'entretien ait lieu dans son bureau. Une dernière explication les yeux dans les yeux, pour tenter de le convaincre de ne pas quitter le gouvernement. Déjà, la veille, Emmanuel Macron l'a prévenu : « Je n'ai pas tout l'espace qu'il me faut. Et je veux m'occuper de mon mouvement. » François Hollande a tenté de le retenir : « Tu as encore beaucoup à faire en tant que ministre de l'Économie. Il y a du travail pour dix jusqu'au bout. La règle, tu la connais. Si tu es au gouvernement, tu ne peux pas t'occuper de ton mouvement. Tu es dedans ou dehors, pas dedans et dehors, ni dehors et dedans. » À ce moment-là, Emmanuel Macron a déjà pris sa décision. Mais il n'en informe pas François Hollande. Il ne le fera que le lendemain matin par téléphone. « J'ai compris que je gênais. J'ai compris que je n'avais pas ma liberté. J'ai décidé de quitter le gouvernement », explique-t-il au président de la République. Lequel tente d'en savoir un peu plus : « Tu t'en vas pour quoi faire ? » Manuel Valls se pose la même question mais a une idée de la réponse. Lorsque Emmanuel Macron lui téléphone pour l'informer de sa démission, le Premier ministre est hors de lui. « Tu pars pour quoi, Emmanuel ? Tu pars pour être candidat, c'est ça ? Tu n'as aucune chance ! Si tu es candidat, il y aura quand même quelqu'un du PS contre toi, il y aura Mélenchon, un candidat écolo, peut-être un communiste. Tu feras quoi ? 12 %, 15 % maximum. Tu seras battu et tu provoqueras l'élimination de la gauche. C'est ça que tu veux ? Réfléchis bien », lui intime Manuel Valls, selon des propos rapportés par *Le Monde*. Comme avec François Hollande un peu plus tôt, Emmanuel Macron élude. Il n'a pas besoin d'en rajouter. Pour lui, cette démission est l'occasion de faire d'une pierre deux coups. D'abord, elle l'installe sur la trajectoire d'une candidature à l'élection présidentielle. Ensuite, elle sape un peu plus les chances de François Hollande de réussir à se représenter à l'élection présidentielle de 2017. Avec le départ d'Emmanuel Macron, le chef de l'État perd plus qu'un ministre. C'est son héritier qui lui claque la porte au nez. Le seul à qui il ait vraiment accordé sa confiance. Jusqu'à lui passer tous ses écarts, même cette phrase irrévérencieuse prononcée à la fin avril 2016 après le lancement de son mouvement politique. Des devoirs à l'égard du président de la République ? « Je ne suis pas son obligé », avait rétorqué Emmanuel Macron dans un entretien au *Dauphine libéré*. François Hollande avait laissé glisser. Sans doute avait-il aussi préféré ne pas voir ce qui se préparait : la lente et inéluctable émancipation de son fils protégé. Car c'est bien de cela qu'il s'agit.

Il y a à peine moins de deux mois, le 12 juillet, le jeune ministre s'était livré à un crime de lèse-majesté. Un meeting de son mouvement organisé à la salle de la Mutualité à Paris, la salle fétiche des socialistes, devant près de 4 000 personnes. Face à l'affluence, les organisateurs avaient même dû ouvrir une deuxième salle. Une alerte pour le PS qui, dans le même temps, peinait à remplir ses salles pour des réunions de soutien à François Hollande. Et puis l'alerte formulée à la tribune par l'écrivain Alexandre jardin, invité pour l'occasion, à laquelle pas grand-monde n'avait alors voulu croire. « Je demande à Emmanuel Macron de ne plus se poser la question : j'y vais ou j'y vais pas ? » avait lancé l'écrivain, provoquant les acclamations du public et faisant fuser les « Macron président ! » dans la salle. Lui-même n'avait pas caché son ambition : « Imaginez où nous serons dans trois mois, dans six mois, dans un an ! » Un tel rassemblement à deux jours de la traditionnelle allocution du chef de l'État pour le 14 Juillet, la dernière de son quinquennat, cela relève de la provocation. D'autant qu'Emmanuel Macron ne se gêne pas pour critiquer le gouvernement auquel il appartient encore. La loi Travail ? « C'est une réforme importante mais ce n'est plus le combat d'aujourd'hui », assène-t-il. La loi sur la transition énergétique ? « Un texte courageux, mais nous devons aller plus loin », tranche-t-il. Et même s'il remercie François Hollande de lui avoir « fait confiance », même s'il reconnaît que « pendant deux ans il y a eu beaucoup de choses de faites », ce n'est que pour mieux dénoncer la méthode du chef de l'État : « Quand on avance à couvert, on a du mal à convaincre… ». Résultat, après le meeting du 12 juillet 2016, chacun est persuadé au gouvernement qu'Emmanuel Macron s'apprête à donner sa démission, que ce n'est plus qu'une question de jours, voire d'heures. Sauf qu'une nouvelle tragédie va chambouler son calendrier.

Le soir du 14 Juillet, un terroriste islamiste propulse un camion sur la promenade des Anglais à Nice où une foule importante s'était rassemblée pour assister au feu d'artifice. Un carnage effroyable, un bilan terrifiant de près de 90 victimes. Une nouvelle fois, la France sombre dans l'horreur. Une nouvelle fois, François Hollande, Manuel Valls et Bernard Cazeneuve se retrouvent en première ligne. Tout le reste est déplacé. À commencer par les ambitions d'Emmanuel Macron. Il se met en retrait et laisse le pays faire son deuil. L'été passe. La politique reprend ses droits. Les socialistes qui avaient prévu d'organiser leur traditionnelle université d'été à Nantes et plus à la Rochelle se trouvent contraints d'annuler l'événement. Les zadistes de Notre-Dame-des-Landes, qui s'opposent à la construction d'un aéroport dans la ville, menaçaient de transformer la ville en champ de bataille contre le PS. À droite, Nicolas Sarkozy annonce sa candidature à l'élection présidentielle en publiant un livre. À moins d'un an du scrutin majeur en France, chacun est dans les starting-blocks. À droite comme à gauche, on en aurait presque oublié Emmanuel Macron, qui choisit ce moment pour annoncer sa démission, à la surprise générale. Plus personne ne l'attendait, il va créer l'événement. L'écho médiatique est considérable. Toute la journée, les chaînes d'information en continu le suivent à la trace. Jusque dans la navette fluviale de Bercy qu'il emprunte pour aller formellement annoncer son départ à François Hollande. Lorsqu'il revient au ministère de l'Économie, c'est pour y prononcer une courte allocution et expliquer son geste en revisitant ses deux ans passés dans la peau d'un ministre de l'Économie de François Hollande. Expliquant avoir « touché du doigt les limites de notre système politique », il dénonce les « compromis de dernière minute » et évoque « les peurs des uns et des autres ». « Je n'ai pas tout réussi, certaines entreprises ont connu la faillite, reconnaît-il. J'ai parfois échoué à faire partager la nécessité que j'éprouvais de poursuivre et amplifier le travail de transformation en profondeur de l'économie. » Puis il oriente clairement son regard vers l'échéance électorale de 2017. « Dans notre République, le seul moment où les débats nécessaires pour décider ces transformations peuvent utilement avoir lieu est la campagne présidentielle. » « Je souhaite entamer une nouvelle étape de mon combat et construire un projet qui serve l'intérêt général », explique-t-il en appelant au rassemblement de tous les Français, « quelles que soient leurs sensibilités politiques et même s'ils ne croient plus à la politique ». Voilà pourquoi il quitte le gouvernement. Son projet « n'est pas compatible avec l'appartenance à un gouvernement », et nécessite d'être « libre de dire, de proposer, d'agir, de rassembler ».

Le geste est une violence à l'encontre de François Hollande. Une trahison, même. Or, dans l'histoire de la Ve République, jamais les traîtres n'ont réussi à tirer leur épingle du jeu. Du moins pas dans la foulée de leur trahison. Jacques Chirac a payé longtemps pour avoir quitté Valéry Giscard d'Estaing. Nicolas Sarkozy a longtemps porté le fardeau d'avoir quitté Jacques Chirac pour Édouard Balladur. Emmanuel Macron met ses pas dans les leurs. D'ailleurs, comme conscient de son geste, il s'efforce d'en minimiser la portée. Dans son discours de démission, il rend hommage au chef de l'État et se dit « convaincu que les Français rendraient justice à François Hollande d'avoir fait face à des difficultés exceptionnelles ». Les adversaires d'Emmanuel Macron s'apprêtent toutefois à lui enfiler la tunique de Brutus. Seulement voilà, il n'est pas le seul à parier sur un renoncement du président de la République. D'autres l'attendent en embuscade, si bien qu'Emmanuel Macron ne sera pas le dernier à tenir le couteau entre ses mains. Mais, pour l'heure, un autre chantier l'attend. Maintenant qu'il a démissionné, il va se consacrer pleinement à son mouvement En marche ! et au diagnostic du pays que ses troupes sont en train d'établir. S'il franchit cette étape avec succès, alors seulement il pourra enclencher la troisième étape de son plan : sa candidature à l'élection présidentielle.

34

DIAGNOSTIC

« Comment peut-on imaginer sérieusement commander à la destinée du pays quand sa probité personnelle est en cause ? Comment peut-on vouloir donner des leçons dans le plus grand mépris et continuer à promettre aux Français ? (...) Comment peut-on imaginer sérieusement commander aux destinées du pays, se présenter même aux suffrages des Français alors qu'on a délibérément dépassé le plafond des dépenses de campagne ? (...) Lorsqu'on est responsable politique, qu'on propose d'accéder aux plus hautes fonctions électives et de représenter le pays, je crois que toutes les fautes ne se valent pas. Il en est certaines qui vous disqualifient radicalement. »

Emmanuel Macron en meeting
à Strasbourg le 4 octobre 2016

Il y en a partout. Des jeunes vêtus de sweat-shirts à capuche gris sur lesquels un logo est floqué : En Marche ! Ce sont les *helpers*, les bénévoles du mouvement d'Emmanuel Macron. Ils vérifient les noms à l'entrée du palais des Congrès de Strasbourg, orientent les sympathisants vers la grande salle du meeting, les placent dans la salle, s'affairent à droite à gauche pour que tout se déroule comme prévu. Six mois après le lancement de son mouvement politique, Emmanuel Macron peut déjà s'appuyer sur une petite armée de sympathisants motivés. En Marche ! revendique alors 80 000 adhérents, soit autant que le PS. Certes, il suffit de s'inscrire sur le site internet, sans cotisation, pour être comptabilisé comme faisant partie du mouvement. Cela indique tout de même un intérêt certain pour la démarche de l'ancien ministre. À tout le moins une curiosité, voire une attente, qui ne demande qu'à être satisfaite.

En ce début octobre, le leader d'En Marche ! – puisque c'est désormais ainsi qu'il faut présenter Emmanuel Macron – organise à Strasbourg un meeting de diagnostic. Le premier d'une série de trois qui va ensuite le mener au Mans, puis à Montpellier. Il s'agit de rendre compte des conclusions de la grande marche organisée à l'été auprès des Français. De cette gigantesque opération de porte-à-porte, 25 000 questionnaires ont été remplis. Pour en arriver là, les « marcheurs » ont frappé à 300 000 portes, réalisé 100 000 entretiens, lesquels ont ensuite été analysés, synthétisés et compilés par quelque 200 experts. Ce sont les chiffres que l'équipe d'Emmanuel Macron met en avant. « C'est un retour aux fondamentaux et le premier fondement de la démocratie, c'est écouter et non pas parler », explique le nouveau conseiller presse de l'ancien ministre, Sylvain Fort. Au fil des jours, l'équipe s'est étoffée mais il n'y a pas encore de renforts de poids. Côté politique, le maire de Lyon a rejoint depuis un moment déjà Emmanuel Macron. Gérard Collomb s'est toujours affiché sur l'aile droite du PS et n'a pas hésité longtemps avant de rejoindre Emmanuel Macron. Comme Richard

Ferrand, le député du Finistère qui était le rapporteur de la loi Macron à l'Assemblée nationale. Lui n'est pas forcément une figure de l'aile droite mais il s'est toujours agacé des jeux d'appareil et des combines de la direction. Il y a aussi François Patriat, ancien sénateur de Côte-d'Or et président du conseil régional de Bourgogne. Il a longtemps été proche de Pierre Moscovici mais a trouvé avec Emmanuel Macron un nouveau combat à mener. Pour le reste, beaucoup attendent encore de voir comment va tourner l'aventure Macron avant de s'engager. C'est ainsi, les poids lourds ne se rallient qu'à la fin, lorsque la perspective de victoire leur permet de négocier leur soutien. Ils observent tous Emmanuel Macron pourtant, et sont curieux de voir ce qui va sortir de cette expérience inédite de diagnostic du pays. À partir de leurs entretiens, les équipes d'En Marche ! veulent dresser le tableau de la France de 2016, ses attentes, ses craintes, ses espoirs. Ce sera le socle du programme présidentiel du mouvement. Ce sera aussi le socle de légitimité sur lequel Emmanuel Macron veut bâtir sa candidature. Il ne s'en cache d'ailleurs pas, mais s'efforce tout de même de temporiser. « D'abord le projet, ensuite seulement la question de l'incarnation », résume-t-il. La série des trois meetings d'octobre est conçue comme une rampe de lancement. Elle doit le propulser vers 2017. L'objectif ? Apparaître à la fin du mois comme le seul candidat capable de qualifier la gauche pour le second tour de l'élection présidentielle. Intimider les socialistes. Inquiéter la droite. Affaiblir le Front national. Accessoirement, il s'agit aussi de montrer que l'ancien ministre de l'Économie n'est pas seul, que son aventure n'est pas individuelle comme se plaisent à l'assurer ses adversaires. De montrer sa force donc. Ce soir-là, à Strasbourg, 1 200 personnes sont attendues. La comparaison est toujours aussi peu flatteuse pour le PS qui ne parvient pas à réunir plus de 400 militants lorsqu'il organise de son côté des meetings de soutien à François Hollande. L'atmosphère y est maussade. Les membres du gouvernement qui y participent ont beau essayer de remonter le moral des troupes, le climat reste morose. L'impopularité persistante du chef de l'État, la perspective de la présence du FN au second tour de l'élection présidentielle, l'hypothèse de plus en plus crédible de l'élimination de la gauche dès le premier tour… l'avenir s'annonce sombre. Par comparaison, l'enthousiasme des troupes d'Emmanuel Macron frise la provocation, l'insouciance même, la conquête de l'Élysée la fleur au fusil. Pourtant, rien n'est laissé au hasard.

Avant le meeting de Strasbourg, Emmanuel Macron se livre à une répétition sur scène de son discours. Un grand podium noir au milieu des militants. Quatre prompteurs installés à chacun des coins, un gigantesque écran qui reproduit les éléments du diagnostic, une scénographie moderne… tout est prêt. Mais il n'a pas l'habitude de ce genre d'événement. La mécanique est encore en rodage et les équipes ont vu trop grand, trop ambitieux et surtout trop long. Le compte rendu de l'opération de porte-à-porte par des « marcheurs » inexpérimentés s'étire en longueur. À tel point que le public commence à fatiguer et à se lasser. C'est Emmanuel Macron qu'il est venu écouter, pas une série d'intervenants inconnus qui ont du mal à tenir la salle en haleine. Si bien que, lorsqu'il arrive sur scène, les militants se sont quelque peu assoupis. Il va s'efforcer de les réveiller en détaillant son diagnostic et en expliquant sa démarche. Mais ce n'est que lorsqu'il s'en prend à Alain Juppé et Nicolas Sarkozy, alors favoris pour remporter la primaire de la droite, que le public se redresse un instant. Il attaque le premier sur son passé judiciaire, le second sur le dépassement de ses comptes de campagnes en 2007. Mais, trop long, le discours ne convainc pas. Pas plus que le diagnostic qui ne fait en réalité que répéter ce que les politiques « classiques » assènent en boucle depuis des mois : la France se sent enserrée dans un carcan de législations complexes et obsolètes, il faut la libérer.

La suite de la séquence de « meeting de diagnostic » va se répéter de la même manière. Si le rythme des meetings s'améliore au fil du temps, le message a du mal à imprimer. D'autant qu'Emmanuel Macron se refuse à avancer un programme détaillé, préférant saupoudrer ses discours de propositions en forme de mesures techniques, pas forcément de nature à emporter l'enthousiasme des foules. Au Mans, prenant en compte les erreurs de Strasbourg, il allège la première partie, celle où ses sympathisants détaillent le diagnostic. Mais il se perd ensuite dans un interminable discours de plus de deux heures qui finit par faire fuir quelques spectateurs. *Idem* à Montpellier où il se risque toutefois pour la première fois sur le terrain régalien. Mais l'effet de répétition des meetings se révèle contre-productif. D'ailleurs, dans les sondages, Emmanuel Macron ne bouge pas. Malgré son offensive d'automne, il reste toujours scotché à la place de troisième homme. Certes, il est le premier candidat de gauche, mais la finale de la présidentielle est toujours promise au candidat de la droite et à Marine

Le Pen. Il ne paraît pas en mesure de se qualifier pour le second tour. Il va falloir accélérer. D'autant que le mois de novembre s'annonce compliqué d'un point de vue médiatique. La primaire de la droite va occuper tout l'espace et reléguer son combat à l'arrière-plan. Si Emmanuel Macron veut espérer poursuivre son aventure, il doit se dégager de l'espace politique. La victoire annoncée d'Alain Juppé ne serait pas à son avantage. L'ancien Premier ministre parle à une partie de l'électorat qui pourrait être tentée de le rejoindre : le centre-droit. Lui aurait plutôt intérêt à voir Nicolas Sarkozy s'imposer. Quant aux autres candidats, personne alors ne leur donne la moindre chance. Dans les enquêtes d'opinion, François Fillon est englué dans son match pour la troisième place avec Bruno Le Maire. S'il veut conserver ses chances, Emmanuel Macron doit tenter de bousculer cette primaire de la droite qui monopolise l'attention. La gauche et le PS ayant renoncé à concurrencer la bataille en cours chez les Républicains, Emmanuel Macron va s'engouffrer dans la brèche. Et une fois de plus, déjouer tous les pronostics.

35

MOI, CANDIDAT

« Quand on prend ce type de décision, avec ce qu'elle comporte de gravité (…), c'est une décision qui est mûrement réfléchie, ce n'est en aucun cas une décision qui est provisoire. Oui, c'est une décision irrévocable ».

Emmanuel Macron,
16 novembre 2016 sur France 2

Ça sent le cambouis et l'essence autour des carcasses de voitures. Rien de très étonnant pour un atelier de réparation mécanique. Ce qui l'est plus en revanche, c'est la petite scène montée au fond du hangar. Un fond bleu, un drapeau tricolore, un autre européen et ce petit pupitre sur lequel un panonceau prévient : « Déclaration d'Emmanuel Macron. Bobigny, le 16 novembre 2016. » Le grand jour. La candidature à l'Élysée. L'aboutissement logique de sa démarche. Le début d'une autre aventure. Cette fois, tout bascule pour de bon pour Emmanuel Macron. Passé son discours, il n'y aura plus de retour en arrière possible, sauf à se dédire.

Face à la presse qui s'est déplacée en nombre pour couvrir l'événement, devant quelques étudiants de ce centre de formation pour apprentis de cette ville de banlieue parisienne, Emmanuel Macron s'apprête à mettre un terme à un suspense qui n'en était un que pour ceux qui espéraient encore qu'il fasse machine arrière. Depuis la veille, cette déclaration occupe presque tout l'espace médiatique. Mais il y est aussi question de la primaire de la droite. Le lendemain, les candidats vont s'affronter pour leur dernier débat télévisé de la campagne. Le scrutin se déroule le dimanche qui suit. Pour Emmanuel Macron, c'est une façon de s'inviter dans les discussions. De tenter de peser sur le vote, aussi. Pour réussir son pari, il a besoin que le candidat des Républicains soit vraiment ancré à droite, sur une ligne politique susceptible de renvoyer vers lui l'électorat du centre-droit. Alain Juppé est sans doute ce qui pourrait lui arriver de pire. Nicolas Sarkozy en revanche serait une bonne pioche. Quant à François Fillon, personne ne l'envisage encore, même s'il semble alors en bonne position pour s'inviter à la place de troisième homme. Voilà pour la droite de l'échiquier politique. À gauche, la situation est encore plus illisible. Depuis la parution d'un livre de confidences de François Hollande à des journalistes, « *Un président ne devrait pas dire ça…* », le doute s'est immiscé dans la tête des socialistes. Le président de la République peut-il encore espérer se représenter ? Alors que le chef de l'État était en train d'organiser sa campagne, la publication du livre polémique l'a obligé à tout reprendre à zéro. Or le temps commence à compter. Les inscriptions à la primaire qu'organise le PS pour sélectionner son candidat se clôturent dans un mois. Trop court pour espérer rebondir. Trop court pour calmer les ardeurs de ceux qui mènent de façon de moins en moins subtile l'opération d'empêchement du chef de l'État. À commencer par Manuel Valls. Le Premier ministre s'est répandu en petites phrases savamment distillées sur la « colère » et la « honte » ressenties par les militants socialistes à la lecture des confidences de François Hollande. La candidature du chef de l'État ne tient plus qu'à un fil. À sa façon, Emmanuel Macron va lui aussi participer à l'opération d'empêchement.

Lorsqu'il arrive sur la petite scène de l'atelier de réparation automobile, la salle se fige. Seul le crépitement en rafales des appareils photo vient trouer l'épais silence qui s'est installé. Des membres de son équipe ainsi que son épouse ont pris place au premier rang. Lui se montre solennel, essaye de détendre un peu l'atmosphère en adressant sourires et clins d'œil à l'assistance. Il tente un moment de ramener le calme, laissant chacun prendre son cliché. Puis il se lance, visage fermé. Et il commence par retracer le chemin qui l'a mené jusque-là, en réglant ses comptes pour se justifier. Deux ans à Bercy, une loi à son nom passée de force au 49-3, une autre enterrée, une réforme du marché du travail *a minima* et adoptée, elle aussi, à coup de 49-3. « J'ai vu de l'intérieur la vacuité de notre système politique qui empêche les majorités d'idées au motif qu'elles fragilisent les appareils, qui ne poursuit plus l'intérêt général mais son propre intérêt. » Ses adversaires au sein de sa famille politique, Manuel Valls en tête ? « J'ai pu mesurer ces derniers mois ce qu'il en coûte de refuser les règles obsolètes et claniques d'un système politique qui est devenu le principal obstacle à la transformation de notre pays. » Les politiques ? « Ils utilisent la vie des Français comme le simple décor de leur théâtre d'ombres. » Les appareils, de droite ou de gauche ? « Ce sont leurs modèles, leurs recettes qui ont échoué. » Le constat est sombre et s'apparente parfois à celui du Front national. Emmanuel Macron prospère sur le même terreau que Marine Le Pen, celui du désenchantement, du déclassement et de la colère contre les élites. « La France aujourd'hui est sortie du chemin du progrès, dit-il. Nous n'avons pas réussi à régler le problème du chômage de masse, la déprise des territoires, la langueur de l'Europe, les divisions internes. La France est bloquée par les corporatismes. » Mais ses positions sont à l'opposé de celles de l'extrême droite : il veut que la France embrasse la mondialisation en relançant l'Europe. Et s'oppose frontalement au discours du FN. « J'entends certains qui pensent que notre pays est en déclin, que le pire est à venir, que, au fond, notre civilisation s'efface, et ils proposent le repli, la guerre civile ou les recettes du siècle dernier », dénonce-t-il sans citer personne. Le FN, il s'y est déjà attaqué une semaine auparavant en le qualifiant de « parti qui salit la République » lors d'une rencontre avec les cadres de son mouvement politique. Il veut le contrer. À tout le moins convaincre certains de ses électeurs de le rejoindre. Eux et d'autres encore. « L'enjeu n'est pas pour moi de rassembler la gauche, il n'est pas de rassembler la droite, l'enjeu est de rassembler les Français. » Pas de droite, pas de gauche, au-dessus des partis. Emmanuel Macron place sa démarche dans la lignée de celle du général de Gaulle. Voilà pourquoi il déclare ensuite : « Je suis candidat à la présidence de la République. » C'est fait. L'avalanche de commentaires peut déferler, à commencer par celui de François Hollande.

En déplacement à Marrakech pour la COP22, le chef de l'État ne cache pas son agacement. Jusqu'au bout, il n'aura pas voulu croire que son ancien protégé déclarerait sa candidature. D'ailleurs, en dépit de toutes ses provocations, il continuait à le ménager, parfois au grand dam de ses soutiens. « Macron est comme un second fils pour Hollande, un fils politique, il ne le croit toujours pas capable de tuer le père », pestait l'un d'eux. Voici donc François Hollande écarté un peu plus. « L'enjeu, c'est le rassemblement et la cohésion, si la gauche n'est pas rassemblée, elle ne pourra pas être au rendez-vous. Si la France se divise, se fragmente, se désunit, alors elle déclinera », prévient-il. Dans son costume de président de la République, il se voyait comme le rassembleur en chef, candidat naturel de son camp, homme de la synthèse à nouveau, avec l'union sacrée des socialistes derrière lui : d'un côté, cette gauche qui n'a cessé de torpiller sa politique économique depuis le jour de son élection ; de l'autre, cette gauche progressiste kidnappée par Emmanuel Macron. Avec la candidature de son ancien ministre de l'Économie, l'horizon se bouche encore un peu plus pour François Hollande. Manuel Valls le sait, qui feint de ne pas accorder d'importance à l'entrée d'Emmanuel Macron dans la course à l'Élysée. « Rien ne m'affecte », élude-t-il alors qu'il est interrogé sur le sujet. Peut-être. Mais s'il ne veut pas se laisser enfermer dans le rôle de Premier ministre de François Hollande jusqu'à la fin du quinquennat, comptable et responsable du bilan, il va devoir agir vite. La séquence qui débute après la déclaration de candidature d'Emmanuel Macron va déboucher sur un bouleversement total du paysage politique. Dans une élection présidentielle, « rien ne se passe comme prévu », avait coutume de dire François Hollande. Le chef de l'État n'imaginait sans doute pas à quel point celle de 2017 lui donnerait raison.

36

EN ROUTE VERS L'ÉLYSÉE

« Une vague monte. Cette vague, ce n'est pas une bulle. C'est une vague qui monte depuis le premier jour. »

Emmanuel Macron,
8 janvier 2016, en meeting
à Clermont-Ferrand

Emmanuel Macron une rose à la main, ce n'est pas si courant. Rien à voir avec le symbole des socialistes toutefois, la fleur est blanche et le candidat à la présidence de la République la dépose sur le mémorial des victimes du 11-Septembre à New York. C'est là, à deux pas de Times Square, qu'il a élu domicile pour trois jours. Un déplacement de campagne dans l'Amérique de Donald Trump, nouveau président élu des Etats-Unis, pas encore investi. Après le vote des Britanniques en juin et leur sortie de l'Union européenne, le Brexit, la victoire du magnat de l'immobilier dans la course à la Maison blanche est le deuxième séisme qui secoue le monde occidental. Les commentaires sont à l'unisson : voilà le réveil des peuples contre les élites. C'est aussi ce qu'a dit Emmanuel Macron pour expliquer la victoire de Donald Trump et justifier en creux sa démarche. « Cette élection montre que rien n'est écrit à l'avance. Il faut écouter ce que le peuple a à dire et non ce qu'on aimerait qu'il dise. Cette élection me paraît être l'expression d'un rejet du système profond, et sous-estimé (…). Le même que j'entends depuis deux ans que je me suis engagé publiquement sur la scène politique. Ce rejet rend impossible de demeurer dans le *statu quo* dans lequel notre pays s'est englué depuis trente ans », explique-t-il. En France, sa popularité, l'intérêt qu'il suscite auprès des Français, l'agacement qu'il provoque aussi bien dans sa famille politique que chez ses adversaires de droite… tout cela joue sur les mêmes ressorts. Emmanuel Macron espère en profiter. Sans essayer de s'entretenir avec Donald Trump en personne, il va tout de même rencontrer discrètement l'un des conseillers du nouveau leader du monde libre. Ce proche de Donald Trump s'appelle Richard Haass. C'est l'ancien assistant spécial de George Bush père. Il dirige le Council on Foreign Relations, l'un des principaux *think tanks* sur les relations diplomatiques. Ensemble, pendant 90 minutes, ils font un tour complet des sujets brûlants sur la scène internationale. Sait-on jamais, si Emmanuel Macron remporte son pari en mai 2017 et accède à l'Élysée, les contacts seront noués avec la Maison Blanche, il ne partira pas de zéro. Or, pour lui, en cette mi-décembre 2016, l'horizon s'est éclairci à la faveur des derniers rebondissements de la vie politique française, nombreux et inattendus. Leur écho est même parvenu jusqu'à New York. À Times Square plus précisément où, sur l'énorme panneau où défilent les informations en direct, le dernier coup de théâtre socialiste s'invite entre des nouvelles de la guerre civile en Syrie et des résultats de football américain. « French Prime Minister Manuel Valls Announces Run for President ». Le Premier ministre français Manuel Valls annonce sa candidature à l'élection présidentielle. Sauf qu'il y a une erreur. Manuel Valls n'est plus Premier ministre. Il vient de démissionner de Matignon. Il n'est plus désormais qu'un simple candidat parmi les autres, à commencer par ceux du PS qu'il va affronter dans le cadre de la primaire de son parti. Avant de s'attaquer à Emmanuel Macron, il lui faudra battre Arnaud Montebourg, Benoît Hamon et Vincent Peillon. Pour Manuel Valls, cette candidature est l'aboutissement de l'offensive qu'il a mené contre François Hollande. Une guerre éclair de quelques semaines seulement mais qui a débouché sur cette scène stupéfiante : le président de la République annonçant en direct depuis l'Élysée, le 1er décembre 2016, qu'il renonçait à se présenter à l'élection présidentielle de 2017. Du jamais vu sous la Ve République. Trop impopulaire, trop affaibli par ses confidences dans le livre *Un président ne devrait pas dire ça...*, trop contesté au sein de sa propre famille politique, François Hollande a jeté l'éponge, achevé par son Premier ministre. Le dernier coup de poignard, c'est Manuel Valls qui l'a porté en laissant entendre dans un entretien au *Journal du Dimanche* qu'il pourrait se présenter à l'élection présidentielle même si François Hollande était candidat. Conséquence : « J'ai décidé de ne pas être candidat à l'élection présidentielle, au renouvellement donc de mon mandat. » C'est par cette phrase que le chef de l'État enterre son espoir, mince il est vrai, d'obtenir un second blanc-seing des Français. Dans son discours de renoncement, il lance aussi un appel « à un sursaut collectif et qui engage tous les progressistes qui doivent s'unir dans ces circonstances parce que ce qui est en cause, ce n'est pas une personne, c'est l'avenir du pays ». La phrase fait tiquer Emmanuel Macron. Notamment un mot : « progressiste ». C'est celui qu'il ne cesse d'employer pour définir son positionnement politique. Quand il explique que son mouvement En Marche ! n'est « pas de droite, pas de gauche », c'est qu'il a en tête un autre clivage, celui qui sépare les conservateurs des progressistes. Les autres et lui. Autour d'Emmanuel Macron, on se demande si François Hollande n'a pas utilisé le terme à dessein pour désigner son successeur. Pas Manuel Valls en tout cas qui, malgré ses déclarations de loyauté à répétition vis-à-vis du président de la République, aura finalement été celui qui aura cloué le cercueil de François Hollande. Prononcée dans la foulée du renoncement du chef de l'État, la déclaration de candidature de Manuel Valls agace les hollandais historiques. Lesquels hésitent, rechignent ou répugnent à se ranger derrière lui.

De tout cela, Emmanuel Macron ne dira pas un mot à New York. Lorsque Manuel Valls prononce son discours de candidature depuis sa ville d'Évry, il est lui aussi à l'université de Columbia en train de s'adresser à un auditoire choisi. Dans un anglais courant, il parle de la « refondation de la relation transatlantique ». Ce voyage à New York, c'est aussi l'occasion pour lui de polir un peu une stature internationale qui, pour l'heure, lui fait encore défaut. Évidemment, dès qu'il termine son propos, les journalistes se ruent sur lui pour obtenir sa réaction. Sans succès. L'échappatoire est facile : on ne commente pas la vie politique française depuis l'étranger. Voilà. De toute façon, avant de s'envoler pour New York, il a déjà dit tout le mal qu'il pensait de Manuel Valls dans une interview au *Journal du Dimanche*, comme pour répondre directement à son adversaire, celui qui lui dispute le terrain du réformisme de gauche et du socialisme modernisé. « J'aime les combats à visage découvert. Tout le contraire des tireurs couchés », taclait Emmanuel Macron. Pour lui, c'est l'offensive du Premier ministre qui a fini par avoir raison des derniers espoirs du président. « Ces dernières semaines, un piège construit par l'appareil, et jusqu'au sein du gouvernement, s'est refermé sur lui pour qu'il ne soit pas candidat à la primaire », assure-t-il. Peut-être, mais Emmanuel Macron n'est pas pour rien non plus dans le renoncement de François Hollande. Jusqu'à sa déclaration de candidature, le chef de l'État n'a jamais voulu croire que son ancien protégé se lancerait en solo dans l'aventure présidentielle. L'entrée en piste d'Emmanuel Macron l'a surpris et désarçonné. Il espérait toujours réussir à le rattraper et, avec lui, les électeurs du centre gauche voire du centre droit. Raté. Macron fait désormais cavalier seul, en dehors du PS. Les mains libres mais l'appareil en moins. Et toujours persuadé d'avoir opté pour la bonne stratégie, le salut en dehors des socialistes, à l'inverse de Manuel Valls.

Emmanuel Macron poursuit sa tournée américaine. Il doit rencontrer les militants new-yorkais d'En Marche ! Des expatriés, jeunes pour la plupart, et curieux d'entendre ce qu'il a à leur dire. Son discours est rodé, mais, maintenant que François Hollande a renoncé et que Manuel Valls est candidat à la primaire du PS, il prend un relief particulier. Après avoir développé son diagnostic du pays, décrit l'évolution du monde moderne, pointé ses périls et expliqué que « le vrai clivage politique aujourd'hui, c'est celui qui sépare les progressistes des conservateurs », il glisse une confidence : « Le système des primaires est contraire à l'esprit de la Ve République voulu par le général de Gaulle et est devenu le symptôme de la mort politique des appareils existants. » La primaire du PS, Emmanuel Macron n'y croit pas. Pas plus qu'à celle de la droite d'ailleurs. Là aussi, elle a réservé son lot de rebondissements avec l'élimination dès le premier tour de Nicolas Sarkozy, celle d'Alain Juppé au second au profit de François Fillon, le vainqueur surprise. Le candidat des Républicains n'est pas pour déplaire au leader d'En Marche !, d'ailleurs. Pour gagner, l'ancien Premier ministre a déroulé une campagne très à droite tant sur le plan économique que sur celui des valeurs. Résultat : le centre droit s'est dégagé pour Emmanuel Macron. Pour le centre gauche, cela dépend désormais du résultat de la primaire du PS. Il ne lui reste plus qu'à espérer qu'elle débouche sur une victoire d'Arnaud Montebourg ou de Benoît Hamon. Avec un candidat du PS bien à gauche et un candidat des Républicains bien à droite, c'est un boulevard qui s'ouvrira à lui pour l'Élysée. Si les Français le suivent. Jusqu'à présent, Emmanuel Macron a réussi à les séduire. Le plus dur reste à faire : les convaincre.

CONCLUSION

Il faut raconter une histoire aux Français. C'est le principe de l'élection présidentielle. À en juger par les foules de curieux qui se pressent dans les meetings d'Emmanuel Macron au début de la campagne de 2017, celle qu'il a commencé à écrire les intéresse. L'histoire d'un jeune homme brillant prêt à se mettre au service de son pays et qui va lever les uns après les autres les obstacles placés sur sa route par une caste politique en place depuis plus de trente ans, uniquement préoccupée par la conservation de son pouvoir. Si l'on relit la chronique de l'ascension d'Emmanuel Macron, il n'y avait absolument aucune chance de le retrouver si bien installé dans la course à l'Élysée. Depuis deux ans pourtant, il a déjoué tous les pronostics.

Lancer un mouvement politique à un an de l'élection présidentielle ? Impossible. Il l'a fait. Démissionner du gouvernement ? Inconcevable. Il l'a fait. Présenter sa candidature à l'élection présidentielle ? Aucun risque. Il l'a fait. Être élu huitième président de la Vᵉ République ?... En ce début 2017, la classe politique commence à s'interroger. Et si c'était finalement lui ?

Emmanuel Macron s'est déjà installé dans le costume d'homme politique préféré des Français. Et tout semble se dégager devant lui. La primaire du PS a finalement débouché sur la victoire inattendue de Benoît Hamon. Ancré à gauche, le candidat socialiste a réservé ses premiers mots à Jean-Luc Mélenchon et à l'écologiste Yannick Jadot pour leur proposer de le rejoindre. Benoît Hamon fait pencher les socialistes très à gauche et dégage l'espace politique du centre-gauche pour Emmanuel Macron. D'ailleurs, dès sa victoire, une partie des députés réformateurs ont demandé à se mettre « en retrait » de la campagne du PS. Ils sont tentés de rejoindre le leader d'En Marche ! À droite, c'est autre chose. François Fillon se trouve englué dans une violente polémique sur des emplois fictifs qu'il aurait accordés à son épouse Pénélope et à deux de ses enfants. Son image d'intégrité est atteinte et, avec elle, c'est le camp des Républicains qui est touché. Incroyable début de campagne présidentielle où tout semble possible pour tout le monde, à commencer par Emmanuel Macron. Alors après tout, pourquoi pas lui ? La tâche qui l'attend est immense toutefois, plus ardue encore que le chemin qu'il a emprunté pour en arriver là. D'abord, se hisser au second tour de l'élection présidentielle. Cela suppose de passer devant ses concurrents de droite et d'extrême droite. Pas le plus simple dans une société française en pleine droitisation. Si malgré tout il y parvient, il lui faudra ensuite franchir le seuil des 50 % au second tour. Et vaincre un paradoxe : celui qui voit les Français plébisciter le changement et le renouvellement de leur classe politique mais toujours, au dernier moment, dans la solitude de l'isoloir, se retourner vers les candidats d'expérience à stature d'homme d'État, comme apeurés par leur propre audace. Il reste à Emmanuel Macron le temps d'une campagne électorale pour les rassurer. C'est court. C'est son dernier obstacle.

TABLE

Deuxième partie

LE DESTIN DES ÉTOILES FILANTES

Troisième partie

LE TRIANGLE DES BERMUDES

CHEZ LE MÊME ÉDITEUR

Francis Brochet

ET FRANÇOIS HOLLANDE ENTERRA LE SOCIALISME

François Hollande ne se voyait pas en fossoyeur. Hélas, le socialisme à la française, hanté par l'héritage communiste, est mort, assassiné par la mondialisation de l'économie et l'évolution de la société. D'ailleurs, Hollande lui-même a-t-il jamais été socialiste ? Dès 1985, dans *La gauche bouge*, il signait son acte de décès et proclamait l'avènement de « la gauche nouvelle » – c'est-à-dire social-libérale. Le président nous a menti, protestent les socialistes historiques. Ils rappellent la promesse du Bourget – « mon adversaire, la finance » – et instruisent son procès. Le candidat a menti, c'est vrai – par omission. Il a peu promis, mais pas annoncé franchement la couleur. Un grand malentendu s'est installé, suivi d'invectives.

Enfin ! se réjouissent les partisans de la gauche nouvelle. Le temps est fini du double langage : révolutionnaire dans l'opposition, gestionnaire au pouvoir. À coups de pactes, de réformes et de 49-3, la gauche française cajole les entreprises en baissant leurs impôts, libéralise les transports, déverrouille l'État. Si Manuel Valls et Emmanuel Macron semblent en première ligne, l'inspirateur – ne nous y trompons pas – est bien à l'Élysée.

Le propos de cet essai n'est pas d'établir avant terme le bilan de l'actuel président. Il est de raconter pourquoi et comment la gauche tourne avec François Hollande une page de son histoire et de l'histoire de la France.

***Francis Brochet**, journaliste, est spécialiste des questions économiques et européennes au* Progrès *de Lyon, est l'auteur de* La Grande Rupture *(éd. du Toucan, 2008 et d'*Inventaire après rupture : comment Sarkozy a changé la France *(Bourin, 2011).*

ISBN 978-2-8098-1735-5 / H 15-3040-9 / 192 pages / 17,95 €

François de Rugy

ÉCOLOGIE OU GAUCHISME, IL FAUT CHOISIR !

Mai 2012 : François Hollande élu, les écologistes font leur entrée au gouvernement avec Cécile Duflot et Pascal Canfin. Dans la foulée, dix-huit députés de leur formation constituent le premier groupe écologiste de l'histoire de l'Assemblée nationale. Mars 2014 : récusant la nomination de Manuel Valls, les deux ministres Verts rendent leur portefeuille, avec l'aval du parti.

François de Rugy n'est pas d'accord avec cette démission en bloc. « À s'enfermer dans des postures toujours négatives, à emboîter le pas à la gauche de la gauche, l'écologie politique dévoie son ADN et va dans le mur », lance-t-il aujourd'hui à ses camarades. Convaincu qu'une majorité qui n'inscrit pas l'écologie au cœur de son action se condamne à la défaite, il souligne en outre la responsabilité des socialistes.

À quoi servent les Verts ? Sont-ils plus utiles à l'intérieur ou hors du gouvernement ? Des compromis sont-ils encore possibles avec les socialistes ? L'ambition politique a-t-elle eu raison de l'idéal écologique ? Questions qui fâchent, posées par l'auteur dans ce plaidoyer pour une écologie réformiste qui s'assume sans complexe.

Né en 1973 à Nantes, ***François de Rugy*** *est député écologiste de Loire-Atlantique depuis 2007 et coprésident du groupe écologiste de l'Assemblée nationale, avec Barbara Pompili. Il est l'auteur de* À quoi peut bien servir un député écolo ? *(éd. Les Petits Matins, 2012).*

ISBN 978-2-8098-1571-9 / H 60-0005-4 / 196 pages / 14,95 €

Christine Kelly
FRANÇOIS FILLON,
COULISSES D'UNE ASCENSION

L'histoire semblait écrite et François Fillon battu à la primaire de la droite et du centre. Et puis, en l'espace de trois semaines, l'oublié des sondages effectue une percée fulgurante. Le 27 novembre 2016, l'homme que personne n'attendait se qualifie pour l'élection présidentielle, envoyant ses rivaux au tapis.

Ce livre raconte ce retour au premier plan que personne ne croyait possible. L'éternel numéro deux, en alpiniste chevronné, aura gravi, patiemment et dans l'ombre, toutes les marches de la République, jusqu'à rester cinq ans le Premier ministre et « collaborateur » de Nicolas Sarkozy…

Passionné de course automobile, de nouvelles technologies, maître de ses émotions, l'homme ne semble craindre ni les défis ni le danger. L'enquête minutieuse de Christine Kelly se nourrit d'entretiens avec François Fillon et des témoignages de ses parents et de ses proches.

La première biographie consacrée à un homme aussi secret qu'ambitieux.

Membre du Conseil supérieur de l'audiovisuel (CSA) de 2009 à 2015, ***Christine Kelly*** *préside la Villa Média (futur musée des médias). Journaliste à LCI pendant neuf ans, elle est l'auteur, notamment, de* L'Affaire Flactif *(Calmann-Lévy, 2006),* Le scandale du silence : familles monoparentales *(Léo Scheer, 2012) et d'une autobiographie,* Invitée surprise *(Éditions du Moment, 2016).*

ISBN 978-2-8098-2202-1 / H 47-0057-5 / 336 pages / 20 €

Cet ouvrage a été composé
Par FACOMPO, LISIEUX

Impression réalisée par
CPI France
en février 2017
pour le compte des Éditions de l'Archipel
département éditorial
de la S.A.S. Écriture-Communication.

Imprimé en France
N° d'impression : 3021559
Dépôt légal : mars 2017